DALE CARNEGIE

香山晶【訳】
HOW TO STOP WORRYING AND START LIVING

D・カーネギー
道は開ける

【文庫版】
創元社

HOW TO STOP WORRYING AND START LIVING

Copyright 1944, 1945, 1946, 1947, 1948 by Dale Carnegie,
Copyright © 1984 by Donna Dale Carnegie and Dorothy Carnegie
Japanese translation rights arranged with
Simon & Schuster, New York through Japan UNI Agency, Inc.

本書の日本語版翻訳権は、株式会社創元社がこれを保有する。
本書の一部あるいは全部について、
いかなる形においても出版社の許可なくこれを転載・使用することを禁止する。

目次

訳者まえがき……8
序——本書の生いたち……11
本書から最大の成果を得るための九カ条……19

PART 1 ✧ 悩みに関する基本事項……23

1 今日、一日の区切りで生きよ……24
2 悩みを解決するための魔術的公式……42
3 悩みがもたらす副作用……53

PART 2 ✧ 悩みを分析する基礎技術……69

4 悩みの分析と解消法……70
5 仕事の悩みを半減させる方法……81

PART 3 ✧ 悩みの習慣を早期に断つ方法……89

6 心の中から悩みを追い出すには……90
7 カブトムシに打ち倒されるな……104

PART 4 平和と幸福をもたらす精神状態を養う方法 …… 161

- 12 ✤ 生活を転換させる指針 …… 162
- 13 仕返しは高くつく …… 183
- 14 恩知らずを気にしない方法 …… 196
- 15 百万ドルか、手持ちの財産か …… 206
- 16 自己を知り、自己に徹する …… 216
- 17 レモンを手に入れたらレモネードをつくれ …… 228
- 18 二週間でうつを治すには …… 239

PART 5 悩みを完全に克服する方法 …… 261

- 19 ✤ 私の両親はいかにして悩みを克服したか …… 262

- 8 おがくずを挽こうとするな …… 115
- 9 悩みに歯止めをかける …… 125
- 10 避けられない運命には調子を合わせる …… 141
- 11 多くの悩みを閉め出すには …… 152

PART 6 批判を気にしない方法

20 私の犯した愚かな行為……289
21 非難に傷つかないためには……290
22 死んだ犬を蹴飛ばす者はいない……295
　　　　　　　　　　　　　　　……301

PART 7 疲労と悩みを予防し心身を充実させる方法

23 活動時間を一時間増やすには……309
24 疲れの原因とその対策……310
25 疲労を忘れ、若さを保つ方法……317
26 疲労と悩みを予防する四つの習慣……324
27 疲労や悩みの原因となる倦怠を追い払うには……332
28 不眠症で悩まないために……339
　　　　　　　　　　　　　　　……350

PART 8 私はいかにして悩みを克服したか

✧ 突然私を打ちのめした六つの苦悩（C・I・ブラックウッド）……359
私は一時間以内で楽天家に変身できる（ロジャー・W・バブソン）……360
私はどのようにして劣等感から抜け出したか（エルマー・トーマス）……363
私はアラーの楽園で暮らした（R・V・C・ボドレー）……364
　　　　　　　　　　　　　　　……369

私が悩みを克服した五つの方法（ウィリアム・ライアン・フェルプス）……
昨日も耐えた、今日も耐える（ドロシー・ディックス）……
翌朝まで生き延びられるとは思わなかった（J・C・ペニー）……
体育館でパンチング・バッグを打つかハイキングに出かける
（エディー・イーガン）……
私は「バージニア工大出身の悩める男」であった
（ジム・バードソル）……
私はこの一節によって生きてきた（ジョセフ・R・サイズー博士）……
私は底まで落ちて生き残った（テッド・エリクセン）……
私は世界一の間抜けだった（パーシー・H・ホワイティング）……
私は常に兵站線を確保した（ジーン・オートリー）……
私はインドで神の声を聞いた（E・スタンレー・ジョーンズ）……
保安官が玄関から入ってきた時（ホーマー・クロイ）……
悩みこそ最大の強敵だ（ジャック・デンプシー）……
孤児院へ入れられないようにと神に祈った（キャサリン・ハルター）……
私の胃はカンザスの旋風のごとく暴れた（キャメロン・シップ）……
皿洗いをする妻の姿から悩みの解消法を知った
（ウィリアム・ウッド）……

407　403　401　399　396　393　389　387　385　384　382　　381　　379　377　373

私は答えを発見した（デル・ヒューズ）……………………409

時間が多くのことを解決してくれる（ルイス・T・モンタント）……411

私は口を利くことも指一本動かすことも禁止された
（ヨーゼフ・L・ライアン）……………………414

我こそは偉大な追放者である（オードウェイ・ティード）……415

悩み続けていたら、とっくに墓場へ行っていた
胃潰瘍や悩みと縁を切るのに職業と心構えを改めた
（コニー・マック）……417

私は緑の信号灯を求めている（ジョセフ・M・コッター）……419

ロックフェラーはいかにして寿命を四十五年も延ばしたか
くつろぐことを知らない人は自殺に向かっている
（アーデン・W・シャープ）……420

（ポール・サムソン）……423

本当の奇跡が私に起こった（ミセス・ジョン・バージャー）……432

フランクリンはいかにして悩みを克服したか……………433

悩みのために十八日間も固形物を口にしなかった
（キャサリン・H・ファーマー）……………435

装幀　鷺草デザイン事務所……………………437

訳者まえがき

本書は、デール・カーネギー(Dale Carnegie)の『How to Stop Worrying and Start Living』を訳したものである。

最初この本は、アメリカのサイモン&シュスター社からハードカバーで出版されたが、すぐに五十四万部も売れたという。その後、日本をはじめドイツ、フランス、イタリア、オランダ、ポルトガル、スペイン、スウェーデン、デンマーク、ノルウェー、フィンランド、ギリシア、イスラエル、アイスランド、南アフリカ、タイ、ミャンマー、ベトナム、トルコ、インドネシアなど世界各国で翻訳されたが、いずれの国でもベストセラーになっている。日本でも全国の書店のロングセラーのリストには必ず出てくる。

本書『道は開ける』は、姉妹書『人を動かす』(How to Win Friends and Influence People)と一対になって書店に並べられているが、『人を動かす』は「人間関係」の機微について述べたものであり、本書はあらゆる人間に共通する「悩み」の実態とそれの克服法を述べたものである。D・カーネギーは他にも多くの本を書いているが、結局この二冊が長く売れる本として残った。この二つのテーマこそカーネギーが生涯追い続けた問題ではなかった

8

かと思われる。

たいていの人は「悩み」を克服したいと思いながら、これに引きずりまわされ、エネルギーを消耗し、思考力を失い、ついには人生に対して絶望感を抱くに至る。「悩み」とはまことに恐ろしいものである。人間が物質的に貧しかった時は、悩みは物質に向けられその解決はまだ比較的簡単であった。しかし経済的に人間が満たされた時、いよいよ人間本来の悩みが、大きくクローズアップされてきたように感じる。現代がまさにその時代ではないだろうか。

カーネギーは「序——本書の生いたち」にもあるように、彼自身 "悩みの人" であった。したがって「悩み」に対する取り組み方は徹底的で、また解決法は詳細をきわめている。

彼は「悩み」についてのあらゆる本を読破したが、それは心理学、精神医学、哲学、宗教、伝記と多岐にわたっている。そのうち一冊でも我々が読了しようと思えば多大の努力を要する専門書が多い。カーネギーはこれら数多くの専門書を読みこなし、嚙み砕き、整理し直した上で我々に提供してくれたのである。

したがって文章は平明、論旨は明快でわかりやすく書かれているが、内容は現代の学問的水準から言っても新しくまた高度である。また彼の清教徒的人格の香気と人間に対する深い愛情が全編に漂っていて、読者は爽やかで喜びに満ちた読後感を味わわれるに違いない。

古来、人間は「悩み」や「業」のために長年苦しめられ、人生の、特に若い年代のエネ

ルギーを無駄に費やしてきた。この悩みを止め、そのエネルギーを人間本来の「幸福」な生活をはじめるために使うことの絶好の伴侶として、本書は今後とも読みつがれていくことを信じて疑わない。

一九七八年十月

訳　者

序——本書の生いたち

一九〇九年、私はニューヨークで最も不幸な青年の一人であった。私はトラックの販売を仕事にしながら、トラックの運転など知らなかった。知ろうとさえしなかった。私は自分の仕事を軽蔑していた。西五六番街のゴキブリが群をなしている安い貸室での生活を軽蔑していた。いまだに思い出すのは、壁に吊してあった何本かのネクタイである。朝、私が新しいネクタイを取ろうとして手を伸ばすと、ゴキブリが四方八方へと逃げ出した。私は卑屈な気持ちで、やはりゴキブリの巣となっている不潔な安食堂で食事をしなければならなかった。

私は毎晩、偏頭痛——失望、悩み、苦痛、反抗心に起因する頭痛——を抱えて、孤独な部屋へ戻ってきた。私が反抗心に燃えていたのは、学生時代に描いていた夢が悪夢と化してしまったからだった。これが人生だったのか？ あれほど熱心に憧れていた活気あふれる人生とはこれだったのか？ 自分自身でさえ軽蔑している仕事に身をやつし、ゴキブリと同居し、ひどいものを食べ、未来に何の希望もない、これが私の人生のすべてなのだろうか？ 私の切なる願いは、読書のための余暇であり、遠い学生時代に夢見ていた本を書

く時間であった。

どう考えてみても、自分の軽蔑している仕事を捨てて益にこそなれ、損をするはずがなかった。金儲けには興味がなかったが、人生を豊かに味わうことには興味があった。端的に言えば、私は重大な岐路——たいていの青年たちが人生への門出に際して直面する決断の時——に立っていた。私は決断した。そして、この決断によって私の未来は一変したのである。おかげで、残りの人生は実に楽しく過ごしており、夢想だにしなかったほど恵まれたものとなった。

私の決断はこうだった。まず、嫌気のさした仕事から足を洗おう。もともと教師を志してミズーリ州立学芸大学で四年間を過ごしたのだ。夜間学校の成人クラスを教えながら、暮らせばよいではないか。そうすれば昼間は自由に本を読んだり、講義の準備をしたり、小説や短編を書いたりできるだろう。私の望みは「書くために生き、生きるために書くこと」なのだ。

夜間の成人クラスでは、どんな課目を教えようか？　私は自分が受けた授業を思い起こし、あれこれと検討しているうちに、自分が学んだものの中で話し方訓練が仕事の上で何よりも役立ったことに気づいた。なぜか？　この訓練が私の臆病心と自信不足を吹き飛ばし、他人と接する勇気と自信を与えてくれたからだった。また、人前で自分の意見を口にできる人には、自然に統率力が備わっていくことも明らかだった。

私はコロンビア大学とニューヨーク大学の夜間公開講座に設けられている「話し方教室」

の講師を志願したが、両大学とも、何とか私の力を借りずにやっていけるとのことだった。その時のがっかりしたことと言ったら──だが、今となると、断られてよかったと思っている。おかげでYMCAの夜間学校で教えることになったからだ。ここでは結論を具体的な形で、しかも時間をかけずに示さなければならなかった。まさに力量が問われる場であった。受講生たちは、修了証書や社会的な名声を求めて、教室に集まったのではない。彼らの目的はただ一つ、自分たちの問題を解決するためだった。彼らは自分の足で大地を踏まえ、仕事の場でびくびくせずに自分の意見を述べるようになりたいのだ。セールスマンたちは、手ごわいお客の家でも、少しもためらわずに訪問できるだけの度胸をつけたいと望んでいた。冷静さと自信こそ、彼らの願いだった。彼らの求めたのは、立身出世であった。家族のためにもっと稼ぎたいと考えていた。また、彼らは授業料を分割払いにしていた──期待しただけの結果が得られなかったならば、授業料を払わなかった──し、私のほうも月給制ではなく、歩合制であったから、食うためには実用的にならざるをえなかった。

当時、私は教える上でハンディキャップを負っているような気がしていたが、今にして思えば、何よりも貴重な、金では買えない訓練を積んでいたのだ。私は受講生たちの意欲を高める必要に迫られていた。彼らが自分で問題を解決する手助けをしなければならなかった。毎回の授業に新鮮さを盛り込み、続けて受講したいという気持ちにさせなければならなかった。

13　序──本書の生いたち

やりがいのある仕事であった。その仕事がすっかり気に入った。私が目を見張ったのは、ここに来たビジネスマンたちが実に早く自信をつけ、短時日のうちに昇進し、昇給していくことだった。クラスは思ってもみなかったほどの大成功を収めた。かつては私に対して一晩に五ドルの給料さえ払おうとしなかったYMCAが、三シーズンたたないうちに、一晩に三十ドルの歩合をくれるようになった。当初のうち、私は話し方についてだけ教えていた。けれども、ここの受講生たちにとってもう一つ必要なものは友人のつくり方であり、他人に影響を与える能力であることに気がついた。人間関係についての適当なテキストが見当たらなかったので私は自分の手でつくった。つくったといっても、普通に執筆したわけではない。受講生たちの経験から枝が伸び、開花したものだった。私は、そのテキストを『友をつくり人を動かす法（How to Win Friends and Influence People）』（邦訳『人を動かす』創元社）と名づけた。

この本は、もっぱら自分の成人クラス用のテキストとしてつくったものであり、他にも四冊、本を書いてはいたが誰も知る人はないくらいだったから、この本があれほどよく売れるとは夢にも思わなかった。私は、存命する著者のうちで度肝を抜かれた者の一人になった。

年がたつにつれてわかってきたことだが、これらの受講生たちにとって、もう一つの重大問題は、「悩み」であった。私のクラスには圧倒的にビジネスマン──上級管理職、セールスマン、技師、会計士など種々雑多な職業に従事する人たち──が多く、その大部分が

問題を抱えていた。クラスにはＯＬや主婦たちもいたが、彼女たちにしても同様だ。言うまでもなく、私に必要なものは、悩みを解消するためのテキストだった。そこで再び、私の探索がはじまった。ニューヨークの五番街四十二丁目にある大きな公共図書館へ行ったところ、驚いたことに、この図書館の「悩み」という事項索引に取り上げられている本は、わずかに二十二冊しかなかった。面白いのは、「回虫」という項には百八十九種類の本が挙げられていた。回虫についての本が、悩みについての本よりも、九倍も多いとは！ びっくり仰天とは、こういうことだ。悩み事は人間の直面する重大問題の一つなのだから、全国どこの高校や大学でも、「悩み事の解消法」について教えるべきだと考えてもいいではないか？

しかしながら、いまだかつて、どこかの学校でそんな講義が行なわれたという話は聞いたこともない。デイヴィッド・シーベリーが、『効果的な悩み方』という著書の中で「我々は、バレエを踊ってほしいと頼まれた読書狂と同様に、経験という圧力に対してほとんど心の準備が整わないまま成人に達する」と述べているのは至言であろう。

その結果はどうか？ 我が国の病院のベッドの半分以上が、神経症や情緒障害の患者で占められることになるのだ。

私は、ニューヨーク公共図書館の書架に並んでいた悩みに関する二十二冊の本に目を通した。さらに、入手できる悩みについての本をすべて買い求めた。だが、私のクラスでテキストとして使えそうなものは一冊も見つからなかった。そこで、私は自分で書こうと決

15　序──本書の生いたち

私は、七年前から本書の執筆準備に取りかかった。どんなふうに？　まず、古今の先哲たちが悩みについて語ったものを読むことだった。同時にジャック・デンプシーからチャーチルに至るまでのあらゆる種類の伝記数百編を読破した。同時にジャック・デンプシー、オマー・ブラッドレー将軍、マーク・クラーク将軍、ヘンリー・フォード、エレノア・ルーズヴェルト、ドロシー・ディックスなど各界の有名人にインタビューを重ねた。しかし、これはほんの序の口にすぎない。

私は、インタビューや読書よりもはるかに有益な試みを実践した。悩みを克服するための私自身の成人クラスという実験室で研究を続けたのである。私の知る限りでは、これこそ世界に例のない最初にして唯一の実験室だった。やり方を紹介しよう。悩みの解消法に関して、学生たちにいくつかの原則を与えてから、これらの原則を実生活の中で応用してもらい、得られた結果をクラスで話してもらったのである。一部の人たちは、自分が過去に用いた手段について話してくれた。

このような経験を通じて、私はこの地球上の誰よりも数多く「私はどのようにして悩みを克服したか」という話に耳を傾けてきたと自負している。さらに私は、「私はどのようにして悩みを克服したか」に関するたくさんの体験談にも目を通した——いずれも私宛てに郵送されてきたものや、アメリカ、カナダをはじめ、世界中に設けられている成人クラスで入賞した体験談である。したがって本書は象牙の塔から生まれたものではない。まして、

どうすれば悩みを克服できるかについて教える学術書でもない。私としては、ありとあらゆる人々によって悩みがどのように克服されてきたかについて、豊富な材料を駆使しながらも簡潔な実証報告を書こうと努力した。誓って言うが本書は実際的である。じっくりと味わっていただきたい。

フランスの哲学者ヴァレリーは、「科学は、好結果を収めた処方箋の集大成である」と述べた。本書についても同様であり、私たちの生活から悩みを取り除く上で好結果をもたらし、かつ時間のふるいに耐えた処方箋の集大成である。しかしながら、注意していただきたい。本書にはことさら目新しいことは書いていないけれども、普通あまり実行されていないことが多く出てくるだろう。いずれにしても、我々はお互いに何も新しいことを学ぶ必要はない。完全な生活を送るための方法は、すでに知っているのだ。誰でも黄金律や「山上の垂訓」について読んだことがあるはずだ。ただ私たちの欠点は、無知ではなくて無為なのである。本書の目的は、さまざまな古来の根本原理を再述し、解説を加え、現代風に書き直し、それによって、皆さんの眠りを覚まし、それらの真理を実行するように促すことである。

皆さんは「本書の生いたち」を知るために、本書を手にされたのではないはずだ。皆さんは行動を求めておられる。よろしい、ではすぐにはじめよう。まず、本書の第一部（PART1）と第二部（PART2）を読んでいただきたい。それでもなお悩みを解消し、人生を楽しむための新しい活力と新しい啓示とが得られなかった人は、本書を屑籠にでも

17　序——本書の生いたち

放り込んでいただきたい。そういう人には、本書は何の役にも立たないだろうから。

デール・カーネギー

本書から最大の成果を得るための九カ条

第一条 皆さんが本書からできるだけ多くのことを学びたいと思われるなら、一つの絶対条件——どんな規則や手法よりも重要な絶対条件がある。この基本的な要件を身につけていない限り、いくら研究を重ねたところで、たいした成果は得られないだろう。

ではその絶対条件とは何だろう？　それは、「真剣に学ぼうとする向学心」であり「悩みを断ち、新しい門出をしたいという固い決意」にほかならない。

どうしたら、このような欲求が湧き出てくるだろうか？　そのためには、これらの原則が自分にとっていかに大切であるかを絶えず思い出さなければならない。これらの原則を会得すれば、もっと豊かで幸福な人生を送る上で、どれほど大きな力になるかを想像してみるとよい。繰り返し、繰り返し、自分自身に言って聞かせるのだ。「心の平和、幸福、健康、さらには収入すらも、長い目で見れば、本書で説かれている古来からの、疑う余地のない永遠の真理を実践するか否かにかかっている」と。

第二条 まず最初に、本書の概要を知るためにまず各章を速読してほしい。次の章も続けて読みたくなるだろうが、それは思いとどまっていただきたい。娯楽のために読むのな

ら話は別だ。けれども自分の悩みを解消し、生活の建て直しをするために読むのだったら、もう一度同じ章を精読していただきたい。結局このほうが時間の節約になり、効果も大きいだろう。

第三条 時には読むのを中断して、読んだ内容について考えてみよう。それぞれの提言を皆さんご自身でどんなふうに、またどんな場合に活用できるかを自問していただきたい。

第四条 赤鉛筆やペンを手にしながら読むこと。役立ちそうな提言を目にしたらその部分に線を引いたり、二重丸をつけるとよい。印をつけたり、線を引いたりすると、読む楽しさが増し、読み返しをする際にも便利である。

第五条 私の知人の一人に、十五年ほど大きな保険会社の支所長をしてきた女性がいる。彼女は毎月決まって自社で発行したすべての保険契約書に目を通す。なぜだろう？ 彼女の経験によれば、そのやり方こそ契約書をはっきりと頭に入れておく唯一の方法だというのだ。来る月も来る月も、十年一日のごとく同じ契約条項を読むわけである。ところが、本書に書いたことを記憶するにつて私は、おりにふれて何度も読み返さねばならない。人間の記憶が薄らぐのは、驚くほど速いのだ。

そこで、皆さんが本書から正真正銘の永久的な奥義を得たいというのなら、本書を精読し終わったあとっと飛ばし読みすれば十分だなどと考えないでいただきたい。本書を精読し終わったあとでも、毎月、本書の内容を思い起こすために数時間を割くべきであろう。毎日、机の上に、

あなたの目の前に置いておいてほしい。何度も、本書を拾い読みすべきなのだ。まだまだ手近なところに大きく改善できる余地があることを絶えず自分の念頭に入れておいてほしい。覚えておいていただきたいのは、復習と応用を絶えず積極的に繰り返すことによってはじめて、さまざまな原理を習慣として無意識的に使いこなせるようになるということだ。これ以外に方法はない。

第六条　バーナード・ショーは、かつてこう言った。「もし君が人に何かを教えようとするなら、彼は決して学ぼうとしないだろう」。ショーの意見は正しい。学ぶことは積極的な過程である。私たちは行動することによって学ぶのだ。だから、皆さんが本書に紹介されている原則を自分のものにしたいと願うのだったら、行動しなければならない。これらの法則をあらゆる機会に応用してみるべきだ。それを怠れば、法則のことなどすぐ忘れてしまうだろう。知識は活用されてはじめて心に残るのである。

ここに掲げた提言を四六時中、実践するのは困難かもしれない。私自身でも本書で説いていることすべてを実践するのは難しいと思うことも少なくない。そこで本書を読む時には、単なる知識を求めているのではないことを銘記してほしい。新しい習慣を身につけたいと努力しているのだ。そうだ、新しい生活態度を身につける途上にほかならない。それには時間と粘り強さと毎日の実践が不可欠であろう。本書こそ、悩みを克服するための座右の手引きと言ってよい。そして皆さんが試練に直面したとしても、決して興奮したり無思慮な衝動的

行動をしてはいけない。それをすればたいていは悪い結果に終わる。試練に直面した時には本書を開いて、あなたが線を引いた部分を再読するがいい。それから新しい試みに挑み、それがあなたに劇的な成果をもたらしてくれるのを見守ろう。

第七条　本書で説かれている原則にあなたが違反した場面を家族に見つかったら、一回ごとに彼らに罰金を払うがいい。彼らこそ、あなたの矯正係なのだ！

第八条　本書第六部第二十二章（ＰＡＲＴ６の22）の冒頭部を開いて、H・P・ハウエルとベンジャミン・フランクリンとは、どのようにして失敗を挽回したかをチェックする意味で、皆さんも本書に述べられている原則をどの程度まで実践しえたかをチェックする意味で、ハウエルやフランクリンの手法を利用してみてはいかがであろう？　それを利用すると、二つの結果が出るだろう。第一に、大きな興味をそそられながら、費用はいっさいかけずに学んでいる点に気づくに違いない。第二に、悩みを解消して、生活を建て直す力が、あたかも月桂樹のように成長し芽吹いているのに気づくだろう。

第九条　日記をつけること。つまり、本書の原則を応用して成功した事例を日記で記録するのだ。詳しいほうがいい。人名、日時、結果なども忘れずに。このような記録をつけることは、さらに努力しようとする皆さんにとって大きな励みとなるだろう。また何年かたって、この記録をふと読んだりすれば、懐かしさで思わず胸が締めつけられることであろう。

PART
1

悩みに関する基本事項

HOW TO
STOP
WORRYING
AND
START
LIVING

1 今日、一日の区切りで生きよ

　一八七一年の春、一人の若者が一冊の本を手にして非常に心をひかれる一節に出会い、それが彼の将来に大きな影響を与えることになった。モントリオール総合病院の医学生だった彼は、卒業試験のことで思い悩み、診療科目に何を選ぶべきか、卒業したらどこへ行ったらよいか、どうやって開業しようか、生活はどうしようか、などと頭を抱えていた。
　この若い医学生は、一八七一年に出会った一節のおかげで、当時の最も著名な医師になることができたのである。彼は世界に名を馳せたジョン・ホプキンズ医科大学を創立し、イギリスの医学者に授与される最高栄誉である、オックスフォード大学の欽定医学教授に輝いた。彼は国王からナイトの称号を授けられ、彼がこの世を去ると、その生涯を伝えるために千四百六十六ページに及ぶ二巻の伝記が刊行された。
　彼の名は、サー・ウィリアム・オスラーという。彼が一八七一年の春に出会った一節は

トーマス・カーライルのもので、それが彼に悩みから解放された人生を歩ませる支えとなった。

「我々にとって大切なことは、遠くにぼんやりと存在するものに目をやることではなく、手近にはっきりと存在することを実行することだ」

それから四十二年ののち、大学構内にチューリップが咲き匂う穏やかな春の夜に、このサー・ウィリアム・オスラーはエール大学の学生を前にして講演した。「四つの大学で教授を歴任し、著書も好評を博した私のような人間は、特別な頭脳の持ち主と思われるかもしれません」と彼は言った。「しかしそれは間違いです。親しい友人たちに言わせれば、私の頭脳なんか『きわめて平凡な代物』にすぎません」と。

ではいったい、彼の成功の鍵は何だったのだろう？ それは、彼の言によれば、「一日の区切りで」生きてきたためなのだ。彼の言葉はどんな意味なのだろうか？ エール大学での講演の数カ月前、オスラーは豪華客船で大西洋を渡った。船上ではブリッジに立った船長が「急転」と言いながらボタンを押す。機械のがらがらという音がして、たちまち船は区画ごとに閉ざされていき——水が入り込めないように区切られてしまう。オスラー博士は、エール大学の学生たちにこう語った。

「君たち一人一人は、この豪華客船よりもはるかに素晴らしい有機体であり、ずっと長い航海をするはずです。考えていただきたいのは、この航海を安全確実なものとするために、『一日の区切りで』生きることによって自分自身を調節することを学べということです。ブ

25　1　今日、一日の区切りで生きよ

リッジに立って、とにかく大きな防水壁が作動している状態を見るといい。ボタンを押してみなさい。そうすれば、諸君の生活のあらゆる部分で鉄の扉が過去――息絶えた昨日――を閉め出していく音が聞こえるでしょう。またもう一つのボタンを押して鉄のカーテンを動かし、未来――まだ生まれていない明日――を閉め出すのです。そうしてこそ、諸君は今日一日安泰です。過去と縁を切ることです。息絶えた過去など、死者の手に委ねましょう……愚か者たちを不名誉な死へと導いた昨日など閉め出すべきです……明日の重荷に昨日の重荷を加えて、それを今日背負うとしたら、どんな強い人でもつまずいてしまうでしょう。過去と同様、未来もきっぱりと閉め出しなさい。未来とは今日のことです……明日など存在しないのです……人が救われるのは今日という日なのです。エネルギーの消耗、心痛、神経衰弱は、未来のことを気遣う人に歩調を合わせて、つきまといます……そこで、前と後ろの大防水壁をぴたりと閉ざし、『今日、一日の区切りで生きる』習慣を身につけるように心がけるべきでしょう」

オスラー博士が訴えたのは、私たちは明日の準備をする必要はないという意味だろうか？　いや、決してそうではない。博士はあの講演の中で、明日の準備をする最良の手段は、諸君の全知全能を傾け、あらゆる熱情を注ぎ、今日の仕事を今日中に仕上げることであると説いたのだ。これこそ未来に対して準備を整える唯一の方法と言えるだろう。

オスラー博士は、エール大学の学生たちに向かって、一日のはじまりに「私たちの日ごとの食べ物を今日もお与えください」というキリストの祈りを唱えるようすすめている。

心にとどめてほしいのは、この祈りが「今日の」食べ物のみを求めている点だ。この祈りは、昨日口にせざるをえなかった古いパンのことで不平を言っているのではない。まして「おお神よ、穀倉地帯はからからに乾き切っており、旱魃に見舞われるかもしれません……そうなると、来年の秋にはどのようにしてパンをつくればよいのでしょう？」とか「私が失業したら、神よ、私はどのようにしてパンを得たらよいのでしょう？」などとは言っていない。

そうだ、この祈りは私たちに今日のパンだけを求めるように教えている。今日のパンこそ、人間が口にし得る唯一のパンなのだ。

ずっと昔、人々が苦しい暮らしをしている石ころだらけの土地を一人の哲人が放浪していた。ある日、丘の上で群集に囲まれた彼は、古今東西を通じて最もよく引用されることになる言葉を群衆に伝えた。幾世紀にもわたって語りつがれているその言葉とは――

「それゆえ、明日のことを考えるな。明日のことは明日自身が考えるだろう。一日の苦労はその一日だけで十分だ」

多くの人々は、「明日のことを考えるな」というキリストの言葉に従わなかった。人々は、この言葉が実行困難な理想であり、根拠のない考えだとして、拒絶したのだった。彼らは言う。「明日のことを考えないわけにはいかない。自分の家族を守るために、保険を掛けなければならない。老後に備えて、金もためなければならない。立身出世のことを考え、その準備をしなければならない」と。確かに、そのとおりだ！実のところ、このキリスト

27　1　今日、一日の区切りで生きよ

の言葉は三百年以上も前、ジェイムズ一世が統治していた頃に英訳されたものだが、当時と現在とでは言葉の意味が変わっている。三百年以前には考え、(thought)という言葉が、しばしば心配(anxiety)という意味で使われていた。現代語訳の英訳聖書では「明日のことを思い悩むな」という、より正確な表現が使われている。

いずれにしても、明日のことは配慮すべきである。だが心配するには及ばない。

戦時中、我が国の軍事指導者たちは明日のために計画を練ったけれども、心配をするほどの余裕はなかった。アメリカ海軍を指揮したアーネスト・J・キング提督は、こう述べている。「私は、最大限の人員と最大限の装備を用意した。そして、それらを最も賢明だと思われた作戦任務のために使った。これだけで私には精一杯だった」

キング提督の言葉は続く。「もし艦船が撃沈されてしまったら、もはやその船を引き揚げることはできない。船が沈没しかけていても、それを止めることはできない。私は、明日の問題を少しでも有効に処理するために自分の時間を使っており、昨日の問題で思い悩んでいるひまはない。それに、過去のことにこだわっていたら、とうていこの身が持たない」

戦時中であれ、平和な時代であれ、良い考え方と悪い考え方との違いはこの点にある。良い考え方をすれば、因果関係を見きわめることができ、論理的で建設的な計画が得られよう。一方、悪い考え方をすれば、緊張と神経衰弱におちいるのだ。

私は最近、世界的な有力紙の一つであるニューヨーク・タイムズ紙の経営者アーサー・

ヘイズ・サルズバーガーにインタビューする機会を与えられた。サルズバーガー氏の話によると、ヨーロッパに第二次世界大戦の炎が燃え広がった時、彼は肝をつぶし・未来に対する不安にさいなまれて、不眠症にかかってしまったという。彼はしばしば真夜中にベッドを抜け出し、キャンバスと絵具を用意して、鏡を見ながら自画像を描こうとした。彼は絵のことは何も知らなかったが、自分の心から不安を追い払うために、とにかく筆を動かした。サルズバーガー氏の不安がやっと解消し、心の安らぎを取り戻すことができたのは、「ただひとあしを照らせ」という賛美歌を自分の座右の銘とした時だったという。

優しき道しるべの光よ……
我が足元を照らせ
ゆく末、遠く見るにあらず
ただ、ひとあしにて、足れり

ほとんど同じ頃、一人の軍服姿の若者もヨーロッパのどこかで同じ教訓を学んでいた。彼の名はテッド・ベンジャミーノといい、メリーランド州ボルティモアの出身だった。彼は不安にさいなまれたあげく、戦闘による極度の疲労病におちいった。テッド・ベンジャミーノは、こう記している。

「一九四五年四月、私は不安が高じて、医師たちが、『痙攣性横行結腸（けいれんせいおうこうけっちょう）』と呼ぶ激痛に襲わ

れる状態になった。万一、あの時に戦争が終結していなかったら、私は間違いなく完全な廃人となってしまったことだろう。

私は、疲れ切っていた。私は、第九十四歩兵師団の下士官であり、死傷者記録係であった。私の任務といえば、戦死者、行方不明者、病院への収容者を数え上げ、その記録を整理しておくことだった。また、戦闘の最中に息を引き取ったために、とりあえず浅い穴に埋められたままになっている敵味方の遺体を掘り起こすことも、やはり任務の一部であった。これらの兵士たちの手荷物をかき集め、それらの品々に深い愛着を持っているに違いない両親や近親者のもとへ送り返してやる必要があった。私は取り返しのつかないような大失敗をするのではないかという不安に駆られて、絶えず心配ばかりしていた。任務をまっとうできるかどうか思い悩んだ。生き延びて、自分の腕で、生後十六カ月で、まだ会ったこともない一人息子を抱けるかどうか心配だった。私は、心配と体力消耗のために十五キロも痩せてしまった。気が高ぶり、半狂乱とも言える状態だった。自分の手をじっと見つめた。両手とも骨と皮だけだった。自分が廃人同然で帰国することを考えると、身の毛もよだつ思いがした。私は、こらえきれなくなって、子供のようにすすり泣いた。すっかり気弱になり、一人でいると、すぐ涙がこぼれた。一九四四年冬のドイツ軍大反攻がはじまったしばらくあとでは、しょっちゅう泣いてばかりいて、二度と正常な人間の仲間入りができないのではないかと思えるほどだった。

私は、ついに陸軍の診療所に収容された。ある軍医の助言によって、私の身に一生の転

機が訪れることになった。彼は、私の体をすっかり診察したあとで、私の病気は精神的なものだと教えてくれた。『テッド、君の人生を砂時計と考えてみるんだ。砂時計の上部には、無数の砂が入っている。そして、それらの砂はゆっくりと、一定の速度で中央のくびれた部分を通過していく。この砂時計を壊さないためには、君や僕が余計な手出しをせずに、砂の一粒一粒がくびれた箇所を通過するままにしておくほうがいい。君にしても、僕にしても、他の誰にしても、この砂時計そっくりなのさ。朝、仕事をはじめる時には、その日のうちに片づけてしまわねばならないと思われるものが山ほどある。けれども、我々には一度に一つのことしかできないし、砂時計の砂がくびれた部分を通るように、ゆっくりと、一定の速度で仕事を片づけるしか手はない。さもないと、肉体や精神の働きが狂ってしまうのだ』

　私は、軍医から『一度に一粒の砂……一度に一つの仕事』という言葉を聞いた記念すべき日以来、ひたすらこの哲学を実践してきた。この助言のおかげで、私は戦争中、心身ともに救われたのだ。またこの言葉は、印刷会社の広告宣伝部長という現在の地位に役立っている。私は、かつて戦時中に体験したものと同じ問題が仕事の上にも生じてくることに気づいた。つまり、同時にさまざまな問題を片づけなければならない――だのに、それを片づけるだけの時間がないのだ。在庫品の減少、新商品の取り扱い、仕入れの手配、住所の変更、開店や店じまい、気持ちを高ぶらせ、神経質になる代わりに、私は軍医から教わった言葉を思い出した。『一度に一粒の砂、一度に一つの仕事』。この言葉を

何度も何度も繰り返しながら、自分の仕事をできるだけてきぱき効率よく片づけることにしたが、おかげで戦場で危うく破滅しかけた時の混乱や動揺を再び味わうことなく仕事をやりおおせている」

我々現代人の生活における最も恐ろしいことの一つは、病院のベッドの半数が、累積した過去の重荷や、不安に満ちた未来に押しつぶされた、神経症や精神的な葛藤に悩む患者たちによって、占められているという事実であろう。しかし、彼らが「明日のことを思い悩むな」というキリストの言葉や、「今日、一日の区切りで生きよう」というサー・ウィリアム・オスラーの言葉に注意を向けてさえいたら、彼らの大部分は今日も幸福で実り豊かな生活を送ることができたはずなのだ。

皆さんも私も、この一瞬に永遠不滅な二つのものが出会う場所に立っている。無限の彼方から続いている膨大な過去と、すでに刻まれた時の末端につき刺さっている等しい未来との境目にいるわけだ。たぶん私たちは、この永遠不滅なもののどちらで生きることも許されない――たとえほんの一瞬たりとも。その不可能なことをしようとすれば、私たちの肉体も精神も、ともに破滅するだけだ。だから、私たちは自分が生きられる時間、言い換えると、今から就寝までの時間を生きるだけで満足しようではないか。ロバート・ルイス・スティーヴンソンは書いている。

「自分の荷物がどんなに重くても、日暮れまでなら、誰でも運ぶことができる。自分の仕事がどんなにつらくても、一日なら、誰でもできる。太陽が没するまでなら、誰でも快活

PART 1 ✤ 悩みに関する基本事項　　32

に、辛抱強く、親切に、貞淑に生きられる。そして、これこそが人生の秘訣そのものだ」まさに、そのとおりだ。これこそ、人生が私たちに与える命令そのものなのだ。けれども、ミシガン州サギノーに住むE・K・シールズ夫人は、絶望の淵をさまよって——自殺する寸前になって——はじめて、就寝までの時間を生きるということを学んだのだった。

シールズ夫人は、私に身の上話を聞かせてくれた。

「一九三七年に、私は夫を亡くしました。私はすっかり気が滅入ってしまい——しかも一文なし同然でした。私は、以前、カンザス・シティーの会社に勤めていたものですから、そこの社長レオン・ローチ氏に手紙を出して、復職させてもらいました。かつて私は、田舎や町の学校を相手に、百科事典の販売をしながら生活していたのです。二年前に夫が病気になった時、すでに車を手放してしまいました。しかし、どうにか頭金を工面して中古車を手に入れ、もう一度、本の販売をはじめました。

こうやって外へ出かけていけば、少しは気が紛れるだろうと考えたのです。ところが、たった一人で車を走らせ、たった一人で食事をするのは耐えがたいことでした。あまり儲からない地域もあったため、わずかな額にすぎない車の月賦にも苦労するありさまでした。

一九三八年の春、私はミズーリ州バーセイルズの近郊で商売をしていました。学校は貧弱で、道路はお粗末でした。私は、さびしさと落胆のために自殺を考えたこともありました。とても成功を見えませんでした。生き甲斐などありません。毎朝、目覚めることも、人生に向かい合うことも恐ろしく、あらゆることを気に病んでいました。車

の月賦が払えなくなるのでは……家賃の支払いはどうしよう……食事代がなくなるのでは……病気になるのではないかと心配でしたが、医者にかかる費用もなかったのです。私が自殺に踏み切れなかったのは、妹がさぞや嘆き悲しむだろうと考えたためと、葬儀の費用がなかったためでした。

ところが、ある日ふと読んだ文章によって、私は失意の底から立ち上がり、生きていく勇気を与えられました。その文章中の天の声のような一句に対する感謝の念は、終生、変わらないでしょう。その一句とは、

『賢者には毎日が新しい人生である』

というものです。私は、この句をタイプで打って、自分の車の窓ガラスに貼りつけました。運転中でも、絶えずこれを見ていました。私には、一日だけを精一杯に生きるのなら、明日のことを気にかけなくなりました。毎朝、私は『今日は新しい人生だ』と自分に言い聞かせたのです。

私は孤独から生じる不安や、貧困による恐怖を克服することができました。今は幸福ですし、暮らしもかなり豊かになり、人生に対する情熱と愛も十分あります。どのような人生が訪れるとしても、私は二度と不安におのくことはないでしょう。今では、未来を恐れる必要はないことを知っています。一日だけを精一杯に生きること——そして、『賢者には毎日が新しい人生である』ことを十分に承知しています」

次の詩の作者は誰かわかるだろうか？

　幸いなるは
　今日を我が物と言い得る人のみ。
　かの人は心安らかに、叫ぶ──
「明日よ、あらん限りの悪をなせ、我すでに今日を生きたれば」

　言葉は現代風に聞こえるかもしれない。けれども、この詩はキリストの生誕より二十年も前に、ローマの詩人ホラティウスが書いたものだ。
　人間の本性のうちで最も悲劇的なことといえば、どの人でも人生から逃避したくなるという点であろう。私たちは誰も、水平線の彼方にある魔法のバラ園を夢見ている。そのくせに、我が家の窓の外で今日も咲き誇るバラの花など見向きもしないのだ。
　なぜ、我々はこれほど愚かなのか──悲劇的なまでに愚かなのだろう？
　スティーヴン・リーコックは、次のように書き記した。
「人生の進み具合というものは、何と奇妙なものだろう！ 小さな子供は『もっと人きくなったら』と口にする。だが、どうしたことだ。大きくなった子供は、『大人になったら』と言う。けれども、結婚したらと言うではないか。そして、大人になると、『結婚したら』と言う。けれども、結婚したら

35　1　今日、一日の区切りで生きよ

いったいどうなるか？ 考えがころりと変わって、『退職したら』とくる。やがて退職が現実のものとなると、自分の過ぎし日の光景を思い浮かべる。そこには木枯らしが吹きすさんでいるようだ。どういうわけか、すべてを取り逃がしてしまった。もはや過ぎ去ってしまったのだ。そして遅ればせながら、我々は学ぶ。人生とは、生きることの中、つまり毎日毎時間の連続の中にあるのだということを」

デトロイトのエドワード・S・エヴァンズは、自殺する一歩手前まで悩み抜いたあげく、やっとのことで、「人生とは、生きることの中、つまり毎日毎時間の連続の中にある」と悟ったのであった。

貧困の中で育ったエドワード・エヴァンズは、まず新聞売りをして金を稼ぎ、次に食料品屋の店員を経て、七人の扶養家族を抱えながら図書館の司書補となった。給料は少なかったけれども、やめるだけの勇気がなかった。八年後に彼はやっと勇気を奮い起こして、独立する決心をした。ひとたび独立すると彼は、五十五ドルの借金を元手にして、年収二万ドルを誇る事業を築き上げた。そこへ不況が、身を切るような不況が訪れた。彼は友人のために手形の保証人となったが、その友人は破産してしまった。続いて、その不幸の最中に、別の事件が起きた。彼の持ち金すべてを預けておいた銀行がつぶれたのである。彼は、一文なしになったばかりか、一万六千ドルの借金を背負うはめになった。

彼はすっかり参ってしまった。

「私は眠れなくなり、食欲もなくなった。いつの間にか病気になってしまったのだ。苦悩以外には考えられなかった」。ある日、私は街を歩いていて『病気

て意識を失い、歩道に倒れてしまった。ベッドに寝かされたが、体は湯気が立つほど熱かった。この熱が体内に広がり、ベッドに横たわっているだけでも苦痛だった。私は日に日に衰弱していった。とうとう医者は、あと二週間ほどの命だと宣告した。目の前が真っ暗になった。遺言をしたためてから、ベッドにもぐり込んで、臨終の時を待った。もはや、あがいても悩んでも役に立たない。あきらめの境地になり、楽な気分で眠りに落ちた。ここ数週間、二時間と続けて眠ったことはなかったが、この世の苦労も終わりに近づいたとあって、乳飲み子のように眠った。憔悴と消耗は失せはじめた。食欲は戻り体重も増えてきた。

二、三週間後には松葉杖をついて歩けるようになり、六週間後には仕事に戻ることができた。私はそれまで二万ドルの年収を得ていたのだが、喜んで週給三十ドルの仕事についた。私の仕事は、船積みした自動車の車輪にあてがう滑り止めの台木を売ることだった。私は自分なりの教訓を得ていた。もはや悩むことはない。過去の出来事についても、何ら悔いるところはない。未来を少しも恐れてはいない。私は、自分の時間・精力・情熱のことごとくをこの台木売りの仕事に注ぎ込んだのであった」

エドワード・S・エヴァンズの躍進ぶりは目覚ましかった。数年後に彼はエヴァンズ・プロダクツ・カンパニーの社長となった。同社は、長年にわたりニューヨーク株式市場に上場されている。グリーンランドを飛行機で訪れると、彼の名にちなむエヴァンズ・フィールド飛行場に着陸する。エドワード・S・エヴァンズがこのような勝利を勝ち得たのも、

彼が一日の区切りで生きることを学んだからにほかならない。

ホワイト・クィーン（ルイス・キャロル著『鏡の国のアリス』に登場する白の女王様）が言ったことをあなたは覚えているだろう。「明日になったらジャムがあるとか、昨日だったらジャムがあったのにといっても、それは今日のジャムでは絶対ないのだ」。私たちのほとんどはそうなのだ――昨日のジャムをあれこれ考えたり、明日のジャムについて悩んだりしている――今日のジャムを今、パンに分厚く塗る代わりに。

フランスの大哲学者モンテーニュでさえ、この種の過ちを犯した。彼は言う。「私の生涯は、恐ろしい災難に満ち満ちたものに思われたが、その大部分は、実際には起こらなかった」。私の人生にしても、皆さんの人生にしても、同じことだ。

ダンテは言っている。「今日という日は、もう二度とめぐっては来ないことを忘れるな」。人生は信じられないほどのスピードで過ぎ去っていく。私たちは、秒速三十キロで空間を走っている。「今日」は、私たちにとって、かけがえのない所有物である。私たちにとって、唯一の確実な所有物なのだ。

これはまた、ローウェル・トーマスの人生観にも通じる。この間、私は彼の農場で週末を過ごした。そこで目についたのは、額に入れられた詩篇第百十八で、その額は人目をひくように放送室の壁に掲げられていた。

今日こそ主の御業(みわざ)の日

PART 1 ✤ 悩みに関する基本事項　　38

今日を喜び祝い、喜び踊ろう

ジョン・ラスキンは、机の上に飾り気のない石ころを置いていたが、それには「今日」という文字が刻み込まれていた。私は机の上に石ころは置いていないが、毎朝ひげを剃る時に使う鏡に一編の詩、サー・ウィリアム・オスラーが座右の銘としていた詩を貼りつけている。この詩は、著名なインドの劇作家カーリダーサのものである。

　　夜明けへの挨拶

今日という日に目を向けよう！
これこそ命、命の中の命なのだ。
その短い行程の中には
君の存在の真理と現実とがすべて含まれる。
　　　生まれ育つ喜び
　　　行動の栄光
　　　美の輝き
昨日は夢にすぎず
明日は予感でしかない

精一杯に生きた今日は
すべての昨日を幸せな思い出に変え
すべての明日を希望の見取図とする。
だから目を開こう、今日に向かって！
夜明けへの挨拶はこれだ。

では、悩みについて肝に銘じておくべき第一点を述べよう。あなたが自分の生活から悩みを閉め出してしまいたいのなら、サー・ウィリアム・オスラーを見習うことだ。

● **過去と未来を鉄の扉で閉ざせ。今日一日の区切りで生きよう。**

あなた自身で、次の五つの問いに答えてみていただきたい。

一、私は、未来に不安を感じたり、「水平線の彼方にある魔法のバラ園」に憧れたりして、ともすると現在の生活から逃避していないだろうか？

二、私は、過去の出来事——すでに決着のついた事柄——を後悔するあまり、現在をも傷つけてはいないだろうか？

PART 1 ✥ 悩みに関する基本事項　　40

三、朝起きる時に「今日をつかまえよう」——この二十四時間を最大限に活用しよう——と心に誓っているだろうか？

四、「今日一日の区切りで生きる」ことによって、人生をもっと豊かにできるだろうか？

五、以上のことをいつからはじめるべきか？　来週から？……明日から？……それとも今日からか？

2 悩みを解決するための魔術的公式

皆さんは、悩みを解決するための手っ取り早くて、しかも確実な効果を得る秘訣を知りたいあまり、本書をもっと先まで読むのはもどかしいとお思いではなかろうか？

それなら、ウィリス・H・キャリア氏が実践した方法をご紹介しよう。キャリア氏は空調産業で売り出した天才技師であり、ニューヨーク州シラキュースにあるキャリア・コーポレーションの社長である。これは私が今まで聞いた中で、悩みを解決する方法として最善のものだが、その話を私は先日、ニューヨークのエンジニアズ・クラブで昼食をともにした時に、キャリア氏から直接聞く機会をもった。

「私は若い頃、ニューヨーク州のバッファローにある鋳物工場に勤めていました。私のところに、ミズーリ州クリスタル・シティーの板ガラス製造工場にガス浄化装置を取りつける仕事がまわってきました。何百万ドルもの仕事です。この装置は、ガスから出る不純物

を取り除いて燃焼効率を上げ、エンジンの損耗を防ぐためのものでした。この方式によるガス浄化装置は開発されたばかりで、たった一度違った条件のもとで試運転されたにすぎませんでした。クリスタル・シティーでの作業中に、予期しなかった障害が発生しました。その装置は稼働するにはしたのですが、保証契約書にうたったほど具合よくいかなかったのです。

私は、自分の失敗に打ちのめされる思いでした。まるで、誰かに頭をがーんとなぐられたかのようでした。胃や腸はきりきりねじれ、しばらくは心配のあまり、眠れぬ夜が続きました。

とどのつまり、いくらくよくよ悩んでみてもどうなるものでもないという気持ちになりました。そこで、不安な気持ちを振り捨てて、目前の事態に対処する具体的な方法を考え出したのです。今度はうまくいきました。私は、これと同じ不安解消法を三十年以上にもわたって用いています。それは誰にも実行できるごく単純なもので、三つの段階から成り立っています。

第一。まず状況を大胆率直に分析し、その失敗の結果起こり得る最悪の事態を予測すること。

私の場合、誰かに逮捕されたり、射殺されることは考えられませんでした。これは確実でした。ただ、会社から首を切られることになるかもしれません。また、私の雇い主はその装置を回収せざるをえなくなり、投資した二万ドルを損するかもしれません。

43　2　悩みを解決するための魔術的公式

第二。起こり得る最悪の事態を予測したら、やむをえない場合にはその結果に従う覚悟をすること。

私は自分に言い聞かせました。今度の失敗は私の経歴に傷をつけるだろうし、悪くすると、失職するかもしれない。だが、そうなれば別の仕事を探せばいいのだ。条件は少し悪くなるかもしれないが……。経営者の立場はどうだろう？ これは開発中の新方式だというこはわかっている。それが二万ドルかかっても、その負担には耐えられる。とすれば、研究開発費として計上すればいいではないか。

起こり得る最悪の事態を予測し、その結果に従う覚悟ができると、とたんに重大なことが起こりました。私の気分は落ち着き、何日ぶりかで平安を味わったのです。

第三。これを転機として、最悪の事態を少しでも好転させるように冷静に自分の時間とエネルギーを集中させること。

私は目前にある二万ドルの損失を軽減するために、さまざまな方法を発見しようと努力しました。何度か試験したあげくに得た結論は、あと五千ドルかけて付属装置をつければ、問題は起きないというものでした。早速これを実行して、会社に二万ドルの損失を与える代わりに、一万五千ドルの利益をもたらしたのです。

もし私がいつまでも悩み続けていたならば、こういう結果にはならなかったでしょう。悩みにつきものの最大の欠陥は、私たちの集中力を奪ってしまうことです。ひとたび悩みはじめると、気持ちが絶えず動揺して、決断力が失われます。しかし、自分の目を無理や

PART 1 ❖ 悩みに関する基本事項　44

りに最悪の事態へと向けさせ、それに対する心の備えを固めれば、妄想はことごとく消え去り、問題解決のため全力を集中できるような立場に自分を置くことができるのです。

ここにご紹介した出来事は、遠い過去の事柄ですが、結果が実に役に立ったので、私はそれ以来ずっとこの方法を用いてきました。おかげで、私の人生を通じて、悩みらしい悩みを持ったことがありません」

ところで、ウィリス・H・キャリアの魔術的公式は心理的な面でなぜそれほど効果があり、応用範囲が広いのであろうか？　その理由は、私たちが悩みのために盲目状態になって手探りしている時に、厚い黒雲の中から引き下ろして豊かで固い大地を踏み締められるようにしてくれるからだ。私たちには、自分がどこにいるかがわかる。もし、しっかりとした地面に立っているのでなかったら、いったいどうやって考えをまとめることができよう？

応用心理学の祖ウィリアム・ジェイムズは、一九一〇年に亡くなっている。だが、もし彼が今日生きていて、この最悪の事態に対処する秘訣を聞いたならば、彼も諸手を挙げて賛同したいに違いない。どうしてそれがわかるのか、だって？　彼は教え子たちに、こう言ったことがあるからだ。

「事態をあるがままに受け入れよう」。つまり「……起きてしまったことを受け入れることこそ、どんな不幸な結果をも克服する出発点となるからだ」

中国人の思想家・林語堂も、ベストセラーとなった『生活の発見』という著書で、同じ

考え方を述べている。

「真の心の平和は、最悪の事柄をそのまま受け入れることによって得られる。心理学的に考えれば、エネルギーを解放することになるからであろう」

まさに、そのとおりだ！　心理学的に見て、もはや失うものはなくなる。裏を返して言えば、どう転んでも儲けものなのだ！　キャリアも言っている。「とたんに私の気分が落ち着き、何日ぶりかで心の平安を味わったのです。私は思考力を取り戻しました」

まことに道理にかなっているではないか。これを転機として、数え切れないほどの人々が怒りと混乱のために自分の人生を台なしにしてしまったが、もとはといえば最悪の事態を受け入れようとしなかったからである。事態を改善しようとせず、破滅に瀕しても、できる範囲内での救出作業すらしなかったのだ。運命を建て直そうとせずに、「経験と悪戦苦闘」したあげく、最後にはうつ病という心のしこりの犠牲者となってしまったのである。

キャリアの魔術的公式を身につけ、これを自分の問題に応用した別の例を挙げよう。私のクラスの受講生であったニューヨークの石油商の話である。

この受講生は、こう切り出した。「私は恐喝されていました！　私はそんなことがありるなんて思ってもみなかったのです。恐喝なんて映画以外に起こり得るとは思ってもみなかったのですが、私は実際に恐喝されていたのです！　私が社長をしていた石油会社にはたくさんの配達用トラックを持っており、運転手も大勢いました。その当時は物価管理局の

規制が厳しく、石油は割り当て制だったので、お客に対して配達できる量は限られていました。私は気がつかなかったのですが、一部の運転手は得意先へ届ける量をごまかして、その分を自分たちの客に横流ししていたようでした。

私がはじめてこの不正取引を知ったのは、ある日、政府の査察官と名のる男が面会を求めてきて、口止め料を要求した時でした。男は、会社の運転手たちの行為を証拠立てる書類を持っていて、もし私が金を出さなければ、書類を地方検事宛てに送ると脅迫しました。

もちろん、少なくとも私自身は何ら心配ないことは百も承知でした。けれども、法律の上では、企業は従業員の行為についても責任を負っているわけです。そのうえ、この事件が表沙汰になり、新聞に書き立てられでもしたら、悪評が広まり、会社の命取りともなりかねません。私は自分の事業に──二十四年前に父が創立した会社に誇りを持っていました。

私は苦悩のあまり、病気になりました！　三日三晩というもの、食事はのどを通らず、一睡もできません。私は半狂乱で、堂々めぐりを繰り返すだけでした。金を出そうか、たった五千ドルではないか。それとも、やれるものならやってみろと言おうか？　私はどちらにするかを決めかねて、悪夢でうなされる始末でした。

ところが日曜の夜、何気なく『悩みを解決するには』という小冊子を手にして読みました。カーネギー・コースの話し方教室でもらったものでした。その中で、自問してみましたぶつかったわけです。『最悪の事態を直視せよ』とありました。そこで、自問してみました

——私が金を出さないとすれば、最悪の事態とはどんなことだろう？　果たして恐喝者どもは地方検事に書類を送るだろうか？

それに対する答えは——会社の倒産。これが最悪の事態だ。刑務所へやられることはない。たかが信用をなくして、会社がつぶれるだけではないか。

次に、自分にこう言い聞かせました——よかろう、会社は倒産だ。すでにその覚悟はできた。では、そのあとはどうなるのだろう？

会社が倒産するとなると、何か職探しをしなければなるまい。だがたいしたことではない。私は石油については詳しい——私を雇いたいという企業の二つや三つはあるだろう……だんだんと気分が落ち着いてきました。三日三晩も取りつかれていた恐怖心も薄らいできました。興奮状態も冷めて、そして、驚いたことに、思考力を取り戻したのです。

ようやく頭もすっきりしてきて、第三の『最悪の事態を好転させる』ことにまで考えが及ぶようになりました。あれこれと思案しているうちに、まったく別なことを思いつきました。自分の弁護士に洗いざらい話してみよう。もしかすると、考えてもみなかった手段を教えてくれるかもしれないぞ。まったく馬鹿げたことだが、こんなことさえ以前の私には思い浮かばなかった。考えていたのではなく、ただ悩んでいたのですから！　私は朝一番に弁護士のところに行こうと決心しました。そして、ベッドにもぐり込み、死んだように熟睡したのです。

その結果ですか？　次の朝、私の弁護士は、私のほうから地方検事に会いにいって事実

を打ち明けるべきだと言いました。すっかり話し終わると、検事は、この種の恐喝事件はかなり前から続出しており、『政府の査察官』と名のる男は警察から手配されていると言って、私をびっくりさせました。この札つきぺてん師に五千ドル払おうかどうしようかと三日三晩も苦しんだ私は、事の真相を聞かされて、ほっと胸をなでおろしました。

この経験のおかげで、私は忘れられない教訓を得ました。悩みの種になりそうな緊急事態が発生すると、決まって私はあの『ウィリス・H・キャリアの公式』を用いるのです」

たかがウィリス・H・キャリアの苦労話ではないかとお考えになるのなら、別の体験談がある。マサチューセッツ州ウィンチェスターに住むアール・P・ヘイニーの話である。この話は、ボストンのスタットラー・ホテルで一九四八年十一月十七日に彼自身が語ってくれたものだ。

「一九二〇年代のことですが、あれこれと悩んでばかりいたせいか、胃潰瘍の徴候が現われました。ある晩、私は大量の血を吐いたのです。すぐさま、シカゴのノースウェスタン大学付属病院にかつぎ込まれました。体重は七十九キロから四十キロにまで減りました。重症だったので、手を持ち上げることさえ禁じられた始末でした。胃潰瘍の権威も含めて三人の医師が、『手遅れ』だと言いました。私はアルカリ性の粉末と、スプーン半杯ずつのミルクとクリームとを混ぜたものを一時間ごとに与えられながら、生き延びていました。看護師は、毎朝毎晩、私の胃にゴム管を差し込み、中のものを外に吸い上げました。

49　2　悩みを解決するための魔術的公式

この状態が何カ月も続きました……最後に、私は自分につぶやきました——いいか、ヘイニー、お前がどうせ死ぬことになっているのなら、残されたわずかな時間を最大限に利用したほうがいい。お前の夢は、死ぬまでに世界一周旅行をすることだったはずだ。もしその気があるなら、実行するのは今しかないぞ。

私が医師たちに向かって、これから世界一周旅行に出たいのだが、一日二回の胃の洗浄は続けるつもりですと言うと、彼らは目を丸くしました。狂気の沙汰だ！ そんな話は聞いたことがない！ このまま旅行に出かければ、海へ葬られるだけですよ。私はこう答えました——いいえ、あきらめません。私はネブラスカ州ブロークン・ボウにある先祖の墓地に葬ってもらうよう親戚の者に頼んでありますから、だから、私は自分の棺桶をかついでいきますよ。

私は棺桶を用意して船に積み込み、私が死んだ場合には、遺体を冷凍室に入れたまま母国に持ち帰ってくれるように船会社と取り決めておきました。ペルシアの詩人オマールのような心境で旅立ったのです。

ああ、使われんためにあるものをすべて利用せよ、
我らが塵芥と化す前に。
塵は塵の中に、また塵の下に横たわらん。
酒なく、歌なく、詩人なく、しかして終末もなし。

PART 1 ✣ 悩みに関する基本事項　　50

ロサンゼルスでプレジデント・アダムズ号に乗船し、東洋に向けて出発した瞬間から、気分がよくなりました。少しずつアルカリ性の粉末や胃の洗浄と縁を切りました。間もなく、私はどんな種類の食べ物でも——私の命取りになると言われた異国の料理や飲み物さえも、口にするようになりました。数週間後には、強い葉巻を吸ったり、ハイボールを飲むことさえ辞さなくなりました。長い間、味わったことがない楽しい毎日が続きました。季節風や台風にも出会いました。そこで肝を冷やせば、棺桶に送り込まれるはずでしたが——さまざまな冒険で大いにスリルを楽しんだものです。

私は船上でゲームに興じ、歌を歌い、新しい友人をつくり、夜更かしもしました。中国やインドに着いた時、私は気づいたのです。故国で直面した仕事上の気苦労など、東洋の貧しさや飢えにくらべれば天国なのだと。私は無用の心配をすっかり追い払ってしまい、爽快な気持ちになりました。アメリカへ戻った時には、体重が四十キロも増えており、自分が胃潰瘍であったことが、嘘のようでした。生涯を通じて、これほど晴れ晴れとした気分を味わったことはありません。私は仕事に戻りましたが、その日以来、病気一つしたことがありません」

アール・ヘイニーの言によると、今にして思えば、彼もキャリアが悩みを克服するのに用いた公式と同じものを無意識のうちに使っていたのだという。

「まず最初に、自問しました——起こり得る最悪の事態とは何か？ その答えは死でした。

51　2　悩みを解決するための魔術的公式

次に、死を覚悟するように自分に言い聞かせました。致し方なかったのです。医者たちは手遅れだと言ったのですから。

三番目として、私に残された短い時間内に、最大限の生きている喜びを味わうことによって、最悪状態を好転させようと試みたのです……仮に私が船に乗ってからも思い悩んでいたとしたら、どう考えても棺桶に入って帰国したに違いありません。けれども、私はくつろいだ気分になり、すべての気苦労を忘れました。そして、この精神的な落ち着きが、私の命を支えてくれたエネルギーを生み出すもとになったのです」

そこで、第二のルールを示そう。もし悩みの種を抱えているならば、ウイリス・H・キャリアの公式を使って、三つのことをやってみるべきだ。

● 一、「起こり得る最悪の事態とは何か」と自問すること。
● 二、やむをえない場合には、最悪の事態を受け入れる覚悟をすること。
● 三、それから落ち着いて最悪状態を好転させるよう努力すること。

3 悩みがもたらす副作用

> 悩みに対する戦略を知らない者は若死にする
> ——アレクシス・カレル博士

何年か前のある晩、近所の人が呼び鈴を押して、私や家族の者に天然痘の予防注射を受けにいくよう忠告してくれたことがあった。彼は、自発的にニューヨーク市内の家々の呼び鈴を鳴らしてまわった数千人中の一人にすぎない。あわてふためいた人々は、注射を受けにどっと押しかけて、数時間も行列の中に立ち尽くした。接種場所は、すべての病院はもちろん、消防署、警察署、大きな工場にも設けられた。二千人以上の医師と看護師が昼夜を分かたず奮闘して、注射に押しかけた群衆をさばいた。いったいこの大騒動の原因とは？ ニューヨーク市内で八人の天然痘患者が出て、二名死亡したのだ。約八百万人中で死者二名である。

ところで、私はもうずっと長くニューヨークに住みついているが、いまだかつて、悩みという心の葛藤——私の住んでいる間に天然痘の一万倍もの損失をもたらした病気——に

ついて呼び鈴を押して、警告してくれた人はいなかった。

今アメリカに住んでいる人の十人に一人は神経衰弱にかかるだろう——その原因はほとんどの場合、悩みや感情の葛藤にある——と私に警告してくれた人は誰もいない。だから私としては、本章で皆さんの呼び鈴を押し、警告したいと願っている。

ノーベル医学賞受賞者のアレクシス・カレル博士は「悩みに対する戦略を知らないビジネスマンは若死にする」と述べた。家庭の主婦にしても、獣医やレンガ職人にしても同じことだ。

数年前に、私は休暇を利用してテキサスとニューメキシコへ自動車旅行をしたが、O・F・ゴーバー博士も同行した。博士の肩書きはメキシコ湾・コロラド・サンタフェ病院協会の内科医長である。話がたまたま悩みの影響に及ぶと、彼はこう語った。

「医師のもとを訪れる患者のうち七割の人は、不安や悩みを取り除きさえすれば、全快できるのだ。しかし、彼らの病気が気のせいだと言うつもりはまったくない。彼らの病気は本物であり、ずきずきと痛む虫歯と何ら変わらないし、時には何十倍も重症かもしれない。このような病気として、神経性消化不良、一部の胃潰瘍、心臓病、不眠症、ある種の頭痛、ある種の麻痺などを挙げることができる。

これらの病気は、嘘偽りではない。この点ははっきりと断言できる。私自身、十二年間も胃潰瘍に苦しんだからね。

悩みは人間を緊張させ、いらいらさせるから、胃の神経不安が高じると悩みに変わる。

PART 1 ✤ 悩みに関する基本事項　54

が刺激されて、胃液が正常から異常へと変化し、しばしば胃潰瘍にまで進行する」

『神経性胃炎』の著者ジョセフ・F・モンターギュ博士も、まったく同じことを述べている。「胃潰瘍の原因はあなたの食べ物ではない。

メイヨー診療所のW・C・アルヴァレズ博士は言う。「胃潰瘍は精神的緊張の波によって症状が激しくなったり、治まったりする」

この言葉はメイヨー診療所で胃病の治療を受けた一万五千人の患者の症例で裏づけられている。五人のうち四人までが、胃の症状はさまざまであっても、肉体的な原因は見られなかった。不安、悩み、憎しみ、極端な利己主義、そして現実世界への不適応——これらが彼らの胃病や胃潰瘍の主な原因であった——胃潰瘍から死を招く例も珍しくはない。ライフ誌によれば、胃潰瘍による死亡は、主要疾患中で第十位を占めているという。

私は最近、メイヨー診療所のハロルド・C・ヘイバイン博士と何回か便りの交換をした。博士がアメリカ産業医師連合の年次総会で発表した報告書は百七十六人の会社重役の診察結果であり、患者の平均年齢は四十四・三歳であった。これら会社重役の三分の一強が高度の緊張生活に特有の三大疾患——心臓病、消化器系潰瘍、高血圧——のいずれかに冒されていたというのだ。三分の一の会社重役は、四十五歳にも達しないうちに、心臓病、潰瘍、高血圧によって自分の肉体を破壊しているのだ。出世は何と高くつくことか！　しかもまだ払い続けている！　会社で昇進をしても胃潰瘍や心臓病にかかって、健康をなくしては元も子もない者と言えるだろうか？　全世界を手中に収めたとしても、果たして成功

55　　3　悩みがもたらす副作用

のではないか？　全世界を自分のものとしてやっていることだ。眠るにはベッド一つで十分だし、食事は一日三回でよい。新入社員だってやっていることだ。率直に言って、私なら、権力の座にある重役よりも鉄道会社や煙草会社を経営して四十五歳で健康を損なうよりは、責任など負わなくて済むような平社員でいるほうがいい。

その煙草に関してだが——最近、世界でも屈指の煙草製造業者が、カナダの森林を散歩中に、心臓麻痺で急死した。彼は巨万の富を築き上げながら、六十一歳で世を去った。おそらく彼は「事業の成功」と自分の寿命とを引き換えにしたのだろう。

私の評価からすれば、この億万長者となった煙草王の成功は、私の父——ミズーリ州の農民で、無一文とはいえ八十九歳の天寿をまっとうした——には遠く及ばないのである。

有名なメイヨー兄弟は、国内の病院ベッドの過半数が、神経症患者によって占められていると発表した。しかしながら、これらの人々の神経は、死体解剖時にジャック・デンプシーの神経に劣らず高性能の顕微鏡で調べてみると、その大部分は、見たところ肉体的損傷によるものではなく、神経の肉体的損傷によるものである。

彼らの「神経症」は、神経の肉体的損傷によるものではなく、プラトンも述べている。「医師の犯している最大の過失は、心を治療しようとせずに、肉体を治療しようとすることだ。しかし、心と肉体は一つのものであり、別々に治療できるはずがない！」

医学がこの真理を認識するまでに二千三百年かかった。「心身医学」と呼ばれる新しい医

学、精神と肉体を同時に治療する医学が発達してきたのは、ようやくつい最近のことだ。機が熟したとは、このことだろう。すでに医学は、"細菌が引き起こす病気"の天然痘、コレラ、黄熱病その他、無数の人々を早死にへと追いやった多くの病気をほとんど全滅させた。けれども医学は、細菌のためではなく、苦悩、不安、憎しみ、欲求不満、絶望といった感情が引き起こす精神と肉体の破綻に対しては、いまだに対処できない。これらの心の葛藤による死傷者は異常なまでの速度で増え続け、その範囲も広がっている。

何が心の健康を失わせるのだろうか？ まだ完全な解答が出ているわけではない。しかし多くの場合に、恐怖や苦悩が大きな役割を果たしていると考えられる。過酷な現実に対処できず、不安に駆られ、苦悶する人は、周囲との関係をすべて断ち切り、自分でつくり上げた密かな夢の世界へと逃避する。このようにして自分の悩みを解消したことにするのである。

私の机には、エドワード・ポドルスキー博士の『悩むのをやめて、元気になろう』と題する本が置いてある。この本の中から、いくつかの章の表題を拾ってみよう。

悩みは心臓にどんな作用をするか

高血圧は悩みによって増進される

悩みから起こるリウマチ

胃のために悩みを減らそう

悩みとかぜの因果関係
悩みと甲状腺
悩める糖尿病患者

悩みについての別の啓発書といえば、『精神医学界のメイヨー兄弟』の一人カール・メニンガー博士が書いた『おのれに背くもの』であろう。これは別に悩みを避ける方法を教えてくれるわけではないが、不安、欲求不満、憎しみ、怨恨、反抗、恐怖などが、どれほど私たちの肉体を破壊しているかという点について、驚くべき事実を示してくれる。たぶんどこの図書館にも一冊入っているだろう。

苦悩は人並み外れて頑健な人間をも病気にする。グラント将軍は、このことを南北戦争の終盤に発見した。その話は次のとおりである。グラントは九カ月にわたって南軍の首都リッチモンドを包囲し続けた。リー将軍の部隊は、戦列の乱れと飢えのために敗走してしまった。

全連隊から同時に脱走兵が続出した。残った者はテントにこもって、祈禱会を開いていた。彼らはわめいたり、泣いたりして、目もうつろであった。最後の時は目前に迫っていた。リーの部下たちは、リッチモンドにある綿花や煙草の倉庫に火を放ち、兵器庫を焼き払い、炎が天を焦がす中を夜に紛れて市街から逃げ出した。グラントは、南軍を両側と後方からはさみ打ちにしながら、激しく追撃した。その間に、シェリダンの率いる騎兵隊は、

前方から襲いかかり、鉄道を破壊し、補給列車を奪い取った。猛烈な頭痛のため半ば盲目となったグラントは、部下たちからはるかに遅れてしまい、とある農家に一晩の宿を求めた。彼は『回想録』にこう記している。「私は一晩中、カラシ湯に両足をひたし、手首と首の後ろにはカラシの湿布をして、朝までに治りますようにと祈った」

翌朝、彼は一瞬の間に全快した。だが、彼を治したのは、カラシの湿布ではなく、リー将軍の降伏文書を持って早馬でやってきた軍使だった。

グラントは言う。「軍使が私のもとに来た時、私は依然として割れるような頭痛に苦しんでいた。ところが、文書の中身を見たとたんに私は、しゃんとなってしまった」

言うまでもなく、グラントの病因は彼の苦悩、緊張、感情だった。彼の感情が自信、成功、勝利といった彩りを帯びると、即座に全快したのである。

七十年後に、フランクリン・D・ルーズヴェルト政権の財務長官ヘンリー・モーゲンソー・ジュニアは、悩むと気分が悪くなりめまいを起こすことを知った。彼は日記に、大統領が小麦の値段を吊り上げるために、一日一億二千三百六十万キログラムもの小麦を買い込んだ時には、猛烈に悩んだと書いている。「私は文字どおりめまいがしてきた。家に帰り、昼食も早々にして二時間ほどベッドに伏せっていた」

悩みが人間にどんな副作用をもたらすかを見たければ、別に図書館や医者のところへいく必要はない。本書を執筆中の書斎の窓から見ることができる。私の目に映る隣近所には、

苦悩がもとで神経衰弱患者が出た家もあり、苦悩の果てに主人が糖尿病になってしまった家もある。株式市場が暴落したために、血糖や尿糖の値が跳ね上がったのである。

あの有名なフランスの哲学者モンテーニュが故郷のボルドーの市長に選ばれた時、彼は市民たちにこう告げた。「私は諸君の問題を喜んで我が手に引き受けるつもりだが、肝臓や肺にまで引き受けるつもりはない」

私の隣人は、株の損失を血管で引き受けてしまい、もう少しで死ぬところだったのだ。悩みが人間にどんな副作用を及ぼすか、これを思い出したかったら、隣近所を見るまでもない。今、私が執筆中のこの部屋を見れば、この家の前の所有者が思い悩んだあげく、それほどの年でもないのに、墓場へと急いでしまったことが思い出される。

悩みによってリウマチや関節炎になり、車椅子の身となる例もある。コーネル大学医学部のラッセル・L・セシル博士は関節炎の世界的権威であるが、彼は関節炎をもたらす四つの原因を指摘している。

一、結婚生活の失敗
二、経済的障害と悲嘆
三、孤独と苦悩
四、長期にわたる恨み

当然のことながら、これら四つの情緒的状態が関節炎の唯一の原因というわけではない。けれども、繰り返すが、関節炎は多種多様であり、その原因も千差万別である。関節炎を

もたらす最も普通の原因は、ラッセル・L・セシル博士が挙げた四つに尽きるのだ。実例を挙げよう。私の友人は不況で手痛い打撃をこうむり、ガス会社にはガスを止められ、銀行からは担保にとられた家を差し押さえられた。彼の妻は、突如として激痛を伴う関節炎にかかった。そして、薬や食事療法も効かず、その関節炎は彼らの家計が楽になるまで続いたのである。

悩みは虫歯の原因ともなっている。ウィリアム・マコニグル博士はアメリカ歯科学会で次のような発言をした。「悩み、恐怖、小言などから生じる不快感によって、カルシウムのバランスがくずれて、虫歯になることもある……」。マコニグル博士が例に挙げた一人の患者は、以前は虫歯など一本もなかったのに、彼の妻が急病で倒れて三週間入院している間に、彼には九本の虫歯——悩みに起因する虫歯——ができたという。

皆さんは、甲状腺の機能が異常に亢進している人を見たことがあるだろうか？ 私が目撃した例をお話しすると、患者たちはぶるぶる震え、体を前後左右に揺らすって、まるで死にかけているようであった。そしてそういうことになるのだ。体の調節をしている甲状腺が、調子を乱したためだ。動悸が激しくなる。全身が、ちょうど通風装置を全開にした溶鉱炉のように、ありったけの力で燃えさかっているのである。手術や治療によってこの状態を止めない限り、患者は死を迎える、つまり「燃え尽きてしまう」だろう。

つい先日、私はこの病気にかかっている友人と、フィラデルフィアへ出かけ、三十七年にわたってこの病気を扱ってきたイズラエル・ブラム博士を訪れた。待合室の壁には、大

きな額に入れた博士の注意書きが掛かっていた。私はそれを封筒の裏に写しとった。

リラックスと娯楽

緊張をゆるめ、英気をよみがえらせるものは、健全な宗教、睡眠、音楽、笑いである。神を信頼せよ。よく眠れ。良い音楽を愛せよ。人生のおどけた面に目を向けよ。そうすれば、健康と幸福が得られる。

博士の友人に対する最初の質問はこうだ。「こんな状態になるには、どんな悩みがあったのですか？」。博士の警告によれば、悩みから解放されないと、さらに心臓病、胃潰瘍、糖尿病などの合併症も起こりかねないという。「これらの病気はすべて親戚同然、いとこ同士なのですよ」

マール・オベロンはインタビューで、彼女がこれ以上悩むまいと決心した理由は、悩みが映画スターにとって最大の財産、顔の美しさを失わせることを痛感したからであると語った。

PART 1 ✤ 悩みに関する基本事項　62

「私がはじめ映画界で身を立てようと努力していた時は、くよくよ悩んだり、びくびくと脅えていました。私はインドから出てきたばかりで、ロンドンに知人がいたわけでもなく、差し当たっての仕事を見つけようとしました。何人かのプロデューサーに会いましたが、誰も私を使ってはくれず、手元にあったわずかなお金も底をつきそうになりました。二週間の間、クラッカーと水以外は口にしなかったこともありました。不安でたまらないばかりでなく、おなかが減ってたまらなかったのです。自分に向かって、こう言いました。『あなたって、お馬鹿さんじゃないの？ 映画界に入るのは無理かもしれないわ。だって映画の経験はないし、演技はずぶの素人じゃないの——取り柄といえば、ちょっと顔がきれいなだけじゃないの？』

私は鏡の前に立ちました。鏡をのぞき込むと、悩みが顔を台なしにしているではありませんか！ 今までなかったしわ、不安な表情。もう一度、言いました。『いい加減になさい！ 悩んでいる余裕などないわ。唯一の取り柄は顔なのよ。悩めばそれが台なしじゃないの！』

悩みほど早く女性を老けさせ、気難しそうに見せ、表情の美しさを奪ってしまうものはない。悩みのために表情が固くなる。悩みがあれば、私たちはあごをこわばらせ、顔には小じわが目立つようになる。悩めば、しかめ面にもなろう。白髪が増え、抜け毛の原因ともなる。顔のつやはなくなり、さまざまなにきび、吹き出物、発疹の根源となる。

今日のアメリカでは、心臓病が死因の第一位に挙げられる。第二次世界大戦中の戦死者はおよそ三十万人だが、同じ時期に心臓病で死亡した人は二百万人にも達した。しかも、このうち百万人は、悩みや高度に緊張した生活がもたらした心臓病による死亡者である。アレクシス・カレル博士が「悩みに対する戦略を知らないビジネスマンは若死にする」と言った理由の一つは、この心臓病のことなのだ。

ウィリアム・ジェイムズが言ったように、「神は我らの罪を許してくださるが、神経組織はそうはしてくれない」のだ。

ここで信じがたいような事実を示そう。例年のことだが、アメリカ人の自殺者は、五つの主要伝染病による死亡者を合わせた数よりも多いのである。

なぜか？　答えはほとんどの場合に「悩み」である。

残忍な中国の将軍たちが捕虜を拷問にかけたいと思った時は、彼らの手足をしばり、水を入れた袋の下にすえ、昼も夜も絶え間なくぽとり……ぽとり……ぽとりと水滴を落としたう。このようにして次から次へと頭に落ちてくる水滴は、最後にはハンマーを打ちつけるような音に変わり、あげくの果てに人間を発狂させる。これと同種の拷問がスペインの宗教裁判やヒトラー治下のドイツの強制収容所で用いられた。

悩みは絶え間なく落ちてくる水滴のようなものだ。次から次へと落ちてくる悩みのしずくは、人間を発狂させ、ついには自殺に追いやることも少なくない。

PART 1 ✤ 悩みに関する基本事項　　64

私がミズーリの田舎にいた子供の頃、ビリー・サンデーが地獄の業火について語るのを聞いて、死ぬほど震え上がったことがあった。けれども、彼は、悩みのために人々が味わっている肉体的苦痛という業火については少しも触れなかった。たとえば、あなたが四六時中、悩んでばかりいる人だとしたら、やがては狭心症というこれまで人間が耐えてきた最大の苦痛に襲われるかもしれないのだ。

皆さんは人生を愛しておられるだろうか？　それならいい方法がある。もう一度、アレクシス・カレル博士の言葉を引用しよう。『現代都市の喧騒の中で内心の安らぎを保てる人は、神経性疾患に冒されることはない』

あなたは現代都市の喧騒の中で内心の安らぎを保っていられるだろうか？　あなたが正常人なら「イエス」である。「断じてイエス」である。我々の大部分は、自分が思っているよりは頑健にできている。私たちは、まだ一度も使ったことのない資質を内に持っている。ソローの不朽の名著『森の生活』の中には、こんな一節がある。「私が比類なく勇気づけられる事実は、人間には、自分の人生を努力によって向上させていく素晴らしい能力があることである……もし自信を持って自分の夢に向かって前進し、理想とする人生を送ろうと努力するならば、普通では期待できないほどの成功を収めることができよう」

本書を手にされた方々の多くは、アイダホ州クール・ダレーンのオルガ・K・ジャーヴ

65　3　悩みがもたらす副作用

ィに劣らないだけの意志と資質とを持ち合わせておられることだろう。彼女が発見したのは、最低の悲惨な環境のもとでも悩みを克服できるということだった。私が力説したいのは、誰にでもできる——ただし、本書で説いている昔ながらの真理を用いれば——という点である。オルガ・K・ジャーヴィが私宛てに書き送ってくれた話はこうだ。

「八年半ほど前に、私はがんのために死ぬと宣告されました。我が国医学界の最高権威であるメイヨー兄弟も、その宣告を認めました。私は袋小路に追いつめられ、死が大きく口を開けていました！　私はまだ若い、死にたくはない！　私は死に物狂いで主治医に電話をして、自分の絶望感を洗いざらいぶちまけたのです。先生は少しいらいらした調子でたしなめました。『何事ですか、オルガさん。もう闘う気力もないのですか？　泣いてばかりいたら、間違いなく死にますよ。なるほど最悪の事態です、そのとおりです。だからこそ、事実を直視するんです。悩むのをやめなさい！　そして、何かをしてみることです』。そこで私は即座にある誓いをしました。あまりに真剣な誓いだったので、指の爪は肉に食い込み、背筋がぞっとしたほどでした。『私はもう悩まないわ。泣いたりするもんですか！　もし物質よりもまさる精神力というものがあるなら、私はそれで必ず勝ってみせるわ！　生き抜いてみせる！』

もはやラジウム照射ができないほど病状が進んでいる場合に用いられるX線の量は、通常なら一日十分三十秒で三十日間です。私の場合は、一日十四分三十秒のX線を四十九日間も浴びました。私の骨は、はげ山に転がっている岩のように痩せ衰えた体からつき出し、

両足は鉛のように重くなっていましたけれども、弱音は吐きませんでした！　一度だって泣いたりしませんでした。ただ微笑みを浮かべていました。そうなのです。無理に微笑みを浮かべていたのです。

いくら私が馬鹿でも、微笑みを浮かべていればがんが治るとは思いません。しかし、努めて明るくふるまえば、肉体は病気と闘いやすくなるのではないかと思います。とにかく私は、がんが完治するという奇跡を、身をもって体験しました。ここ数年、私は健康そのものですが、それは、ひとえに『事実を直視するんだ！　悩むのをやめなさい！　そして、何かをしてみることです』という厳しい励ましの言葉のおかげです」

私は本章を終わるに際して、もう一度、アレクシス・カレル博士の言葉を繰り返したい。

● 悩みに対する戦略を知らない者は若死にする。

預言者ムハンマドの熱狂的な信者たちは、コーランの中の聖句を自分の胸に入れ墨をしていたという。本書の読者諸氏はどうか「悩みに対する戦略を知らない者は若死にする」という言葉を胸に入れ墨をしていただきたい。

カレル博士は、あなたのことを言っているのではないだろうか？

PART
2

悩みを分析する基礎技術

HOW TO
STOP
WORRYING
AND
START
LIVING

4 悩みの分析と解消法

> 私に仕えるしもべは六人
> （私の知っていることは全部彼らが教えてくれたのだ）
> 彼らの名前は「なに」「なぜ」「いつ」「どのように」
> 「どこ」「だれ」
>
> ——ラドヤード・キプリング

第一部第二章（PART1の2）で示したウィリス・H・キャリアの魔術的公式でもって、悩みの問題はすべて解決できるだろうか？ もちろん、そんなわけがない。では、どうするか？ 種々雑多な悩みに対処するための準備をしなければならないが、まず問題を三段階に分けて分析することを学ぼう。三段階とは——

一、事実の把握
二、事実の分析
三、決断——そして実行

わかりきったことかもしれない。アリストテレスもこのように教えたし、これを実践していた。私たちも日常を地獄同然に塗り変えている問題を解決しようとすれば、この方法を用いなくてはならないのだ。

第一の「事実の把握」を取り上げてみよう。事実を把握するということが、なぜそんなに大切なのか？ それは事実を知らなければ、自分の問題を手際よく解決しようとすることさえ不可能だからだ。事実がわからなければ、できることは混乱してやきもきすることだけだ。これは私の考えではなく、コロンビア大学の学長であったハーバート・E・ホークスが二十二年間主張し続けたものである。彼は二十万人もの学生に手を差し伸べ、彼らの悩みを解消させたが、私に向かって「混乱こそ悩みの第一理由なのだ」と語ったことがある。彼はこんなふうに説明した。「この世の悩みの大半は、判断の根拠となる知識が十分でないのに、あえて判断を下そうとするから生じる。たとえば、私は来週の火曜日、午後三時にある問題に対処する必要があるとしよう。私は来週の火曜になるまでは、その件について決断を下そうとはしない。その間に、その件に関連のある事実をことごとく集めよ

うと専念する。気をもんだりはしない。その問題で食事がのどを通らなくなったり、眠れなくなったりもしない。ひたすら事実の把握に努めるのみだ。そして、火曜日になるまでに、もしすべての事実を把握していれば、問題はたいてい自然に解決している！」

私はホークス学長に対して、「つまり完全に悩みを退治してしまったわけですね」と聞いた。「そのとおり」彼は答えた。「私は完全に悩みから解放されたと断言できる。私が悟ったのは、誰でも時間の許す限り、公平な客観的立場で事実を集めることに専念すれば、悩みなど知識の光によって蒸発してしまうということだ」

繰り返して言おう。「誰でも時間の許す限り、公平な客観的立場で事実を集めることに専念すれば、悩みなど知識の光によって蒸発してしまうだろう」

だが、よく見かける例はどうだろう？　あることで悩みはじめると──「人間は思考する努力を省きたいために、ありとあらゆる方便に頼ろうとする」というトーマス・エジソンの至言もある──すでに考えていることに合致する事実ばかりを探しまわり、他のすべてを無視してしまう！　自分の行為を正当化する事実、自分の希望的観測に好都合な事実や、抱いている偏見を正当化する事実だけを望むのだ！

アンドレ・モロワは述べている。「我々の個人的な願望に合う事柄はすべて真実のように思われ、そうでないものは、我々を激怒させる」と。

だとすれば、問題に対する答えが簡単に得られないのは当たり前ではないか？　二足す二は五ということを前提にしたら、ごく簡単な算数の問題だって手に負えないだろう。と

ところが、この世の中には二足す二が五百だとか五百だとか言い張って、自分にも他人にも地獄の生活を強いる人が大勢いる。

どのようにして対処すべきだろうか？ それには思考の中から感情を閉め出してしまうのだ。ホークス学長が述べたように、私たちは「公平な客観的」態度で事実を集めなければならない。

しかし、悩んでいる場合には容易なことではない。悩んでいる時は感情が高ぶっているからだ。ここに問題から離れて、事実を明晰な客観的態度で眺めようとするのに役立つ二つのアイディアがある。

一、事実を把握しようとする場合に、情報集めは自分のためではなく、誰か他人のためなのだと思うようにする。こうすると、事実に対して冷静かつ公平な観察がしやすくなり、感情を取り除くことができる。

二、自分を悩ませている問題について事実を集めている間は、自分を自分の反対側に立って反論しようとしている弁護士とみなし、反論を加える準備をしているつもりになる。つまり自分自身に不利な事実のすべて、直面したくない事実のすべてを把握するように努める。

次に自分の言い分と相手方の言い分とを書きとめてみる――すると、たいていの場合は、妥当な点が両極端の間の、どのあたりにあるかがわかってくる。

ここで強調しておきたいことがある。あなたも私も、アインシュタインでもアメリカ最

73 　4　悩みの分析と解消法

高裁判所でも、どんな問題に対しても賢明な裁定を下せない。トーマス・エジソンは、この点をよくわきまえていた。彼が世を去った時、彼の残した二千五百冊のノートは、彼が関心を寄せていた事実で埋め尽くされていた。

このように、問題を解決するための第一歩は、事実の把握にある。ホークス学長が実行したことを見習おう。まず公平な態度で事実をすべて集めてから、問題解決に着手するのだ。

しかし、事実をすべて集めたとしても、それを分析、解明しなければ何の役にも立たない。

私は苦い経験を重ねたあげく、事実を書き記してから分析するほうが、ずっと容易にいくことを知った。実際、紙切れに事実を書き上げ、問題をはっきりと書き記すことは、賢明な決断へ大きく近づいたことになる。チャールズ・ケタリング流に言えば「問題を手際よく表現した時には、半分は解決されている」

これを実例によって説明しよう。中国には一幅の絵は一万の文字に匹敵するということわざがあるから、私はここで、一人の男が今我々が述べていることをどのようにして現実の行動に移したかを、描いてお見せしよう。

話題の主はガレン・リッチフィールドという。私は彼と知り合ってから数年になるが、彼は東洋で最も成功したアメリカ人の実業家である。リッチフィールド氏は、日本軍が上海を占領した一九四二年当時、中国にいた。以下は、彼が私の家に来た時に話した事柄で

PART 2 ✤ 悩みを分析する基礎技術

ある。

「日本軍は真珠湾を攻撃した直後に、上海へなだれ込んできた。私は上海にあるアジア生命保険会社の経営者だった。日本軍は、『清算人』——彼は、海軍の将官の肩書きを持って——を派遣してきて、この男と協力して会社の資産を清算するように私に命令した。もはや選択の余地などなかった。協力するか、殺されるかであった。

私は仕方なしに、言われたとおりに行動した。だが七十五万ドルに相当する一部の証券だけは将官宛てに提出した資産表から除外しておいた。それを資産表から除いたわけは、その証券は香港支店のもので、上海支店の資産とは無関係だと判断したことによる。とはいえ私は、自分の行為を日本軍に見つけられたら、ひどい目にあうのではないかとびくびくしていた。果たして見つかってしまった。

事が露見した時、私は事務所にいなかったが、会計課長が残っていた。彼の話によれば、日本の将官は激怒して、地団駄を踏み、怒号し、泥棒とか裏切り者呼ばわりしたという。私は日本軍に逆らったのだ。その結果はわかっていた。ブリッジハウスへ投げ込まれるのだ！ ブリッジハウス！ それは日本の秘密警察にある拷問部屋のことだ。私の友人の一人は、そこへ連行されるよりはと自殺してしまった。別の友人は、そこで十日間尋問と拷問を受けた末に死んでしまった。いよいよ私もブリッジハウスへ放り込まれようとしているのだ。

どうしたかって？ 私が事件を耳にしたのは日曜の午後だった。もし問題解決のための明確な方法を身につけていなかったとしたら、私は動揺し、恐れおののいたに違いない。

しかし、私はそれまでもずっと、悩み事があると決まってタイプライターを取り出し、二つの質問とその答えとを文字にしてみることにしていた。すなわち——

一、悩みの種は何か？
二、それに対して、自分は何ができるか？

以前は、解答を出すには出しても、それを文字にすることまではしなかった。けれども、何年か前からやり方を改めていた。問いと答えの両方を文字にしてみると、考え方が整理されることに気づいたからだ。さて、あの日曜の午後、私は上海YMCA内にある自分の部屋に直行してタイプライターに向かった。そして、こう打ちつけた。

一、悩みの種は何か？

明日の朝、ブリッジハウスに投げ込まれるのではないかとびくびくしている。

ついで第二の質問を打った。

二、それに対して、自分は何ができるか？

私は何時間も考え抜いたあと、自分にとって可能な四つの行動から生じそうな結果をも文字にした、それぞれの行動。

一、日本の将官に釈明すればよい。だが、将官は英語が話せない。通訳を介して説明したら、再び彼を激怒させかねない。そうなれば死ぬしかない。残忍な男のことだ。

二、逃亡は可能か？　まず不可能だ。彼らは絶えず私の動静をうかがっている。YMC

面倒な弁明を聞くよりも、そのまま私をブリッジハウスに投げ込んでしょうだろう。

PART 2 ✦ 悩みを分析する基礎技術　　76

Aへの出入りも監視されているに違いない。もし逃亡しようものならたちまち捕らえられ、銃殺されるだろう。

三、この部屋に閉じこもって、事務所に近づかないようにする。こんなことをしたら、日本の将官は不審に思って、兵士を差し向けて私を捕らえ、一言の弁明さえ許さずにブリッジハウスへと放り込むだろう。

四、月曜の朝、平気な顔で事務所へ出勤するという手もある。将官は多忙で、私のしたことを思い出さないかもしれない。思い出したとしても冷静さを取り戻して、私のことを放っておくかもしれない。そうなれば、願ってもないことだ。もし万一私を意に介し悩ませたとしても、彼に向かって弁明するチャンスぐらいあるだろう。だから月曜の朝、いつものように事務所へ行って、何事もなかった顔でふるまうのだ。こうすれば、ブリッジハウス行きを逃れるチャンスは二つあることになる。

このように思案した結果、第四の計画――月曜の朝はいつものとおり事務所へ出勤する――に従おうと決断すると、たちまち私の心は晴れ晴れとしてきた。

翌朝、私が事務所へ入っていった時、日本の将官は煙草を口にくわえて、椅子に腰を下ろしていた。彼は例の調子で私をじろりとにらんだが、何も言いはしなかった。六週間後に――ありがたいことに――彼は東京へ呼び戻され、私の悩みは消えてしまった。

すでに述べたとおり、私の命が助かったのは、あの日曜の午後、机に向かって自分にとって残された手段をあれこれと書き記したためであり、それぞれの手段から生じる結果を

4 悩みの分析と解消法

文字にして、冷静に決断したためにほかならない。仮にこうしなかったら、思い迷ったり、ためらったりしたあげく、軽率にも過ちを犯していたかもしれない。問題を熟慮せず、決断を下せなかったとしたら、あの日曜の午後を悶々のうちに送ったであろう。その晩は一睡もできなかったに違いない。そして月曜の朝は、苦悩にやつれた顔をして、事務所へ行ったことだろう。そうなれば、それだけで日本の将官に疑いを起こさせ、何らかの行動に駆り立てたかもしれないのだ。

幾度も経験を重ねた結果、私は決断に達することがいかに大切であるかを知った。はっきりとした目標を決めることができず、いつまでたっても考えがまとまらずに堂々めぐりを繰り返す。それが人間の神経をずたずたにし、生き地獄へと追いやるのだ。明確な決断に達すれば、即座に苦悩の五割が消え失せ、その決断を実行に移すと同時に、残りの四割が蒸発する。

つまり、次の四つの段階を踏めば、悩みの九割を追い払うことができる。

一、悩んでいる事柄を詳しく書き記す。
二、それについて自分にできることを書き記す。
三、どうするかを決断する。
四、その決断を直ちに実行する。」

ガレン・リッチフィールドは現在、保険業界および金融業界を代表する会社、スター・

パーク・フリーマン社における東洋担当取締役である。彼から密かに聞いたところでは、彼の成功は、前述した悩みを分析し、それに正面から対処する方法に負うところがきわめて大きいという。

彼の方法がなぜそれほど優れているのだろうか？　その理由として、効果の大きいこと、具体性のあること、問題の核心をついていることが挙げられる。特筆すべき点は、第三の欠くべからざる法則「何かの行動で示すこと」という面を最優先させていることだ。私たちが行動でもって示さなければ、真相の究明や分析もすべて空念仏に等しい——まさにエネルギーの浪費でしかなかろう。

ウィリアム・ジェイムズはこう言っている。「ひとたび決断を下し、あとは実行あるのみとなったら、その結果に対する責任や心配を完全に捨て去ろう」（この場合、ウィリアム・ジェイムズが「心配」を「不安」の同義語として用いているのは明らかであろう）。要するに、事実に基づいて慎重に決断したならば、行動に移れということだ。考え直したりするな。ためらったり、危ぶんだり、後戻りしてはならない。ひとたび自分を疑い出したら、また別の疑いが生じてくる。もはや肩越しに後ろを振り返ってはならないのだ。

私は、オクラホマ州きっての石油業者として知られたウェイト・フィリップスに対して、どのようにして決断を実行に移すのかと質問したことがある。彼はこう答えた。

「私が思うに、問題をある限度以上に考え続けると、混乱や不安が生じやすい。それが決断をし、実行し、それ以上調べたり考えたりすれば、かえって有害となる時機がある。

79　　4　悩みの分析と解消法

して絶対に振り向いてはならない時機なのだ」

さあ、それでは読者諸氏も悩み事について、ガレン・リッチフィールドの手法を応用してみてはどうだろう?

● 第一問──私は何を悩んでいるか?

● 第二問──それに対して私は何ができるか?

● 第三問──私はどういうことを実行しようとしているか?

● 第四問──私はそれをいつから実行しようとしているか?

5 仕事の悩みを半減させる方法

あなたがビジネスマンだとしたら、きっとひとりごとを言われるに違いない。「こんな表題は馬鹿馬鹿しくて話にならん。私はこの道で十九年も飯を食っているんだぜ。他人が考えつくようなことなら、とっくの昔に知っている。仕事の悩みを半減させる方法を他人から教わるなんてまったくのお笑い草だよ！」

無理もない。数年前の私だったら、この表題を見て、まったく同じことを感じたに違いないからだ。うまい話だ——がらくたばっかりの。

正直に言おう。もしかすると、私が皆さんの仕事の悩みを半減させるのは無理かもしれない。誰にも不可能なのだ。結局は、できるのは皆さん自身である。私にできるのは、世間の人々がどのようにして半減させたかを紹介することだけである。それから先は、皆さん次第なのだ！

まず皆さんに、すでに引用したアレクシス・カレル博士の「悩みに対する戦略を知らない者は若死にする」という言葉を思い出してほしい。

悩みとはこのように致命的なものであるから、もし皆さんの悩みを一割だけでも減らすお手伝いができれば、満足していただけないだろうか？……よろしい。それでは、ある重役がどのようにして仕事上の障害を克服し、悩みを半減させ、かつては会議で空費していた時間を七十五パーセントも節約できたかについてお話ししよう。

これからお話しすることは「ジョーンズ氏」とか、「ミスターX」とか、「オハイオ州の知人」とか、漠然とした人物についてのつくり話ではない。話題の主はレオン・シムキンという実在の人物であり、長い間、ニューヨークのロックフェラー・センターにあるサイモン＆シュスターという一流出版社の総支配人だった人である。

ではレオン・シムキンに自分の体験談を語ってもらおう。

「十五年間にわたって、私は勤務時間の約半分を会議や打ち合わせのために使っていました。これをしようか、あれをしようか、やめようか？ いつも緊張し、回転椅子をきしませていました。床の上を歩きまわり、議論は堂々めぐりをするだけでした。夜になると、へとへとに疲れ切ってしまうありさまでした。おそらく、死ぬまでこんなことを繰り返すのだろうと思い込んでいました。すでに十五年間も同じことをしてきて、他にもっと良い方法があるなどとは気がつきませんでした。あの当時、誰かが私に向かって、気苦労の多い会議に費やす時間の四分の三は節約でき、精神的な緊張も四分の三は取り去ることができで

PART 2 ✤ 悩みを分析する基礎技術　　82

きるなどと口走ったりしたら——間抜けで、おめでたい世間知らずが何を言うかと思ったことでしょう。しかしながら私は、まさにそのための実行計画を練ったのです。その計画に沿って八年間実施してきました。能率の点でも、健康や幸福の面でも、驚くほど良い結果を得ています。

まるで魔術みたいかもしれませんが、あらゆる魔術と同様、種明かしをすればごく単純なことです。

では種明かしをしましょう。まず第一に、十五年間ずっと行なってきた会議の手続きを、いっさい廃止したことです。浮かぬ顔をした同僚の役員が失敗について細大漏らさず報告したあとで、『何か良い対策はありませんか?』という結びの言葉で終える手続きのことです。第二に新しい規則を設けました——私に相談がある人はすべて、次の四項目について問いと答えを用意し、あらかじめ提出しておかなければならないという規則です。

第一問——問題点は何か?

（従来我々は、誰一人として問題の核心を明確かつ具体的に把握していないまま一、二時間議論を続けていました。問題の所在をはっきりさせるという手間を省いて、もっぱら困った点だけをあれこれ議論をし興奮していたのです）

第二問——問題の原因は何か?

（今までを振り返ってみると、驚くべきことに、問題の根底にある条件をはっきりと究明しようとせず、会議でいたずらに時間を空費するだけでした）

第三問──いくとおりの解決策があって、それらはどんなものか?
(それまでの会議では、誰かが一つの解決案を提案する。すると誰かがそれに反論を加える。いたずらに興奮が高まるのみでした。しばしば議論は本題をそれてしまって、会議が終わってみると、誰の手元にも対策として実施すべき事項が何一つ書きとめられていないありさまでした)

第四問──望ましい解決案はどれか?
(それまでの会議といえば、いたずらに時間をかけて実態を憂慮し、考えを堂々めぐりさせるだけで、誰も実行可能な解決を比較検討することもせず、まして『私の提案する解決法はこれだ』と書き記す者もありませんでした)

現在では、私のところへ、上記の四つの質問に答えるためには、自分たちですべての事実を集め、その問題をとことん検討してみなければならないことが理解できたからです。また、そういうやり方をすれば、ほとんどの場合、私に相談する必要がなくなってしまうからです。トースターからパンが飛び出すように、一番妥当な解決案が、自然に飛び出してくるからです。相談する必要が生じた場合でも、話し合う時間は、従来の三分の一で十分です。話し合いは順序を追って進められ、筋の通った議論を経て、合理的な結論に到達できるからです。

今サイモン&シュスター社では、何が間違っているかについて悩んだり、相談したりす

ることはまずありません。事態を改善するためには、相談よりも実行のほうに時間を多く振り向けることにしているのです」

私の友人で、アメリカ保険業界の大立者であるフランク・ベトガーも、同じような方法で仕事上の悩みを解消し、収入を二倍に増やしたと言っている。

「何年も前のことだが、私が保険業界に飛び込んだばかりの頃、私は仕事に対して限りない熱情を持っていた。ところが、あることが起こった。私は落胆のあまり、自分の仕事に愛想を尽かし、転業しようかとも考えた。ある日曜の朝、悩みの根源をつきとめてみようという考えが胸に浮かばなかったら、たぶん商売を変えていたに違いない。

一、私はまず自問した。『いったい何が問題なのだろう?』。問題は、足を棒のようにして歩きまわっているのに、収入がそれに伴わないということだった。自分でも話を進めていく段階では手際よくやっていると思うのだが、契約を取りつけるまでには至らないのだ。お客たちは決まって、『じゃあ、一つ考えてみますよ、ベトガーさん。ついでがあったら、また寄ってみてください』と言うのだ。嫌気がさしてきたのも、このような無駄足を運ぶことが多くなったからだ。

二、自分に向かって言った。『何か解決策はないだろうか?』。けれども、この答えを出すためにはもっと事実を知る必要があった。私は自分の過去一年間の記録を取り出して、その数字を追ってみた。

全身がしびれるような発見だった! そこに厳然と示されていたのは、契約のう

85　5　仕事の悩みを半減させる方法

ちの七割は初対面のお客と成立させたという事実だった！　二回目に会って成約にこぎつけたものは二十三パーセントだった。三回、四回、五回と私が神経をすりつぶし、時間をかけたあげくに成約へとこぎつけたものは、たったの七パーセントにすぎなかった。言い換えると、成約のうちわずか七パーセントを占めるにすぎない仕事のために、勤務時間の大半を無駄使いしていたわけだった。

三、どう対処すべきだろうか？　答えは明らかだった。すぐさま、訪問は二回までとすることにして、浮いた時間を新しいお客をつかむために使った。その結果は、予想をはるかに越えたものだった。ほどなくして、私の顧客訪問一回当たりの成約金額は倍増した」

すでに述べたように、フランク・ベトガーはアメリカ保険業界における敏腕セールスマンである。けれども、彼ですら一度は転業しそうになったのだ。彼はまさに失敗の寸前まで行った——そして、問題を分析したおかげで成功への道を見つけたのであった。

皆さんの仕事の問題にもこのような質問を適用できないだろうか？　あえて断言しよう——これによって皆さんの悩みは半減するだろう。もう一度、復習してほしい。

- ●一、問題点は何か？
- ●二、問題の原因は何か？
- ●三、いくとおりの解決策があって、それらはどんなものか？

PART 2 ✤ 悩みを分析する基礎技術　86

● 四、望ましい解決策はどれか？

PART
3
悩みの習慣を早期に断つ方法

HOW TO
STOP
WORRYING
AND
START
LIVING

6 心の中から悩みを追い出すには

　私は、数年前のあの晩のことを決して忘れない。私のクラスにマリオン・J・ダグラス（本人の希望により仮名）という男がいた。次に述べるのは、彼が成人クラスで語った実話である。彼の話によれば、彼の家庭は一度ならず二度までも悲劇に見舞われた。最初の時、彼は五歳になった最愛の娘を失った。彼や奥さんにとって、まことに耐えがたい出来事だった。しかも「十カ月後には女の子に恵まれた——それなのに、生後五日目に死んでしまった」

　この二度にわたる愛児の死を、平然と耐えられるわけがなかった。「私はそれを受け止めることができなかった。不眠症になり、食事ものどを通らず、気楽にくつろぐことなど思いもよらなかった。私の神経はすっかり打ちのめされ、自信をなくしてしまった。ついに、彼は医者通いをするようになった。ある医者は睡眠薬をくれたし、別の医者は旅行をすす

めた。両方とも実行したが、効果はなかった。

「私の体は、まるで万力で締めつけられている状態だった。そして、万力がだんだんと食い込んでくる感じがした」。悲嘆から生じる精神的緊張——悲しみのために茫然自失した経験の持ち主なら、気持ちがわかるはずだ。

「ところが、ありがたいことに、私の手元にはもう一人、四歳になる男の子がいた。この子のおかげで、私は難局を切り抜けることができた。ある日の午後、私が腰をトロして沈み込んでいると、その子が『パパ、ボートをつくって』と言ったのだ。私はボートをつくるどころか、何をする気分でもなかった。けれども、息子は簡単には引き下がらなかった。とうとう、私は聞いてやらないわけにはいかなくなった。

おもちゃのボートをつくるのに三時間ほどかかった。それが完成に近づくにつれて、私はあることに気づいた。このボートをつくるのに使った三時間というものは、私がここ数カ月間ではじめて味わった精神的な休息と安らぎだったのだ！

この発見によって、私はそれまでの放心状態から抜け出し、思考力をほんの少し取り戻した——真の思考など、数カ月間ではじめてのことだった。私には計画を練ったり、思索にふけったりして忙殺されている時には、悩んだりしていられないことが理解できた。私の場合、ボートをつくることによって悩みを追い払うことができたのだ。そこで、いつも忙しくしていようと決心した。

次の日の夜、家中を歩きまわって自分がやるべきことをリストアップした。本箱、階段、

雨戸、ブラインド、ドアの取っ手、錠前、水漏れしている蛇口など、修理を必要とするものがたくさんあった。信じられないかもしれないが、二週間かかって書き出してみると、やらなければならないことは二百四十二件もあった。

最近の二年間で、私はリストアップしたものをほとんど片づけた。それに加えて、実に張りのある、活気に満ちた生活を送った。毎週二回、ニューヨークの成人クラスにも通っている。また自分の住む町では市民活動に参加しており、現在は教育委員会の議長を務めている。さまざまな会議に出たり、赤十字やその他の事業のために募金を手伝ったりもする。私は多忙なおかげで、悩んだりするひまがない！

悩んだりするひまがない！これこそ大戦がたけなわであった頃、一日十八時間の勤務を続けていたウィンストン・チャーチルが口にしたのと同じ言葉なのである。チャーチルは、責任の重大さに頭を痛めることはないかと質問された際に、こう答えた。「私は忙しすぎる。悩んだりするひまがない」

チャールズ・ケタリングも自動車の自動始動装置の発明に取りかかった時に、同じような心境になった。ケタリングといえば、つい最近引退するまで、ゼネラル・モーターズの副社長として、世界的に有名なゼネラル・モーターズ・リサーチ・コーポレーションの全権を掌握していた。けれども、その当時は彼も貧乏で、納屋の一部を実験室に使っていたほどだった。食料品を買うには、ピアノを教えていた奥さんの稼いだ千五百ドルを充てねばならなかった。のちに生命保険を担保にして五百ドルを借りたこともあった。私は彼の

PART 3 ✢ 悩みの習慣を早期に断つ方法　　92

奥さんに、そんな時に悩んだことはありませんでしたかと聞いてみた。「ありますとも。心配のあまり眠れなかったこともありました。でも、主人は別でした。主人は仕事のことで頭がいっぱいで、悩んだりするひまがなかったのです」

偉大な科学者パスツールは「図書館と実験室での心の安らぎ」について語っている。なぜそこに心の安らぎがあるのだろうか？　その理由は、図書館や実験室にいる人々は多くの場合、研究に没頭していて悩んだりするひまがないからである。研究者で神経衰弱になる人はほとんどいない。彼らには、そんな贅沢な時間がないのだ。

忙しい状態に身を置くという単純なことで、なぜ不安をぬぐい去ることができるのだろうか？　そのわけは、ある法則——心理学が明らかにした最も基本的な法則のためである。その法則とは、どんなに優秀な頭脳の持ち主であっても、人間は一度に「一つのこと」しか思考できないというものだ。あなたには信じられないかもしれない。では、実験してみようではないか。

まず、椅子の背に上体を預けるようにして目をつぶる。そして「自由の女神」と明日の朝のあなたの行動予定とを同時に思い浮かべてほしい（どうか実際に試していただきたい）。おわかりだろう、一つ一つを「交互に」考えることはできても、二つを同時に考えることはできないはずだ。これと同じことが、感情についても当てはまる。一方で、うきうきした気分で何かに夢中になっていながら、もう一方では、悩みのために意気消沈するという二つの状態にまったく同時に身を置くことはできない。一つの感情は別の感情を追い払

ってしまう。そして、この単純な発見によって軍の精神分析医たちは、大戦中にいろいろと奇跡を行なってきた。

将兵たちが戦場で衝撃的な体験を重ね、「神経症」と呼ばれる状態で戻ってくると、軍医たちは処方箋に「多忙にしておくこと」と書き込むのだった。

これら神経に変調を来した人たちの起きている時間には、活動が詰め込まれた。普通には、魚釣り、狩猟、球技、ゴルフ、写真撮影、園芸、ダンスなどの戸外活動である。彼らには恐ろしい体験を思い出す時間が与えられなかったのだ。

「作業療法」というのは、労働が薬剤と同様の効果を持つと診断された際に、精神分析医が用いる専門用語である。だが、別に目新しいものではない。古代ギリシアの医師たちはキリストの生誕より五百年も前に、このことを主張していた！

クェーカー教徒は、ベンジャミン・フランクリンの時代にフィラデルフィアでこの治療法を実施している。一七七四年にクェーカー教徒の療養所を訪れたある人は、精神病の患者が忙しそうに亜麻をつむいでいるのを見て、びっくりした。当初、それら不幸な人々が搾取されているものと思い込んでいたのだった——だが、クェーカー教徒の説明によれば、患者たちに軽い作業をやらせたほうが患者の状態は良かったのである。仕事が神経をほぐしてくれるのだ。

どの精神分析医も口を揃えて、神経疾患にとっては仕事——多忙にさせておくこと——こそ、最良の麻酔薬であると言うに違いない。ヘンリー・W・ロングフェローは、彼の若

妻を失った時に、この事実を発見した。彼の妻が、ある日、蠟燭の火で封蠟を溶かしていると、火が服に燃え移った。ロングフェローは彼女の悲鳴を聞いて、駆けつけた。しかし、彼女はやけどのために帰らぬ人となってしまった。彼はあの悲惨な光景を思い出しては苦悶し、ほとんど半狂乱になった。自分は悲しみのどん底にありながら、彼は幼い三人の子の面倒を見なければならなかった。子供たちを散歩に連れ出し、お話を聞かせ、いろいろなゲームに興じ、そしてこの父と子の交流の姿は、彼の詩『子供たちの時間』の中で永遠に生き続けている。彼はまた、ダンテの翻訳にも励んだ。このように彼にはさまざまな務めがあり、多忙な毎日だったからこそ、自分自身のことを忘れ、心の平安を取り戻すことができた。テニソンが親友アーサー・グラハムを失った時述べたように、「身を粉にして活動しなければならない。絶望感に打ち負かされないために」

私たちの多くにとっては、仕事に追いまくられる勤務時間内なら「身を粉にして活動する」のは、それほど難しくはない。けれども、仕事が終わったあとの時間、これが危険なのである。思う存分にレジャーを楽しみ、幸福感を味わうべき時なのに、悩みの原因となるふさぎの虫が攻めてくるのはこういう時なのだ。こういう時に、私たちは疑いはじめる。果たして生活は向上しているのだろうか？　今日、部長があんなことを言ったが「本心」は何だろう？　型にはまりすぎていないだろうか？　それに、最近セックス・アピールがなくなってきたのでは？　などと。

人間はあまり忙しくないと、心が真空に近い状態になりやすい。物理を学んだ人なら「自然は真空を好まない」ことを知っていよう。私たちの目に触れるもので最も真空に近いものといえば、白熱電球の内部である。電球を割ってみよう——自然の力によって空気が送り込まれ、理論的に真空の空間を満たしてしまう。

自然はまた、すごい勢いで空虚な心を満たそうとする。何によって？　普通は感情によってである。なぜか？　その理由として、悩み、恐怖、憎悪、嫉妬、羨望などの感情は、原始時代そのままの力強いエネルギーによって動かされていることが挙げられる。これらの感情はまことに荒々しく、私たちの心から穏やかで愉快な考えや感情をことごとく追い払おうとする傾向がある。

コロンビア大学教育学部のジェイムズ・L・マーセル教授は、このことを巧みに説明している。「悩みは人間が活動している時ではなく、一日の仕事が終わった時に人間に取りつき、害をなすことが最も多い。そんな時には、やたらに妄想がほとばしり、あらゆる種類の馬鹿げた可能性を拾い上げ、取るに足りない失策を一つ一つ拡大して見せる。こんな場合には、あなたの心は荷重なしに動いているモーターそっくりだ。空転したまま軸受けを焼き尽くすか、粉々になってしまう恐れがある。悩みに対する治療法は、何か建設的な仕事に没頭することだ」

だが、何も大学教授でなくても、この真理を理解し、実行することはできる。大戦中に私はシカゴ出身の一人の主婦に出会ったが、彼女は私に向かって、「悩みに対する治療は、

PART 3 ✤ 悩みの習慣を早期に断つ方法　　96

何か建設的な仕事に没頭することだ」という事実を自力で発見した話をしてくれた。私は、ニューヨークからミズーリ州にある私の農場へ出かけたおりに、食堂車の中でこの婦人とご主人に出会ったのだった。

この夫婦の話によると、彼らの息子は真珠湾攻撃のあった翌日に入隊したそうだ。夫人は、一人息子のことが心配で、半病人のような状態になったという。息子はどこにいるのだろう？ 元気かしら？ 今戦っている最中では？ 負傷したのではないかしら？ 戦死では？ などと。

どんなふうに悩みを克服したのですかという私の質問に対して、彼女は「忙しく働きました」と答えた。彼女はまずお手伝いに暇を出し、家事をいっさい自分でやることにして忙しさを得ようとした。だが、これはたいした効果をもたらさなかった。

「悪いことに、家事なら機械的に済ますことができるので、頭を使う必要がなかったのです。だから、ベッドを整えたり、お皿を洗ったりしている時も依然として心配し続けました。私は、精神的にも肉体的にも、一日中忙しくてたまらないような新しい仕事が必要なのだと気がつきました。そこで、私は大きなデパートの店員になりました。

結果は上々でした。たちまち私は忙しさの中に身を置くことができました。私のところに寄り集まってきたお客は、値段やサイズや色について尋ねます。目前の仕事以外のことを考えるひまなど一瞬もありませんでした。そして夜になると、足の痛みを軽くしようとする以外に何も考える余裕がありませんでした。夕食を済ますと、ベッドに直行し、すぐさま前

97　6 心の中から悩みを追い出すには

後不覚に眠り込む毎日でした」

彼女が独力で会得したものは、ジョン・クーパー・ポーイスが『不快なことを忘れる技術』という本で述べたことだった。「人が仕事に没頭する時、ある心地よい安心感、ある深い内面的な安心立命の境地、一種の幸福な陶酔感が、神経を穏やかにするのだ」

これこそ天の恵みと呼ぶべきではなかろうか！

少し前に世界的に有名な女性探検家オーサ・ジョンソンから、彼女が悩みと悲しみからどのようにして解放されたかを話してもらったことがあった。皆さんは彼女の伝記をお読みになったことがあるかもしれない。その書名は『私は冒険と結婚した』という。まさに冒険と結婚した女性は、彼女をおいてないだろう。彼女は十六歳の時、マーティン・ジョンソンと結婚した。そして、カンザス州チャヌートに別れを告げ、ボルネオのジャングルに着陸した。それから約二十五年間、このカンザス出身の夫婦は全世界を歩きまわって、アジアやアフリカの滅びゆく野生の生活を映画に収めた。数年後、アメリカへ戻った二人は、自分たちの映画をたずさえて講演旅行をしてまわった。デンバーから太平洋沿岸に向かう途中、二人の乗った飛行機が山に激突して、マーティン・ジョンソンは即死してしまった。医師たちは、オーサも再起不能と診断した。しかし、彼らはオーサ・ジョンソンという人間を知らなかったのだ。三カ月後に車椅子に身を託した彼女は、大勢の聴衆を前にして講演した。実を言えば、このシーズンだけで彼女は百回以上も聴衆の前に現われたの

PART 3 ✤ 悩みの習慣を早期に断つ方法

である——すべて車椅子に乗って。私が、なぜそんなことをしたのですかと聞いた時、彼女はこう答えた。「私は悲しんだり、悩んだりするひまをなくすために、そうしたのです」オーサ・ジョンソンは、テニソンが一世紀ほど前に「私は身を粉にして活動しなくてはならない。絶望感に打ち負かされないために」とうたったのと同一の真理を発見したのであった。

バード提督がこれと同じ真理を発見したのは、南極を覆う大氷河——自然の最古の秘密をしまい込み、アメリカとヨーロッパを合わせたよりも大きな未知の大陸を覆っている——大氷河の万年雪の中に文字どおり埋没した掘っ立て小屋で、五カ月にわたってまったく孤独な生活を営んだ時だった。バード提督は五カ月間、そこでひとりぼっちの生活をした。周囲百六十キロ以内には、生物と呼べるものは何一つ存在しなかった。寒気はきわめて厳しく、耳元を風が吹き抜けると、自分の息が凍って結晶する音が聞こえた。彼の著『ひとりで』においてバード提督は、困惑と魂の崩壊をもたらす暗黒の中で過ごした五カ月間のすべてを赤裸々に語っている。昼間でも、夜と変わらないほど暗かった。彼は正気を失うまいとして、いつも忙しくしていなければならなかった。

「夜、灯を吹き消す前に、翌朝の仕事について大まかな予定を立てる習慣をつくった。退避用トンネルづくりに一時間、雪かき作業に三十分、燃料用ドラム缶の整備に一時間、食料トンネルの壁に本棚をつけるのに一時間、人力そりの折れたブリッジの補修に二時間……などと、自分自身に義務を課したのだ。

こんなふうに時間を分割できたことは、とてもよかった。このおかげで私は、たぐいまれな自制心を養うことができた。……もしこれに代わるものがなかったら、目的のない日々を送ることになったであろう。そして、目的がなくなってしまったら、生活は崩壊せざるをえなかったであろう」

「目的がなくなってしまったら、生活は崩壊せざるをえなかったであろう」という最後の言葉に改めて注目していただきたい。

私たちの心に悩みが生じたら、昔ながらの仕事を薬代わりに使えることを忘れないでほしい。元ハーバード大学臨床医学教授、リチャード・C・カボット博士ほどの権威も、このことを指摘している。彼の著『人間は何によって生きるか』の中で、カボット博士はこう述べている。「私は医師として、耐えがたいほどの疑惑、躊躇（ちゅうちょ）、動揺、恐怖から生じる魂の麻痺状態に苦しむ多くの人々が、仕事によって癒された実例を目撃できたことは幸せであった。……仕事によって与えられる勇気は、エマーソンが永遠の輝きとたたえた自信と相通じるものである」

忙しさを避けて手をこまねいているならば――ただじっと座ってくよくよと考えているのでは――チャールズ・ダーウィンが名づけた「御託を並べるおしゃべり屋」が増えるだけであろう。この「御託を並べるおしゃべり屋」とは、要するに時代遅れの小悪魔で、それに取りつかれると私たちの行動力や意志力はすっかり骨抜きにされてしまうのである。

PART 3 ✤ 悩みの習慣を早期に断つ方法　100

ニューヨークに住む知人のビジネスマンは、猫の手も借りたいほどの忙しさの中に身を置くことによって焦燥に駆られたり、つまらぬ気遣いをしたりする時間と手を切り、この「御託を並べるおしゃべり屋」に打ち勝ったのだった。彼の名はトレンパー・ロングマンといって、私の成人クラスの受講生だったが、悩みを克服した彼の体験談がいかにも興味深く、印象的だったので、私はクラスの終了後に彼を食事に誘った。そして、レストランのテーブルで夜の更けるのも忘れて、彼の体験について意見を交わしたのであった。では、彼の話を紹介しよう。

「十八年前に、私は悩みのあげく、不眠症になりました。緊張と、いらいらと、神経過敏の連続でした。自分でも、このままでは神経衰弱になってしまうと気がつきました。

悩みの原因はわかっていました。私は、ニューヨークにあるクラウン・フルーツ＆エクストラ社の会計係でした。会社は五十万ドルを投資して、ガロン缶入りのイチゴの缶詰を製造していました。すでに二十年間にわたり、その種の缶詰めをアイスクリーム製造業者をはじめ、大手のアイスクリーム業者に卸していたのです。ところが突如として会社は営業不振におちいりました。ボーデン社は、費用と時間を節約するために樽詰めのイチゴを購入しはじめたからでした。

会社は五十万ドルのイチゴを買いつける契約もすでに終わっていました！ 銀行からの借入金は三十五万ドルに達していました。このままでは、これらの借入金の返済はもちろん、更新すら不可能に

思えました。私が悩んでいたのも無理からぬ話だったのです！

私はすぐさま自社工場のあるカリフォルニア州ワトソンビルに飛びました。そして社長に対して、事情が急変したこと、会社が破産寸前に追い込まれたことを説明しようとしました。社長は私の言うことに耳を貸そうともせず、すべての責任をニューヨーク事務所に押しつけ、販売部門の無能ぶりを非難しました。

何日間か嘆願を繰り返したあとで、私はやっと社長を説得してイチゴの詰め込み作業を中止させるとともに、サンフランシスコの青果市場へ会社のイチゴを生のまま出荷させることにしました。それでいちおう問題は解決したわけです。そして、私の悩みも解消して当然だったのですが、そうはいきませんでした。悩みは一つの習慣とも言えますが、私もこの習慣が身についてしまったのです。

私はニューヨークに戻ってから、あらゆることで悩みはじめました。イタリアで買いつけ中のサクランボや、ハワイで買いつけ中のパイナップルなどについてです。私は緊張し、いらいらし、眠れませんでした。すでにお話ししたように、神経衰弱になりかかっていました。

絶望のあげく、私は生活方法を切り換えました。その結果、私の不眠症は治り、悩みも一掃されました。私は好んで忙殺されたのです。自分の能力すべてを傾けて取り組まねばならない問題に忙殺されることによって、もう悩んでいるひまなどはなくなりました。かつての勤務時間は一日七時間でしたが、それを十五時間ないし十六時間も働くことにした

のです。毎朝八時に事務所に出て、連日連夜、深夜まで居残っていました。新しい仕事を引き受け、新しい責任を負いました。夜更けに家に帰るとへとへとに疲れ切っており、ベッドに入るなり数秒もしないうちに熟睡していました。

こんな日課が三カ月ほど続きました。そして、ようやく悩みの習慣を断ち切ることができたので、一日七、八時間という普通の勤務状態に戻りました。これは十八年前の出来事です。あの日以来、私は不眠症や悩みに取りつかれたことはありません」

さすがにジョージ・バーナード・ショーは傑物だった。次の彼の言葉は、まことに的を射ているではないか。「みじめな気持ちになる秘訣は、自分が幸福であるか否かについて考えるひまを持つことだ」。裏を返せば、そんなことを考えないことだ！ 手につばをつけて、忙しく働こう。そうすれば血のめぐりはよくなり、頭脳も回転しはじめるだろう──間もなく体内の生命力が激しい勢いでほとばしり、心の中から悩みを一掃してしまうだろう。多忙を求め、多忙を維持するのだ。これこそ、地球上に存在する最も安価な治療薬であり、しかも絶大な効果を有するものなのだ。

悩みの習慣を断ち切る第一の鉄則を掲げよう。

●忙しい状態でいること。悩みを抱えた人間は、絶望感に打ち負けないために、身を粉にして活動しなければならない。

7 カブトムシに打ち倒されるな

私にとって終生忘れることができない劇的な物語がある。この話を聞かせてくれたのは、ニュージャージー州メイプルウッドに住むロバート・ムーアである。

「一九四五年三月、私は人生で最大の教訓を学んだ。それはインドシナ海の沖合い、水深八十四メートルの海底であった。私は、潜水艦ベーヤ号の乗組員八十八名中の一員だった。我々はレーダーによって、小さな日本の護衛艦がこちらへ向かっているのを発見した。夜明けが近づくと、我々は攻撃のために潜航をはじめた。潜望鏡がとらえたのは、この護衛役の駆逐艦、タンカー、機雷敷設艦だった。我々は駆逐艦めがけて三発の魚雷を発射したが命中しなかった。どれも魚雷の装置が故障していたのだ。日本の駆逐艦は、自分が攻撃されたこともしらずに、そのまま進んでいった。我々が最後尾の機雷敷設艦を攻撃する準備に移った時、不意に機雷敷設艦が方向転換し、一直線に我々のほうへ進んできた(日本

PART 3 ✥ 悩みの習慣を早期に断つ方法　104

の飛行機が海面下十八メートルにいた我々を見つけて、機雷敷設艦に無線でその位置を知らせたためだった）。我々は探知されないように水深四十六メートルまで潜り、水中機雷に対する備えをした。予備のボルトを使って昇降口をぴったりと閉ざし、艦の音を消すために換気扇、冷房装置、あらゆる電源のスイッチを切ってしまった。

三分後には地獄さながらの状態になった。六個の水中機雷が艦の周囲で爆発し、我々は水深八十四メートルの海底に激突した。皆、恐怖に震え上がった。水深三百メートル以内で攻撃を受けることは危険千万であり、百五十メートル以内ではまず死を意味していた。ところが、我々が攻撃されたのは、水深七十五メートルそこそこの場所だった。安全度はほとんどないと言ってもよいほどの場所なのだ。十五時間にわたって、日本の機雷敷設艦は水中機雷を投下し続けた。機雷が潜水艦から五メートル以内で炸裂したら、その衝撃で艦に穴があくのだ。無数の機雷が十五メートルと離れていない場所で炸裂していた。出された命令は『身を守ること』、つまりベッドで大人しく横になっていることだった。私は恐ろしさで息が止まる思いだった。『絶体絶命』とはこのことだ……絶体絶命とはこれなのだ！

私は自分にこう繰り返した。換気扇や冷房装置はすべて切ってあったので、艦内の温度は三十八度を越えていた。だが私は恐怖で背筋が寒くなり、セーターと毛皮のジャケットを着た。それでもぞくぞくと震える始末だった。歯の根がかちかちと鳴った。ねっとりとした冷や汗がにじみ出た。攻撃は十五時間に及んだ。それから突然にやんだ。明らかに日本の機雷敷設艦は水中機雷を使い果たして、引き揚げたのだ。こんな攻撃にさらされ

た十五時間は、千五百万年にも匹敵するように思われた。私の過去の生活が、もう一度目の前で繰り返された。私は、自分の犯した悪行のすべて、思い悩んだ愚にもつかぬ事柄一つ一つを思い返した。海軍に入隊前は銀行員だった。長い勤務時間や、安い給料、昇進の見込みがないことをくよくよと思い悩んでいた。自分の家を持つことができず、新車を買うこともできず、女房に美しい服を買ってやれないことも悩みの種だった。いつもがみがみと小言を言う年寄りの部長をどんなに憎んだことだろう！　夜、不機嫌になって帰宅し、些細なことで女房と口論したことも思い出した。自動車事故でできた額の醜い傷跡についても気に病んでいた。

数年前には、この種のことが何と大きな悩みの種だったことか！　けれども、機雷に吹っ飛ばされはしないかと冷や汗をかくうちに、そんなことは馬鹿げたものに思えてきた。私はその時に自分自身にこう誓った。もし再び太陽や星を拝むことができたら、もう決して、悩んだりはすまいと。私は潜水艦内の恐怖に満ちた十五時間の間に、人間の生き方に関して、シラキュース大学における四年間で書物から学んだものよりも多くのことを悟ったのだ」

私たちが人生の大きな災難に雄々しく立ち向かう例は珍しくない。そのくせに、些細な出来事、いわば「気分をいらつかせるもの」を気に病むのだ。たとえばサミュエル・ピープスの『日記』の中に、サー・ハリー・ヴェインがロンドンで斬首されるのを見物した一節がある。サー・ハリーは処刑台に上がった時、処刑執行人に対して命乞いをする代わ

に、首にできた腫れ物に触らないでほしいと哀願したという！

別の例としては、バード提督が極地の夜を閉ざす酷寒と漆黒の闇の中で発見したこと——彼の部下たちは重大問題についてよりも「気分をいらつかせるもの」のために大騒ぎを演じたという事実——を挙げることができよう。隊員たちは、危険や、障害や、氷点下八十度という寒気には平然として耐えた。「ところが」とバード提督は言う。「隣り合って寝ていた隊員同士が急に言葉を交わさなくなった時があった。その理由は、どちらかの所持品が相手の寝場所に侵入したのではないかと双方で疑ったためだった。また、食物を飲み下す前に厳粛に二十八回嚙むという『完全咀嚼主義者』が見えるところにいると、どうしても食事がのどを通らないという男もいた。

「極地のキャンプでは、この種の些細なことが、教養ある人間を狂気の一歩手前まで駆り立てる力を持っている」

バード提督は、ついでに書き加えるべきであった。「世の中の心痛の半ば」は「些細なこと」から生じる、と。

とにかく、多くの権威も同様のことを言っている。たとえば、シカゴのジョセフ・サバス判事といえば、四万件にのぼる不幸な結婚を調停した人であるが、彼は「不幸な結婚生活の根底には、些細な事柄が存在する」と断言している。またニューヨーク州地方検事フランク・S・ホーガンはこう言っている。「刑事裁判所の訴訟の過半数は、つまらぬことが

原因である。酒場での空威張り、家庭内での口論、侮蔑的な言葉遣い、罵詈雑言、無礼なふるまい——この種のつまらぬことが、暴力事件や殺人にまで発展する。ものすごく残酷な扱いを受けるなどということははめったにない。世の中の傷心の半ばは、我々の自尊心がちょっと攻撃を受けたり、侮辱されたり、虚栄心がちくりと刺激されるために生じるのである」

 エレノア・ルーズヴェルトは結婚当初、新しいコックの料理が口に合わなくて「何日間も気に病みました。でも、今そんなことが起こっても、肩をすくめれば忘れることができます」。さすがである。それこそ感情面での大人のふるまいと言えよう。絶対専制君主の名に恥じないカザリン大帝でさえ、コックが料理を失敗しても、決まって笑い飛ばしていたのだ。

 私たち夫婦が、シカゴの友人から夕食に招かれた時のことである。友人は肉を切り分ける際に何かへまをした。私はそれに気づかなかった。もし気づいたとしても、そんなことにこだわるわけがない。けれども、彼の奥さんはそれに気づいて、私たち夫婦の目の前で彼に文句をつけたのである。「ジョン、何てことをするのよ！ あなた、まだ正しいやり方を覚えていないの！」

 それから彼女は私たちに言った。「主人ときたら、失敗ばかりしますのよ。やる気がないんですわ！」

 やる気がないかもしれない。だが、とにかく二十年間もあの奥さんと一緒に暮らしてい

彼に対して敬意を表したい。断っておくが、がみがみ言われながら北京ダックやフカヒレスープを賞味するくらいなら、くつろいだ雰囲気でカラシを塗ったホット・ドッグを食べるほうがまだましだ。

この出来事のすぐあとに、私たち夫婦は何人かの友人を自宅での夕食に招待した。友人たちが来る直前になって、私の妻はナプキンの中にテーブル・クロスと揃いになっていないのが三枚混じっているのに気づいた。

あとになってから、妻は私に話した。「私はコックのところへ飛んでいったわ。あと三枚のナプキンは洗濯に出したんですって。もうお客様がお見えになってしまったし、取り替える時間などないの。まったく泣き出したくなったわ！ 心の中は『こんな馬鹿げたミスのために、どうして今晩中を台なしにしなければいけないのかしら？』という思いで、いっぱいだったのよ。でも、ふと思ったわ、いいわ、なるようになるわ。私はとにかく楽しく過ごそうと決心して、食卓に加わったの。そして楽しく過ごせたわ。お友達から、神経質で、気難しいと思われるよりはね。主婦のくせにだらしがないと思われてもいいわ。でも、私が見たところ、誰もナプキンのことなど気にもとめていなかったわ！」

法律についての有名な金言がある。「法律は小事に関与せず」。悩む者もまた、小事にこだわってはならない。

多くの場合、小事にわずらわされないために必要なことは、努めて力点を変えてみること——つまり、心の中に新しく愉快な視点をつくることだ。私の友人ホーマー・クロイは

著述家で、『彼らはパリを見なければならなかった』などの著作があるが、どうすればよいかについて、素晴らしい実例を示してくれている。彼はニューヨークのアパートで執筆に励む時、いつも暖房装置の音に悩まされて気も狂わんばかりになった。がーんとか、しゅーという蒸気の音がするたびに、机の前でいらいらした気分になった。
「その頃、私は友達とキャンプに出かけた。太いたきぎが燃えさかる炎の中でぱちぱちと音を立てるのを聞いた。暖房装置の音に何とよく似ているのだろうと思った。なのに、一方は愉快で、もう一方は不愉快なのはなぜだろう？　帰宅してから、自分にこう言い聞かせた。『燃えさかる炎の中でたきぎがぱちぱちいう音は楽しかった。暖房装置の音だって、よく似たものではないか。さあ、目をつぶろう、もうあんな音なんか気にしない』。結果はそのとおりであった。二、三日は暖房装置が気になったが、間もなくすっかり忘れることができた。

多くの些細な悩みにしたって同じことだ。我々がそれを毛嫌いし、いら立つのも万事につけて大げさに受け取るからだ……」
ディズレーリは言う。「人生は短すぎる。小事にこだわってはいられない」。アンドレ・モロワはディス・ウィーク誌でこんな発言をしている。「この言葉は私の苦難に満ちた多くの試練に際して、いつでも心の支えとなった。私たちはしばしば、忘れてもかまわない小さな事柄のために、自分自身を台なしにする……私たちがこの地球上に生きるのは、わずか数十年にすぎない。それなのに、一年もすれば皆から忘れられてしまう不平不満を悩み

PART 3 ✤ 悩みの習慣を早期に断つ方法　　110

ながら、かけがえのない多くの時間を無駄にする。もう、ごめんだ。私たちの人生を、価値ある活動、感覚、偉大な思想、真実の愛、永久の事業のために捧げよう。とにかく、小事にこだわるには人生はあまりにも短すぎる」

「ラドヤード・キプリングほどの傑物でさえ、時には「人生は短すぎて、小事にこだわっていられない」という事実を忘れてしまった。その結果は？ キプリングと彼の義兄バレスティアとの争いは、ついにバーモント州史上、最も有名な裁判沙汰にまで発展した――あまりにも有名なこの争いをめぐって『ラドヤード・キプリングのバーモントの争い』という本も出た。

その筋書きは次のとおりである。キプリングはキャロライン・バレスティアというバーモント娘と結婚し、バーモント州ブラットルボロに美しい家を建てた。そこを定住の地として、余生を送るつもりであった。彼の義兄ビーティ・バレスティアはキプリングの親友となり、二人は一緒に働き、一緒に遊んだ。

やがてキプリングはバレスティアから土地を買ったが、バレスティアは季節が変わるたびにその土地の牧草を刈ってもよいというキプリングの了解があった。ある日、バレスティアはキプリングがその牧草地で花壇づくりに取りかかっているのを知った。彼の血は煮えたぎった。怒り心頭に発した。キプリングも負けてはいなかった。バーモントのグリーン・マウンテン上空の雲行きは険悪となった！

四、五日たってからキプリングが自転車を走らせていると、彼の義兄が多頭立ての馬車

で不意に道を横切ったため、そのあおりでキプリングは自転車から転げ落ちた。「周囲の人間が皆、自制心を失って非難を浴びせている時に、君が自制心を失わずにいられるのならば」と書いたこともあるキプリングは、すっかり自制心を失ってバレスティアの逮捕状を請求した！　いよいよセンセーショナルな裁判がはじまった。大都市からは報道陣が殺到した。ニュースは世界中にぱっと伝えられた。何ら解決の兆しは見えなくなった。この争いのおかげで、キプリング夫妻は余生をアメリカで過ごすわけにはいかなくなった。このような徒労と悲痛もすべて、ごくつまらぬこと——一山の牧草——が原因であった。

ペリクレスは二十四世紀も前に言っている。「いいかね、諸君。我々は小事について長談義をしすぎている」まったく、そのとおりなのだ！

ここでハリー・エマーソン・フォスディック博士から聞いた実に面白い話を紹介しよう。森の巨木の勝利と敗北に関する物語である。

コロラド州ロングズ・ピークの山腹に一本の巨木の残骸がある。博物学者によれば、樹齢四百年の木だという。その木は、コロンブスがサン・サルバドルに上陸した頃には苗木であったし、清教徒たちがプリマスに定住した頃には若木に成長していた。その木は長い生涯の間に十四回も落雷に見舞われ、四世紀間には数え切れないほど多くの雪崩や暴風雨がその木を襲った。その木はひたすら生き抜いた。しかしながら、最後はカブトムシの大群が押し寄せ、その巨木を地上に倒してしまった。虫たちは樹皮を破って侵入し、少しずつ

ではあるが間断のない攻撃によって、徐々に巨木の生命力を破壊してしまったのである。長い歳月に耐え、雷鳴を物ともせず、嵐にも屈しなかった森の巨木が、人間の指でひねりつぶされてしまう小さな虫たちのために、ついに倒されてしまったのだ。

　私たちはこの勇ましい森の巨木に似ていないだろうか？　私たちはまれに襲ってくる人生の嵐や、雪崩や、雷鳴には何とか生き延びていくが、ただ悩みという小さな虫、指でひねりつぶせるほどの小さな虫によって、心を食い破られていないだろうか？

　私は数年前に、ワイオミング州のティートン国立公園を旅行した。私たちは公園内にあるジョン・D・ロックフェラーの私有地を訪ねる予定であった。けれども、私の乗っていた車は、道を間違えて迷いに迷ったあげく、他の車より一時間も遅れて私有地の入口にたどり着いた。門の鍵を預かっていたシーフレッド氏は私たちが到着するまでの一時間を、暑くて蚊の多い森の中で待っていてくれた。蚊の数は、聖人でさえ狂人になるほど多かった。だが、蚊の大群もチャールズ・シーフレッド氏を打ち負かすことはできなかった。彼は私たちの到着を待つ間に、ポプラの枝を折って呼子笛をつくっていた。そして、私たちが着いた時、蚊のことなどはおくびにも出さず、その笛を吹き鳴らしていた。私は、小事に対処する方法を身につけていた人間の記念品として、その笛を秘蔵している。

　悩みの習慣に屈する前にそれを断ち切ってしまう第二の鉄則はこれだ。

●気にする必要もなく、忘れてもよい小事で心を乱してはならない。
「小事にこだわるには人生はあまりにも短い」

8 多くの悩みを閉め出すには

　私は幼い日をミズーリ州の農場で過ごしたが、ある日、母の手伝いをしながらサクランボの種を取っていた時、急に泣き出してしまった。「デール、いったいどうしたの?」と母は尋ねた。私は泣きじゃくりながら言った。「死んで埋められる時に、まだ生きているんじゃないかと、怖いんだ」
　その頃の私にとって、心配の種は尽きなかった。雷鳴がとどろくと、雷に打たれて死にはしないかと震え上がった。不景気に見舞われると、今に飢えで苦しむのではないかと気に病んだ。死んだら、地獄へ落ちるかもしれないとおびえた。年上の少年サム・ホワイトが私の耳を切り落としはしないかと恐れた——彼はそう言って私をおどかしたのだ。帽子をとって挨拶すると、女の子に笑われはしまいかと悩んだ。私と結婚してくれる女の子など一人もいないのではないかと心配になった。結婚した直後には妻とどんな話をすればよ

いのか気が気ではなかった。おそらく、どこか田舎の教会で式を挙げ、屋根にふち飾りのついた四輪馬車に乗って農場へ戻ることになるだろう……だが、帰りの馬車の中でどうやって話の接ぎ穂を見つけたらよいのだろう？

どうすれば、どうすればよいのだろう？　私は畑を耕しながら、長い時間、この大地を震わすような問題に頭を悩ませていた。

年月がたつにつれて、私は徐々に自分が悩んでいたことの九十九パーセントは決して起こらないのを知った。

たとえば、私はかつて稲妻を怖がった。しかし今では、一年間に落雷で死ぬ人は、国民安全会議の報告によれば、三十五万人に一人にすぎないことを知っている。

生きているうちに埋められるかもしれないという不安は、いっそう馬鹿げたものだった。まだ死体の防腐保存の習慣がなかった昔でさえ、生き埋めになった人間は、一千万人に一人の割合でしかなかった。そんなこととは知らずに、私は生き埋めになることを恐れて泣いたのだ。

八人に一人はがんで死亡する。同じ悩むにしても、落雷や生き埋めでなく、がんを怖がるのなら一理あるだろう。

確かにここで紹介している話は少年期や青年時代の悩みである。けれども、大人たちの悩みもかなり馬鹿げたものが多い。皆さんも平均値の法則に照らして、自分の悩みが正当なものかどうかを判断し、いつまでもくよくよしている態度を改めれば、悩みの九割は解

消できるに違いない。

 世界で最も著名な保険会社——ロンドンのロイズ保険組合——は、まれにしか起こらない出来事を気に病むという人間の性質を利用して莫大な富を築き上げた。ロイズ保険組合は、一般人が心配している災難など起きないであろうという見通しに基づいて賭けをしているわけだ。ところが、彼らはそれを賭けと呼ばずに保険と名づけている。けれども、実は平均値の法則に基づいた賭けなのだ。この巨大な保険会社は二百年にわたって発展を続けてきたが、人間の性質が変わらない限り、さらに五百年は安泰を誇るであろう。靴や船舶や封蠟などの、一般人が想像するほど多くは起きない災難に対して、平均値の法則によって、保険を引き受けることで。

 平均値の法則を調べてみると、きっと思いもよらない事実に驚くであろう。一例を挙げよう。私が五年以内にゲティスバーグの戦いと同程度の残忍な戦いに加わらなければならないとしたら、たちまち恐怖のとりこになるに違いない。私は掛けられるだけの保険を掛け、遺言状をしたため、未処理の案件をすべて整理するだろう。「もはや戦争から生きて帰れそうもない以上、残りの年月を思い切り楽しく過ごすほうがましだ」と言い出すだろう。ところで、平均値の法則によれば、ゲティスバーグの戦いで致命傷を負う危険率は、平和時に五十歳から五十五歳まで生き延びる際の危険率に等しいのである。言い換えれば、平和時における五十歳から五十五歳までの千人当たり死亡数は、ゲティスバーグに参戦した十六万三千人の将兵についての千人当たり死亡数に等しいのである。

117　8　多くの悩みを閉め出すには

本書の数章は、カナディアン・ロッキーにあるバウ湖畔の、ジェイムズ・シンプソンという友人の別荘で書いたものである。一夏をそこで過ごした時、私はサンフランシスコに住むハーバート・サリンジャー夫妻に出会った。サリンジャー夫人は落ち着いた物静かな女性で、悩んだ経験など持ち合わせていないような印象を受けた。ある日の夕方、燃えさかる暖炉を前にして、私は彼女に今まで悩み苦しんだ経験などないでしょうと聞いた。

「悩み苦しんだことがないですって？ 私の人生は、そのために台なしになるところでした。私は悩みを克服できずに、十一年間も自分でつくり上げた地獄の中で生きていました。私は気短かで、すぐに腹を立てました。とても緊張して生活していました。毎週、サン・マテオからサンフランシスコまでバスで買い物に出かけたのですが、買い物をしている間も心配のあまり体が震え出す始末でした。アイロンを消し忘れたのではないかしら？ 家が火事になっていないかしら？ お手伝いさんが子供を置いて逃げ出したのではないかしら？ 子供たちが自転車で遊んでいて車にはねられたのではないかしら？ という調子です。不安が募り、冷や汗をかきはじめると、買い物の途中でも矢も楯もたまらずにバスに飛び乗り、万事異常のないことを確かめに家に戻るありさまでした。最初の結婚が不幸な結果に終わったのも不思議ではありません。

二度目の夫は弁護士で、何事も苦にしない、物静かで分析的に考える人でした。私が緊張して、いら立ちはじめると、決まってこう言いました。『気を楽にして。もっとよく考えてみるんだ……いったい何がそんなに心配なんだい？ 平均値の法則を使って、実現性が

あるかないかを調べてみよう』

こんなことも思い出します。私たちがニューメキシコ州アルバカーキからカールズバッド・キャバーンズ国立公園に行く途中の泥んこ道で、激しい暴風雨にあった時のことです。自動車が滑って車輪をとられ、思うにまかせません。私は、車が溝にはまってしまうと勝手に決め込んでいました。しかし、主人はこう繰り返すだけでした。『ゆっくりと運転しているから、何も心配することはないよ。たとえ溝に突っ込んだところで、平均値の法則からすれば、怪我などするわけがない』。主人の冷静さと自信によって、私は落ち着いていることができました。

ある夏、私たちはカナディアン・ロッキーのトキン渓谷でキャンプ旅行をしていました。ある夜のこと、海抜二千メートルの場所でキャンプ中に、暴風のためにテントがずたずたにされそうになりました。テントは支え綱で床板と結んであったのですが、外張りのテントが風で前後左右に揺さぶられ、がたがた、ぎしぎしときしみました。私は今にもテントの綱がほどけて、空中に舞い上がるのではないかと恐怖に震えていました。けれども、主人は私にこう言い聞かせたのです。『いいかい、僕らはブルースター一族に案内してもらっているんだよ。ブルースター一族はすべてを心得ている。彼らは六十年もこの山でテントを張ってきたんだ。このテントにしたって、毎年のように使われてきたものだが、今まで吹き飛ばされたことはなかったよ。平均値の法則からいっても、今夜吹き飛ばされることはないはずだし、万一、そうなったら、別のテントに移ればいいさ。だから気を楽にして

119　8　多くの悩みを閉め出すには

……』。私は落ち着きを取り戻し、その夜はぐっすりと眠ることができました。

数年前に、カリフォルニアの私たちの地方で小児麻痺が大流行したことがありました。以前の私だったら、きっとヒステリーを起こしたことでしょう。しかし、主人は私に冷静に対処するように諭しました。私たちは万全の用心だけはしました。子供たちを人込みから遠ざけ、学校や映画館へは行かせませんでした。衛生局に問い合わせて過去の記録を調べると、カリフォルニアで小児麻痺が最も猛威をふるった時でさえ、それに冒された子供は州全体で千八百三十五人にすぎないとわかりました。普通の場合は二、三百人とのことでした。これは悲しい記録には変わりありませんが、平均値の法則に当てはめてみると、子供がそれに冒される確率はごく小さなものでしかないという気になりました。

『平均値の法則から見て、まず起こりえない』。この言葉によって私の悩みの九十パーセントは消え去りました。そして最近二十年間の人生は、予想もしなかったほど豊かで平和なものになりました」

悩みや不幸の大部分は想像の産物であり、現実のものではないといわれている。私も過去を振り返ってみて、私自身の悩みも大部分はそうだったことに気づくのである。ジム・グラントも私にそのような経験を語ってくれた。彼はニューヨーク市にあるジェイムズ・Ａ・グラント仲買会社の経営者である。彼はフロリダ産のオレンジとグレープフルーツを一度に貨車十台ないし十五台分も買いつけるが、かつては決まって妄想で自分を苦しめていたという。列車事故が起きないだろうか？　果物があたり一面に散乱したのではあるま

PART 3 ✤ 悩みの習慣を早期に断つ方法　　120

いか？　貨車が通過中に鉄橋が壊れたりしないだろうか？　などと。言うまでもなく果物には保険が掛けてあったが、彼が心配したのは期日どおりに果物を配送することができず、自分の得意先を失うことだった。彼は不安が高じて胃潰瘍になった気がして、医師のもとを訪れた。医師は、別に異状はないが、神経が高ぶっていると指摘した。

「そう言われて私は光明を見た思いで自問自答しました。『ところでジム・グラント、お前は今までに何台ぐらいの貨車を扱ったのだ？』『五台かな』。『およそ二万五千台だな』『そのうち列車事故を起こしたのはどのくらいだ？』『五台だ』。そこで自分に言い聞かせました。『たったの五台だと――二万五千台のうちで？　言い換えると、五千台に一台の割合だぞ！　つまり経験に基づく平均値の法則に従えば、お前の貨車一台が事故を起こす確率は五千分の一ではないか。何を悩むことがあるのだ？』

それから、こんな問答もしました。『でも、鉄橋が壊れるかもしれないな！』『鉄橋が壊れたための損害はこれまでに何台あった』『損害ゼロだ』『まったく愚の骨頂ではないか。一度も起きたことのない鉄橋の崩壊や、確率五千分の一にすぎない列車事故にこだわり、胃潰瘍になったのではないかと思い悩むなんて！』

そんなふうに考えてみると、まったく馬鹿馬鹿しくなりました。私は即座に、自分の悩みは平均値の法則にまかせてしまおう、と決心しました。この時以来、私は『胃潰瘍』で悩まされたことがありません！」

アル・スミスがニューヨーク州知事であった時、政敵の攻勢に対して彼が何度となく「記

録を調べてみましょう……記録に当たりましょう」と繰り返すのを聞いたことがある。そ れから彼は事実を挙げてみせた。こんど、起こるかもしれないことについて悩むことがあ ったら、私たちも賢明なアル・スミスの助言に従おう。まず記録を調べて、頭を痛めてい る問題にどれだけの根拠があるかを検討することだ。フレデリック・J・マールステッド が、まるで墓穴に横たわっているのではないかという不安感に襲われた時にこれをやった のだ。彼がニューヨークのクラスで語ってくれた話は次のとおりである。

「一九四四年の六月初旬に、私はオマハ・ビーチ近くの細長い塹壕に身を横たえていまし た。第九九九通信中隊の一員として、ノルマンディーで"穴倉生活"をしていたのです。 私は細長い塹壕の中を見渡して『まるで墓穴みたいだ』とつぶやきました。そこに身を横 たえて眠ろうとした時には、墓穴のように感じました。思わず『俺の墓場かもしれないぞ』 とひとりごとを言いました。夜の十一時にドイツ軍の爆撃機がやってきて、爆弾投下がは じまると、恐怖で身が引きつりました。最初の二晩か三晩は、一睡もできませんでした。 四晩目か、五晩目になると、神経がほとんどずたずたでした。自分でも、どうにかしなく ては気が狂ってしまうぞと思いました。ふと気づいたのは、五晩目が明けて、わずかに二人の負 傷者がいましたが、彼らはドイツ軍の爆弾にやられたのではなくて、味方の高射砲弾が炸裂 した際にその破片で傷ついたのでした。私は何か建設的なことをして、悩みを追い払おう と決心しました。そこで私は自分の塹壕の上に厚い木の屋根をつくり、砲弾の破片を防ぐ

PART 3 ✢ 悩みの習慣を早期に断つ方法　　122

ことにしたのです。味方の部隊が展開している広大な地域について考えてみました。この深い塹壕の中で私が殺されるとすれば、直撃弾を食らった時だけだと自分に言い聞かせました。直撃弾を食らう確率といえば、一万分の一以下であることに気づきました。こういうふうに考えはじめてから二、三日たつと、私は爆撃中でも泰然自若として眠れるようになりました」

アメリカの海軍は将兵の士気を鼓舞するために、平均値の法則に基づく統計を利用していた。ある元水兵によれば、彼や同僚たちはハイオク・タンカーの勤務を命じられると、不安のために体がこわばったという。彼らは皆、ハイオクのガソリンを満載したタンカーが魚雷に触れた場合、船が爆発し、全員あの世まで吹っ飛ばされると信じて疑わなかった。けれども、アメリカ海軍は別の事実を知っていた。そこで正しい数字を公表するとともに、魚雷が命中しても百隻のタンカー中で六十隻は沈没しなかったこと、沈没した四十隻のうちで十分以内に沈んだものは五隻にすぎないことを強調した。裏を返せば、船から脱出する余裕があるということであり、さらに死傷者はきわめて少ないことを意味していた。

これが士気を高める一助になっただろうか？　「平均値に関する知識は私の不安を一掃してくれた」。私にこの話をしてくれたミネソタ州セント・ポール出身の元水兵クライド・マースは述べている。「乗組員は全員、元気を取り戻した。我々は勝ち目があるのを知ったからだ。そして平均値の法則によれば、たぶん死ぬようなことはないだろう」

悩みの習慣に屈する前にそれを断ち切る第三の鉄則を示そう。

● 「記録を調べてみよう」。そして、こう自問するのだ。「平均値の法則によると、不安の種になっている事柄が実際に起こる確率はどのくらいだろうか?」

9 避けられない運命には調子を合わせる

　私がまだ幼い頃、ミズーリ州北西部にあった古い廃屋の屋根裏で何人かの友達と遊んでいた。屋根裏から降りる時、窓のところにちょっと足をかけて飛び降りた。私は左の人差し指に指輪をはめていたが、飛び降りる拍子にその指輪が釘に引っかかり、指が一本ちぎれてしまった。
　思わず悲鳴を上げた。怖かった。死ぬかもしれないと勝手に決め込んだ。けれども、手の傷がふさがったあとでは、瞬時にせよ、そのことで悩んだことはなかった。悩んだところで、何の役に立っただろう？……私は天命を受け入れたのだ。
　現在、私の左手には親指と三本の指しかないが、この事実に気がつくのは、月に一回あるかないかである。
　数年前に、ニューヨークの下町にある事務所で貨物エレベーターの操作係をしている男

に会ったことがある。私はすぐに、その男の左手が手首のところで切断されていることに気づいた。彼に向かって、そのことが気にならないかと聞いてみた。彼はこう答えた。「いや別に。そんなことを考えたこともないね。私は独り者だが、そんなことを思い出すのは、針に糸を通そうとする時ぐらいかな」

私たちは、やむをえない場合には、実に驚くべき早さでどんな状況でも受け入れることができ、それに自分を順応させ、それを忘れることができる。

私がおりにふれて思い出すのは、オランダのアムステルダムにある十五世紀の寺院の廃墟で見た碑銘である。そこにはフラマン語で「そはかくのごとし。かくあらざるをえず」と書かれていた。

私たちは長い人生を歩む間に、どうにもならない不愉快な立場に立たされることが多い。それはどうにもしようがない。選択は私たちの自由である。そういう立場を天命として受け入れ、それに自分を順応させることもできるし、あるいは、一生を台なしにしてまでも反抗し、神経衰弱になることもできる。

ここに私の尊敬する哲学者ウィリアム・ジェイムズの名言がある。「物事をあるがままの姿で受け入れよ。起こったことを受け入れることが不幸な結果を克服する第一歩である」

オレゴン州ポートランドのエリザベス・コンリーは、苦難の末にこのことを悟った。彼女から届いた手紙を紹介しよう。

「アメリカが北アフリカでの勝利を祝っていたその日、私は陸軍省から一通の電報を受け

PART 3 ✣ 悩みの習慣を早期に断つ方法　126

取りました。最愛の甥が戦闘中に行方不明になったというのです。その直後に、彼の戦死を知らせる電報も届きました。

私は悲しみに打ちのめされてしまいました。その時まで、私にとって人生は楽しいものでした。私には気に入った仕事がありました。力を尽くして甥を育てていました。私にとっては、彼は若い男性の魅力や善良さのすべての象徴でした。私が水中にパンを投げると、それが皆、ケーキとなって戻ってくるように感じていました！そこへ電報が来たのです。世界全体が崩壊してしまいました。もはや生き甲斐などなくなりました。仕事はどうでもよくなり、他人を恨みました。なぜ愛しい甥が奪われなくてはならなかったのか？なぜあの善良な、前途洋々たる若者が殺されねばならなかったのか？私にはそれが納得できませんでした。私は悲嘆が募る一方なので、仕事をやめ、住む場所を変えて、涙と苦渋の中へ身を隠そうと決心しました。

私が自分の机を整理しながら退社する準備をしていると、一通の手紙が出てきました。すっかり忘れていたのですが、死んだ甥からの手紙で、私の母が数年前に亡くなった時、彼がよこしたものでした。手紙にはこうありました。『もちろん、僕たちは皆、大叔母さんのことを悲しく思っているし、叔母さんにとって筆舌に尽くせない悲しみでしょう。でも僕は、叔母さんが頑張り屋だと信じます。叔母さんの人生観からすれば、頑張るに決まっています。叔母さんから教わった美しい真実の数々を決して忘れません。』僕がどこ

にいようと、叔母さんとどんなに離れていても、男らしくふるまうように、という叔母さんの教訓を思い出すでしょう」

私はその手紙を二度、三度と繰り返して読みました。まるで甥が傍らにいて話しかけてくるようでした。こんな言葉が聞こえるようでした。『なぜ叔母さんは、僕に教えたとおりにできないのですか？ 何が起こっても頑張るんですよ。自分一人の悲しみは微笑みの下に隠して頑張ってください』

こうして私は再び仕事に戻りました。他人を恨んだり、反抗的になることをやめました。自分自身には『起きてしまったのよ。もう変えることはできないの。でも私はあの子の願いどおりに頑張ることができるわ、きっと』と絶えず言い聞かせました。私は仕事にあの子の願いどおりに頑張ることができるわ、きっと』と絶えず言い聞かせました。私は仕事に全身全霊を打ち込みました。私は兵士たち——よその男の子たち——に手紙を書きました。夜は成人教育のクラスに通って、新しい知識を求め、新しい友人を得ました。私は自分の身に起こった変化がほとんど信じられません。もはや永遠の彼方へと消え去った過去を嘆くのはやめました。私は現在、喜びに満ちた毎日を送っています——ちょうど甥が望んだとおりに。自分の運命を受け入れたのです。私は今、これまで味わったことのないほど豊かで充実した人生を過ごしています」

エリザベス・コンリーは、私たち誰もが遅かれ早かれ学ばなくてはならないこと、つまり天命を受け入れ、それと調子を合わさねばならないことを学んだ。「そはかくのごとし。王座を守る君士たちでさえかくあらざるをえず」。これはあまり手軽に学べる教訓ではない。

え、このことを心にとどめておかねばならない。ジョージ五世はバッキンガム宮殿の図書室の壁にこんな言葉を掲げておいた。「月を求めて泣かぬよう、余に教えよ」。これと同じ考え方を、人生の旅支度をする際に何よりもあきらめを十分に用意することが、人生の旅支度をする際に何よりも重要だ」

確かに周囲の条件だけで人間の幸福や不幸が決まるわけではない。私たちの感情を左右するのは、周囲の条件に対する反応の仕方である。キリストは「天国はあなたがたの中にある」と説いた。これは地獄についても同様である。

私たちは誰もが――もししなければならない時には――災難や悲劇に耐えることができ、勝利を得ることができる。そんなことは不可能だと思えるかもしれないが、私たちには驚くほど強靭な潜在能力が備わっており、それは私たちが用いさえすれば、私たちを助けてくれるものなのだ。私たちは想像以上に強靭なのである。

ブース・ターキントンはいつもこう言っていた。「私は人生が私に押しつけるものなら何でも辛抱できるが、ただ一つの例外は盲目だ。こればかりは辛抱できない」

ところが六十歳をすぎたある日、ターキントンは床の敷物にふと目をやった。色がかすんで見えたが、模様までは識別できなかった。専門医を訪ねた彼は、悲痛このうえない事実、自分の視力がなくなりかけていることを知った。すでに片目はほとんど見えず、もう一方も見えなくなる寸前だった。

この「災難のうちで最悪のもの」に対して、ターキントンはどのように反応しただろう

129　9　避けられない運命には調子を合わせる

か？「畜生！これで俺の人生も終わりだ」と感じたであろうか？　いや、意外なことに彼はきわめて陽気だった。彼の口からは冗談さえ飛び出した。空中に漂う「斑点」が彼を悩ませました。それらは目の中を泳ぎまわって、彼の視界をさえぎった。それでもなお大きな斑点が姿を現わすと、彼はこう言った。

「やあ！　じいさん、また来たな！　こんなに天気のいい朝に、どこへ出かけるんだろう！」

果たして運命はこれほど強靱な精神を打ち負かすことができようか？　否である。完全な闇が視界を覆った時、ターキントンは言った。「私は視力の喪失さえ、他のあらゆることと同様に受け入れられることがわかった。仮に五感すべてを失ったとしても、私は心の中で生き続けるであろう。というのも、知る知らないは別にして、我々は心の中で物を見、心の中で生きているからだ」

彼は視力を取り戻そうとして、一年間に十二回以上もの手術を受けた。しかも局部麻酔で！　彼がこのことで不平を言っただろうか？　彼はそれが必要不可欠な処置であるのを知っていた。それを逃れるすべはないこと、しかも自分の苦痛を減じる唯一の方法はそれを快く受け入れることだと気づいていた。病院では個室を断って大部屋に入り、さまざまな問題を抱えた他の患者たちと一緒でも平気であった。彼は努めて患者たちを励まし、何度も手術を繰り返すはめにおちいった時でも——手術の一部始終を十分に承知した上で——自分がいかに恵まれた人間であるかを思い起こそうとした。彼は言う。「実に素晴らし

実に素晴らしいではないか、今日の科学は人間の目という何よりもデリケートなものまで手術する技術を持っているとは！」

十二回以上もの手術と盲目に耐えなければならないとしたら、並みの人間ならきっと神経が参ってしまうだろう。ところが、ターキントンは「私はこの経験をもっと愉快なものと交換しようとは思わない」と言い切るのだ。この経験から彼は受容ということを学んだ。これによって、人生がどんなに不幸をもたらそうと、自分の力で耐えられないものはないことを悟った。ジョン・ミルトンが発見したように、「盲目であることが悲惨なのではなく、盲目状態に耐えられないことが悲惨であるだけだ」という教訓を得たのだった。

ニューイングランドのフェミニスト、マーガレット・フラーは、「森羅万象を受け入れる」というのが信条であった。気難し屋のトーマス・カーライルはイギリスでこのことを聞いて、「へえ、彼女もいいところがあるねえ、まったく！」と鼻を鳴らした。そのとおり、私たちも天命を受け入れよう！

私たちが避けようのないものに文句をつけ、反抗してみたところで、避けようのないものの自体を変えることはできない。だが、自分自身を変えることはできるのだ。私は身をもって知っている。

昔の私は、自分が直面した避けようのないものを受け入れようとはしなかった。愚かにも私はそれに文句をつけ、反抗しようとした。おかげで、夜は不眠症という地獄に変わった。自分ではやりたくないことばかりを繰り返した。一年間自分を責めさいなんであげく、

ついに私は最初から変えられないだろうと予知していたものを受け入れざるをえなかった。もっと前に、ウォルト・ホイットマンに合わせて叫ぶべきだったのだ。

いざ立ち向かわん　夜に、嵐に、ひもじさに
嘲笑、災厄、妨害に
樹木や動物たちのごとく

私は十二年間も家畜の世話をしてきたが、乳牛が日照りやみぞれや寒さのために牧草が枯れてしまったからといって、また、ボーイフレンドの牛が別の雌牛に色目を使いすぎるといって腹を立てたのを見たことはない。動物は、夜にも嵐にも飢えにも静かに立ち向かう。だから動物は決して神経衰弱や胃潰瘍にはかからない。また、頭がおかしくなることもない。

私の言い方は、行く手をさえぎる不幸に対してことごとく頭を下げろと主張しているように聞こえるだろうか？　断じてそうではない！　それでは単なる運命論ではないか。事態を好転させるチャンスがある限り闘うべきだ！　けれども、常識で判断してもはや万事休すとなれば、「悪あがきをしたり逆転を望んだりしない」ことが正気の沙汰というものだ。

コロンビア大学のホークス学長は『マザー・グース』の一節を座右の銘にしていると言っていた。

PART 3 ✥ 悩みの習慣を早期に断つ方法　　132

すべてこの世の病には治す手立てがあるか、なし手立てがあるなら見つけよう手立てがないなら忘れよう

本書を執筆中、私は多くのアメリカ実業界の指導者にインタビューした。強く印象に残ったのは、彼らが避けようのないものは受け入れ、意外にも悩みとは無縁の人生を歩んでいることだった。そうでなかったら、彼らは緊張で参ってしまったはずだ。実例を二、三挙げよう。

ペニー・ストアという全国的なチェーン店の創立者J・C・ペニーは次のように話してくれた。「私は一文なしになっても悩みはしないだろう。悩んだところで、何の益もないからだ。私は最善を尽くして、あとの結果は神におまかせする」

ヘンリー・フォードは、これとそっくり同じことを言っていた。「もはや手の施しようのない事態になったら、事態の成り行きにまかせるだけだ」

クライスラー・コーポレーションの社長K・T・ケラーに悩みを遠ざけておく方法について質問をした時、彼はこう答えた。「苦境に立って万事休した時には、できることがあれば、それをやる。できることがなければ、あとは忘れるだけだ。私は未来について決して

心配しない。未来にどんなことが起きるかを予想できる人などいないからだ。未来に影響を及ぼす力は実にたくさんある！ それらの力を動かすものが何であるのか誰も知らないし、その力自体も理解できない。なのに、どうして悩むのだ？」。K・T・ケラーを哲学者呼ばわりすれば、彼は当惑するに違いない。彼は単に優秀なビジネスマンにすぎないわけだが、彼が到達した哲学は千九百年前にエピクテトスがローマで説いたのと同じものだ。エピクテトスはローマ人たちにこう教えた。「幸福への道はただ一つしかない。それは、意志の力でどうにもならない物事は悩んだりしないことである」

「聖なるサラ」と呼ばれたサラ・ベルナールこそ、いかにして天命を受け入れるかを心得ていた女性の典型と言えよう。半世紀にわたって、彼女は四つの大陸で劇場の女王として君臨した。やがて七十一歳を迎えた彼女は、有り金すべてを使い尽くして破産したが、ちょうど時を同じくして、彼女の主治医ポッチ教授は、もはや彼女の足を切断するしかないと告げたのであった。大西洋を横断中、静脈炎が悪化して足は萎え最中に甲板上で転倒した彼女は、足に重傷を負ってしまった。医師は足を切断するしかないと判断した。医師はてしまった。あまりの激痛を見かねて、当然の処置を言い出しかねていた。そ嵐のように気性の激しい「聖なるサラ」に対して、ヒステリーが爆発する恐れがあったからだ。けれの悲惨きわまりないニュースを聞いて、サラはほんの一瞬だけ彼の顔を見たが、静かな口調で言った。ども、医師は間違っていた。

「そうする必要があるなら、そうするしかないわ」。それは宿命であったのだ。

彼女が車椅子で手術室へ運ばれる時、彼女の息子が目に涙をためていた。彼女は我が子を大きく手招きすると、明るい調子で声をかけた。「どこへも行かないで。すぐに戻るわ」

手術室への途中、彼女は自分が演じた芝居の一場面を暗唱してみせた。誰かが、自分を励ますために暗唱したのですかと聞くと、彼女はこう答えた。「いいえ、お医者さんや看護師さんを励ますためよ。皆さんこちこちに緊張なさるでしょうから」

手術から回復後、サンはまた七年間も世界を巡業して聴衆を魅了した。

エルジー・マコーミックがリーダーズ・ダイジェスト誌に書いた記事によれば、「我々が不可抗力に逆らうのをやめると、ある種のエネルギーが放出され、そのおかげでもっと豊かな人生を創造することができる」

不可抗力に逆らうに足る十分な気力と体力を持ち合わせており、同時に新しい人生を創造するだけの余裕を残している人間など誰一人として存在しない。どちらか一方を選ぶしかなかろう。避けようのない人生の猛吹雪に大人しく従うこともできる——さもなければ、徹底的に抵抗して破滅するのもいいだろう。

私はミズーリの農場でこのような事例を目の当たりにしている。その農場にかつて多くの樹木を植えたことがあった。最初のうち、それらの木々は目覚ましい勢いで成長した。やがて猛吹雪が大小の枝に雪化粧を施し、厚い氷で覆ってしまった。その樹木は氷の重荷に大人しく頭を下げようとせず、敢然と抵抗したあげく、重みに耐えかねて折れたり、裂けたりして——結局は切り倒されてしまった。それらの木々は北国の森の掟を知らなかっ

たのだ。私はカナダの常緑樹林を何百キロも旅したことがあるが、吹雪や氷で損傷を受けたトウヒや松を見かけたことはない。これらの常緑樹林は身を屈する方法を、避けようのないものに同調する方法を知っている。

柔術の達人たちは「柳のように曲がれ、樫のように抵抗するな」と教えている。

自動車のタイヤが道路に逆らって、ひどい目にあった話をご存じだろうか？　初期の頃タイヤ製造業者はタイヤをつくる際に道路からの衝撃に耐え得るものをつくろうとした。そのタイヤはぼろぼろに裂けてしまった。次に彼らは道路からの衝撃を吸収してしまうタイヤをつくった。このタイヤは「よく耐えた」。私たちも人生の難路につきものの衝撃や動揺を吸収する方法を学びさえすれば、より長く、いっそう快適なドライブを楽しむことができるだろう。

人生のショックを吸収せずに、抵抗したらどうなるだろうか？　「柳のように身を曲げる」ことを拒み、樫のように抵抗するとしたら？　答えは明らかである。次々に内面的な葛藤が生じるであろう。不安になり、緊張し、いらいらし、ノイローゼになるに違いない。そしてなおも過酷な現実の世界を拒み、自分自身でつくり上げた夢の世界に逃避するならば、私たちは狂人と化してしまうだろう。

大戦中、恐怖におびえた何百万もの兵士たちは、避けようのないものを受け入れるか、緊張によって破滅するしかなかった。その一例として、ニューヨーク出身のウィリアム・H・カセリウスの場合を取り上げよう。これは私のクラスで入賞した体験談である。

PART 3 ✤ 悩みの習慣を早期に断つ方法　　136

「沿岸警備隊に入った直後に、私は大西洋岸で一、二を争う炎暑の地へ配属されました。仕事は爆薬の監視兵でした。考えてもごらんなさい。何千トンというTNT火薬の真上に立っている爆発物の監視兵になってしまったのです！ 何千トンというTNT火薬の真上に立っていると考えただけでも、クラッカーのセールスマンにとっては骨の髄が痛むに十分でした。私はわずか二日間の訓練を受けただけでしたが、知識を得たためにいっそう恐怖が募りました。私は最初の任務を決して忘れないでしょう。霧の立ち込めた暗く寒い日に、私はニュージャージー州のケーブン・ポイントにある無蓋桟橋で命令を受けました。

私の担当は五番船倉でした。そこで五人の船内労働者と一緒に仕事をすることになりました。筋骨たくましい彼らでしたが、爆発物については何一つ知りません。彼らが運び出している大型高性能爆弾にはTNT火薬が一トンも含まれており、その古船を吹き飛ばすには十分でした。これらの大型爆弾を二本のケーブルで吊り下げて船から降ろしました。私は絶えず、あのケーブルの一本が外れたり、切れたりしたらどうしよう！ などとひとりごとを言っていました。

私はびくびく、はらはらしながら震えていたのです。口の中はからからに乾いてしまい、ひざはがくがくし、心臓はどきどきしていました。けれども、逃げ出すわけにはいきません。そんなことをしたら脱走と同じです。面目丸つぶれ――両親の面目もなくなるし、脱走罪で銃殺されるかもしれません。逃げ出すわけにはいかず、持ち場にとどまっているほかはありませんでした。私は監視の目をゆるめずに、いつ何時、船が爆発するかもし者が大型爆弾を粗雑に扱わないように注意していました。

れません。背筋が凍るようなこの恐怖の中で一時間ほど過ごして、私はいくらか常識を取り戻しました。自分に向かってこう励ましたのです。『しっかりしろ！　吹っ飛ばされるって？　それがどうした？　どっちみち死にたいした違いはないぜ？　がんで死ぬよりはましさ。馬鹿もいい加減にしろ。人間はいつかは死ぬんだ。あないか。この仕事をやり抜くか、銃殺かだ。まだ仕事のほうがましのようだ』

こんな調子で何時間も自分に言い聞かせました。すると、だんだん気分も落ち着いてきました。ついに私は避けられない状態を受け入れることによって、不安や恐怖を克服したのです。

私はいつまでも、この教訓を忘れないでしょう。自分の力ではどうにも変えられないことで悩みそうになると、私はいつも肩を揺すって『忘れてしまえ』とつぶやくのです。これはとても効果があります——私のようなクラッカーのセールスマンにとっても」

ブラボー、このクラッカー・セールスマン に盛大な拍手を贈ろうではありませんか。

キリストの十字架刑以外に、歴史に残る臨終場面といえばソクラテスの死をおいてない。今から百万年後においてもなお、人間はプラトンの不滅の記述——あらゆる文学作品中で最も感動的な名文——を読みながら感動するだろう。裸足のソクラテスに嫉妬と羨望を抱いた一部のアテネ人は彼にあらぬ罪をきせ、裁判にかけて死刑を宣告した。ソクラテスに好意的だった牢番は毒杯をすすめながら、こう言った。「もはや動かしがたい事態に対して潔く従われんことを」。ソクラテスは言われたとおりにした。彼は神々しいまでの平静さと

PART 3 ✦ 悩みの習慣を早期に断つ方法　138

諦観をもって死に臨んだ。

「もはや動かしがたい事態に対して潔く従われんことを」。この言葉はキリスト生誕より三百九十九年も前に言われたものである。しかし、悩みに満ちた今日の世界にとって、この言葉は過去のいかなる時代にもまして必要とされている。「もはや動かしがたい事態に対して潔く従われんことを」

いささかでも悩みの解消法に触れている本や雑誌なら、私は事実上ほとんど目を通してきた！　皆さんとしては、私の読書体験から得られた悩みに関する最良の忠告を知りたいであろう。そこで、ここにごく短い言葉で紹介しよう――浴室の鏡にでも貼りつけておいて、顔を洗うたびごとに心の悩みも洗い流してはいかがであろうか。このかけがえもなく貴重な祈りは、ラインホルト・ニーバー博士によって書かれたものである。

神よ、我に与えたまえ、
変えられないことを受け入れる心の平静と、
変えられることを変えていく勇気と、
それらを区別する叡知とを。

悩みの習慣に屈する前にそれを断ち切るには、第四の鉄則がある。

◉避けられない運命には調子を合わせよう。

10 悩みに歯止めをかける

皆さんは、どうしたらウォール街で金儲けができるか、教えてほしいとお思いだろうか？　そう、他にもそう思っている人は百万を下るまい——また、私がその答えを知っているならば、本書に一万ドルという定価をつけてもよかろう。ところがここに、ニューヨークに事務所を構えてお客の投資相談に応じているチャールズ・ロバートから聞いたものである。

「そもそも、私がテキサスからニューヨークへ出てきた時、友人たちから二万ドルの金を預かっていたが、この金は株式市場に投資するためのものだった。自分ではすでに株式投資のこつを会得しているつもりだったが、すっかり損してしまった。もちろん、かなり儲けたこともあったけれども、結局は一文なしになってしまったのだ。

私は自分の金を損したことはあまり気にならなかった。しかし、友人たちの金を無駄に

した点は、たとえ金に困る連中ではなかったとはいえ、済まない気持ちでいっぱいだった。大損をしたあとで再び彼らに会うのは気がひけたが、驚いたことに、彼らは実に気性がさっぱりしており、底抜けの楽天家であった。

私はすでに、自分のやり方が一か八かの勘に頼るものであり、つきとか他人の意見を当てにした方法であることに気づいていた。『耳で相場を張っていた』わけだった。

私は自分の過ちを反省するとともに、再び相場に手を出す前に、その実体を解明してみようと決意した。そこで私は、株式売買の手腕にかけては最高といわれるバートン・S・カールズという男に目星をつけ、彼と知り合いになった。私の腹づもりでは彼からいろいろと学べるはずだった。何しろ彼は何年間も成功者という名誉をほしいままにしていたし、そのような実績は単なるつきとか幸運の結果とは思えなかった。

彼は私に対して、それまでのやり方について二、三の質問をしてくれた。それは株式売買の基本原則にほかならないと私は思っているのだが、こういうことだ。『私はどんな売買にもストップ・ロス・オーダーという歯止めを用いている。たとえば一株五十ドルで買ったとすると、すぐさま四十五ドルのストップ・ロス・オーダー扱いにしておく』。つまり株式相場が不振で買い値より五ポイントも下落すれば自動的に売却されることになり、損失は五ポイントで済むわけだ。『あんたの取引が一度でも図に当たれば、おそらく儲けは平均して十ないし二十五ポイント、場合によっては五十ポイントにもなるだろう。だから損失さえ五ポイントに抑えておけば、半分以上の取引で失敗してもまだ儲

けのほうが多くなるだろう」

私は早速この原則を採用し、ずっとこれを愛用してきた。おかげで私の得意客も私自身も大儲けをさせてもらったよ。しばらくして、私はストップ・ロス理論を金融問題以外でもいろいろと利用できることを知った。この歯止め理論を金融問題以外に応用してみた。ありとあらゆる悩みや不快な事件に応用すると、まるで魔法のように効果てきめんだった。

一例として、時間にルーズな友人と一緒に昼食をとる例を考えてみよう。以前の私はいらいらしながら、この男が姿を現わすまでの三十分を過ごしたものだった。ついに私は、この男にストップ・ロス理論の説明をしてから、こう告げた。『ビル、君を待つ時のストップ・ロス時間はきっかり十分だ。君が十分以上遅れたら、二人の昼食の約束はご破算だ──俺は帰るからな』」

何ということだ! 私にもう少し分別があったなら、すでに久しい以前からストップ・ロスの理論を応用して、自分の短気・癇癪・ひとりよがり・後悔などのあらゆる精神的および情緒的な緊張に対処できたであろうに! なぜ私にはこれだけの知恵がなかったのであろう? 心の平和を乱そうとする状況を正しく評価し、「いいか、デール・カーネギー、この状況はこの程度のいらいらで十分だぜ」と自分自身に言い聞かせるだけでよかったのだ……何という馬鹿だったのだろう?

とはいえ、私だって一つくらいは分別のある証拠をお見せしよう。しかもそれは重大な

人生の危機——未来に対する夢や計画、長年にわたる仕事が雲散霧消する瀬戸際での事件だった。それはこんなふうなことだ。三十代のはじめ、私は小説家になろうと決心していた。第二のフランク・ノリス、ジャック・ロンドン、トーマス・ハーディーを目指していたわけだ。そんな情熱を燃やしながら、私はヨーロッパで二年間を過ごした——ちょうど第一次世界大戦直後の異常なインフレ時代で、ドルさえあれば生活は実に安上がりであった。その二年間に、私は『ブリザード』と題する大作を書き上げた。その書名はまさにぴったりだった。何しろ、その作品に対する出版業者たちの評判は、ダコタの平原に吹きすさぶブリザード（猛吹雪）に劣らぬほど冷酷そのものであった。著作権代理人から、その作品には何の取り柄もなく、私には小説家としての素質も才能もないと決めつけられた時には、心臓が止まりそうになった。

私は茫然として彼の事務所を出た。たとえ棍棒（こんぼう）で頭をなぐられたとしても、あれほどの衝撃は感じないだろう。まるで魂が抜けたような虚脱状態であった。何週間もたって、ようやく茫然自失の中から抜け出した。その当時の私は「悩みに対してストップ・ロスを設定しておく」なんて言葉をまだ聞いたことがなかった。だが今から思い返してみると、まさに同じ方法だったことがわかる。私は、その小説を書くために全力投球した二年間を貴重な体験として掛け値なしで清算してしまい、そこから新しく出直した。再び成人教育クラスの開設と教育と

PART 3 ✧ 悩みの習慣を早期に断つ方法　144

いう仕事に戻り、その余暇に伝記やノンフィクション作品を書いた。皆さんが今手にされているのはその一冊というわけだ。

私が下した決断に後悔はないかって？　その当時のことを思い出すたびに、喜びのあまり踊り出したくなるほどだ！　誓って言うが、あの日以来、自分が第二のトーマス・ハーディーになれなくて残念だと思ったことは一度だってない。

一世紀前のある晩、ウォールデン湖のまわりの森で、コノハズクがかん高い声で鳴いている頃、ヘンリー・ソローは手製のインクに鵞ペンをひたしながら、次のような日記を書いた。

「何事にも、我々が人生と名づけているもの全体が原価としてかかっている。その支払いはすぐしなければならないこともあり、長期にわたることもあるが」

これを別の言葉で置き換えてみよう。あることに対して我々の人生そのものを余分に支払うのは愚の骨頂にほかならない。

ところが、ギルバートとサリヴァンは、この愚行を演じてしまった。二人は陽気な言葉や陽気な音楽をつくり出すのは得意だったのに、哀れなことに、自分たちの人生を陽気なものにする方法は知らなかった。彼らは『ペイシェンス』『ピナフォア』『ザ・ミカド』など実に楽しいオペレッタを創作して世界中を喜ばせたけれども、自分たちの感情をコントロールすることはできなかった。二人は一枚のカーペットの値段のことで何年もいがみ合った！　サリヴァンは、彼らが買い取った劇場のために新しいカーペットを注文した。ギ

ルバートは請求書を目にして、烈火のごとく怒った。二人の争いは法廷に持ち込まれ、死ぬまで互いに口を利くことはなかった。今度はギルバートが歌詞をつけて、サリヴァンは新作に曲をつけると、それをギルバート宛てに郵送した。今度はギルバートが歌詞をつけて、サリヴァンへ返送した。ある時、二人は同時にカーテン・コールに立つはめになった。しかし、一人ずつ舞台の両袖に立ち、別々の方向を向いてお辞儀をして、互いに顔を合わせないようにした。彼らはリンカーンと違って、自分たちの遺恨に対してストップ・ロス・オーダーを用いるだけの分別に欠けていたのだ。

南北戦争の最中にリンカーンの友人たちが口々に彼の仇敵を非難した時、リンカーンはこう言った。「君たちは私以上に個人的な恨みにこだわっているようだが、私はほとんど何とも思っていない。といって、けりがついたと思っているわけではないが。しかし人間は一生の半分を口論で費やすひまはないからね。誰かが私に対する攻撃をやめれば、私は彼の過去をいっさい水に流すよ」

私の叔母のエディスも、できることならリンカーンのような寛容の精神を持ち合わせていてほしかった。叔母とフランク叔父さんとは抵当に入った農場に住んでいたが、農場は雑草がはびこり、土壌と水の便が悪かった。暮らしは苦しく、小銭一枚でも大切にせざるをえなかった。ところが叔母は、殺風景な家を飾り立てるためにカーテンや小間物類を買うのが好きだった。叔母がそのような品々を近くの町の衣料品店で買い込み、それをツケにしてしまうので、フランク叔父さんは借金で四苦八苦していた。増える一方の請求書

に恐れをなした百姓気質の叔父は、女房に掛け売りをしないではほしい、と店の主人に密に頼み込んだ。そのことを耳にした叔母は怒り心頭に発した。私は叔母からその出来事から五十年近くたってもまだ激怒し続けていた。私は叔母から再三再四その話を聞かされたが、最後に聞いたのは、叔母がすでに七十代の後半に入ってからだった。
「エディス叔母さん、叔母さんに恥をかかせた点は確かにフランク叔父さんが悪いよ。だけど、半世紀近く前の出来事について、いまだに文句を言うなんて、叔父さんよりもたちが悪いよ」(これは馬の耳に念仏だった)
　エディス叔母は、恨みと苦い思い出を心に抱いたおかげで、ずいぶん高価な代償を払った。何しろ心の平和という代償を払ったのだ。
　ベンジャミン・フランクリンは七歳の時に一つの失敗をしたが、それを七十歳になってもまだ覚えていた。まだ七歳の少年であった彼は、呼子笛の魅力に取りつかれてしまったのである。矢も楯もたまらなくなった彼は、おもちゃ屋へ入っていくと、カウンターの上に持っていた銅貨をすべて投げ出し値段も聞かずに呼子笛を手にした。彼は七十年後に、その時のことを友人に書き送った。「私は家に戻ると、笛を手にした喜びで有頂天になり、家中で笛を吹いてまわった」。けれども、兄や姉たちから、笛の代金よりもずっと多い金額を置いてきたと指摘され、物笑いの種にされたため、さすがの彼も「悔し涙に暮れた」
　後年、フランクリンが世界でも屈指の人物となり、フランス大使を務めた時、彼は呼子笛に法外な代金を払ったことをやはり記憶していて、「笛から得た喜びよりも、悔しさのほ

うが大きかった」と記している。

だが、フランクリンが学んだ教訓は結局のところ安くついたのである。「私が成長して世の中を知り世界の人々の行動を観察するにつれて、非常に多くの人々が、呼子笛に対して代金を払いすぎていると思うようになった。つまり人間の不幸の大部分は、人々が物の値打ちを誤って評価してしまい、それぞれの呼子笛に対して代金を払いすぎているところに原因があると思われる」

ギルバートとサリヴァンも、彼らの呼子笛に対して代金を払いすぎたのだ。エディス叔母にしても同様である。デール・カーネギーにしてもそうだ。

また、『戦争と平和』『アンナ・カレーニナ』という世界的な二大傑作の著者であり、不滅の名声を誇るレフ・トルストイも例外ではなかった。『エンサイクロペディア・ブリタニカ』によれば、晩年の二十年に関する限り、レフ・トルストイは「おそらく世界中で最も尊敬された人物」であった。彼が他界するまでの二十年間に――一八九〇年から一九一〇年にかけて――彼の崇拝者たちは列をなして彼のもとを訪れ、ある者は彼の顔を一目でも拝もうとし、ある者は彼の声を聞こうとし、ある者は彼の着衣の一端に触れようとした。彼の発した一字一句が、まるで「神の啓示」ででもあるかのように記録として残された。

しかし、日常生活という点になると、トルストイの分別は七十歳を迎えてもなお、七歳当時のフランクリンが身につけたものに及ばなかった！彼はまったく常識を欠いていた。もっと具体的に説明しよう。トルストイは熱愛する少女と結婚した。彼らは実に幸福で

あり、極楽のような無上の喜びに満ちた生活がいつまでも続くようにと、ひざまずいて神に祈ったほどだった。けれども、トルストイが妻に選んだ少女は生まれつき嫉妬深かった。彼女は農民の姿に扮して、森の奥でも彼の行動を監視した。二人は派手な口論を演じた。彼女の嫉妬は深まる一方で、自分の子供にまで及び、娘の写真を銃で撃ち抜くことさえした。阿片の瓶を唇に当てて床の上を転げまわり、自殺するとわめき立てたこともあった。その間、子供たちは部屋の隅に固まって、恐怖に泣き叫んでいた。

では、トルストイはどうしたか？　たとえ家具をめちゃめちゃにしたとしても私にはこの男を責める気はない——彼には怒るだけの正当な理由があったのだ。だが、彼はもっとまずいことをした。秘密の日記をつけていたのである！　そう、日記だ。その中に自分の妻に対する罵詈雑言を並べ立てていた。これこそ彼の「呼子笛」だった！　彼が目論んだのは、次代の人々の同情を自分に集め、非難を妻に集中させることだった。これに対して妻はどうしたか？　お察しのとおり、彼の日記をずたずたに引き裂いて、焼き捨てたのである。彼女も日記をつけはじめたが、その中で夫を悪党呼ばわりした。さらに『誰が罪』という小説まで書いて、自分の夫を一家の悪魔として、自分をその犠牲者として描いたのである。

いったい、どういうつもりだったのだろう？　なぜこの二人は唯一の家庭を、トルストイが名づけた「地獄の戦場」に変えてしまったのか？　確かにいくつかの理由があった。なその一つは、他人に対して自分を印象づけようとする二人の抑えがたい欲望であった。

るほどのちの世代がどう思うか、彼らには気になったに違いない。あの世で、どちらが糾弾さるべきか？ などとわめき立てるだろうか。とんでもない。自分の問題で手一杯で、一瞬たりともトルストイのことなど考えるひまはないだろう。この哀れな二人は、自分たちの「呼子笛」に対して、何と高価な代償を払ったことか！ 五十年間に及ぶ地獄の生活——もとはといえば、「ストップ！」と言うだけの分別が二人ともになかったからだ。どちらも価値に対する正しい判断力を持たず、「こんなことは即座にストップ・ロス・オーダー扱いにしよう。これでは人生を浪費するばかりだから『もうたくさんと言おうじゃないか！』」というせりふを思いつかなかったからなのだ。

私は、価値に対する正しい判断力こそ真の心の平和をもたらす鍵であると信じている。そして、私たちがいわば個人の金本位制——人生という尺度で見た時に絶対的な価値基準となるもの——を確立しさえすれば、私たちの悩みを半減させることができると信じている。

さて、悩みの習慣で身を滅ぼす前に、それを断ち切るための第五の鉄則がある。

人間生活にとって有害なものに大切な金を投じたい誘惑に駆られたら、一度立ち止まって、次の三つの問いを考えよう。

● 一、**現在、自分が悩んでいることは実際にどの程度の重要性があるか？**
● 二、**この悩みに対する「ストップ・ロス・オーダー」をどの時点で出して、それを忘れるべき**

● 三、この呼子笛に対して正確にはいくら支払えばよいのか？　すでに実質価値以上に払いすぎていないだろうか？

11 おがくずを挽こうとするな

この一文を綴りながら、窓越しに外を見れば、泥板岩や砂利の中にくっきりと刻まれた恐竜の足跡を目にすることができる。この恐竜の足跡はエール大学のピーボディー博物館から買い取ったもので、一億八千万年前のものだそうだ。どんな馬鹿げた人ですら、一億八千万年前にさかのぼり、この恐竜の足跡を変形したいなどと夢見たりはしないだろう。

ところが、そんなことを夢見ることでも思い悩むことにくらべたらまだましだ。何しろ、私たちは百八十秒前の出来事にさかのぼることも、それに変更を加えることもできないくせに、多くの人々はそういう愚かな行為をしているのである。確かに百八十秒前の出来事に伴う結果の修正ならできるかもしれない。けれども、実際に起きてしまった出来事そのものに変更を加えることは不可能であろう。

過去を建設的なものにする方法は、天下広しといえども、ただ一つしかない。過去の失

敗を冷静に分析して何かの足しにする——あとは忘れ去ることだ。

これが正しいことは私自身が知っている。しかしながら、これを実行する勇気と分別をいつも持ち合わせているだろうか？ この問いに答えるために、何年か前に遭遇した奇妙な体験を紹介しよう。三十万ドルという大金を注ぎ込んだにもかかわらず、一セントの利益も上げられなかった話である。つまりこういうことだ。私は成人教育のための大規模な事業に乗り出し、各都市に姉妹校を設けては、経費や広告費に惜しげもなく金を投じた。私自身は教室での授業に追いまくられて、財政面にまで気を遣う時間と意欲を持ち合わせていなかった。また、ずぶの素人であった私は、費用の元締めをする有能な事務職員が必要であることに気づかなかったのである。

一年ほどして、ついに思いがけない実情を知った私は愕然としてしまった。莫大な収入があるというのに、純利益は皆無であったのだ。それを知った以上、私のすべきことは二つあった。その一つは、黒人科学者ジョージ・ワシントン・カーヴァーの良識を手本にすることだった。つまり、銀行の破産によって四万ドルという一生の蓄えを失った時の彼の態度である。彼は銀行が破産したことを知っているかと聞かれて、「聞くには聞いたよ」と答えたまま授業を続けた。彼は大損したことを念頭から一掃すると、二度とそのことを口にしなかった。

私のすべきことはもう一つあった。自分の失敗を分析して、一生の教訓を学ぶことだった。

だが正直に白状すると、私にはどちらも実行できなかった。そして悩みの渦に巻き込

まれ、数カ月間は茫然自失の状態だった。眠りを失い、体重を失った。大きな失敗から教訓を学ぶどころか、そのまま猪突猛進して、小規模ながら同じ失敗を繰り返したのである！　このような愚行を白状するのは格好の良いものではない。しかし、ずっと以前に私はこんな発見をしていた。「二十人に対して望ましい行動を指示してやるのは簡単だが、その二十人の一人として自分自身の教えに従うのは難しい」

ニューヨークの住人アレン・サンダースが私淑したジョージ・ワシントン高校のポール・ブランドワイン博士の話を紹介しよう。サンダース氏の話によると、彼は衛生学の担任であったブランドワイン博士から、何物にも代えがたい貴重な教訓を学んだという。アレン・サンダースはこう述べている。

「私はまだ二十歳前だったのですが、とても心配性でした。ちょっと失敗するとすぐいらいらしたり、くよくよしました。試験の答案用紙を出したあとで落第するのではないかと心配になり、眠れないまま指の爪を噛んでいました。自分のしたことを思い出しては、別のやり方があったのにと悔やんだり、口に出したことを思い出しては、言い方がまずかったと後悔したのです。

ある朝のこと、私たちのクラスが科学実験室に集まった時、すでにポール・ブランドワイン先生がおられて、先生の机の端にはミルクの瓶が置いてありました。私たちは席につてから、そのミルクを眺めては、いったい衛生学の授業とミルクとどんな関連があるのだろうと考えておりました。その時、先生は突如として立ち上がり、ミルクの瓶を流し台

にがちゃんと投げ込むと、こう叫びました。『こぼれたミルクを悔やんでも無駄だよ！』博士は私たちを流し台のところに呼んで、瓶の破片を見ました。『いいかね、よく見ておくのだよ。君たちにこの教訓を一生の間、覚えていてほしいのだ。あのミルクは排水管の中へ流れてしまった──君たちがいくら騒ごうと、一滴も取り戻すことはできない。もう少し慎重な配慮をすれば、あのミルクをこぼさずに済んだかもしれない。けれども、もう手遅れなのだ──私たちにできるのは、あのミルクを帳消しにしてしまわれること、そして、次の問題に取りかかることなのだ』

この小さな実地授業は、立体幾何学やラテン語を忘れてしまったのちまでも私の頭に焼きついていました。実のところ、四年間の高校生活で学んだもののうち、これほど実生活で役立つものはありませんでした。その教訓によって、まずミルクをこぼさないように気をつけること、もしこぼれて排水管に流れてしまったら、完全に忘れてしまうことを学んだのでした」

読者の中には「こぼれたミルクを悔やんでも無駄だ」という陳腐なことわざがどうして重要なのだと冷笑する人があるかもしれない。それが月並みで、平凡で、使い古されたものである点は承知している。耳にたこのできるほど聞いた文句であろう。しかし私は、これらの陳腐なことわざには、あらゆる時代の英知の真髄が含まれている点も承知している。ことわざとは、人類の灼けつくような経験から生まれ、何世代となく受け継がれてきたものなのだ。仮にあらゆる時代の哲人たちが悩みについて書き残したもの全部を読破したとして

も、「橋に来るまでは橋を渡るな」とか、「こぼれたミルクを悔やんでも無駄だ」とかの陳腐なことわざに匹敵するほど根源的で意味深長なものに出会うことはないであろう。これら二つのことわざを冷笑せずに活用するなら、本書などまさに無用の長物と言ってもよい。事実、古いことわざの多くを活用できれば、ほとんど完全な人生を送ることができよう。しかしながら、知識は実践されてはじめて威力を発揮する。また、本書の目的も、皆さんに目新しい何かを教える点にあるのではない。本書の目的は、皆さんがすでにご承知のことを思い出していただき、それを何らかの行動で実践していただくようにに叱咤激励する点にあるのだ。

私が決まって尊敬するのは、フレッド・フラー・シェッドのような男、つまり古い真理を斬新で多彩な手法によって表現する能力に恵まれた人物にほかならない。フィラデルフィア・ブレティン紙の主筆であった彼は、あるカレッジの卒業生に向かって講演をしながら、「皆さんの中でのこぎりで木を挽いたことのある人は何人いるだろうか？ そういう人は手を挙げてください」と言った。大部分の学生が手を挙げた。そこで再び彼は質問した。「それではのこぎりでおがくずを挽いたことのある人は何人いるだろうか？」。手は一つも挙がらなかった。

「もちろん、おがくずを挽くことなどできるわけがありません！」。シェッド氏は説いた。「おがくずは挽いたカスなのです。過去についても、これと同じことが言えましょう。すでに終わったことについてくよくよと悩むのは、ちょうどおがくずを挽こうとしているだけ

なのです」

野球界の大御所コニー・マックが八十歳の時、彼に負け試合のことを気に病んだことがあるかと質問してみた。

「昔はずっとそうだったよ。だが何年も前に、その馬鹿らしさに気がついたのさ。気に病んでも何の役にも立たないと悟ったわけだ。川へ流れ出てしまった水で穀物を碾くことはできないしね」

そのとおり――おがくずを挽くこともできなければ、川へ流れ出てしまった水で穀物を碾くこともできない。けれども、顔にできた小じわや胃潰瘍ならば取り戻すことができる。

私は去年の感謝祭の日、ジャック・デンプシーと夕食をともにした。彼はクランベリー・ソースをかけた七面鳥料理を食べながら、ヘビー級の王座をタニーに明け渡した試合について語ってくれた。当然のことだが、この試合によって彼の自尊心は大きな痛手を負った。

彼はこう語った。

「試合の最中に、突然、私は自分が老いぼれなのだと悟った……十ラウンドが終わって私はまだ立っていたが、それで精一杯だった。顔が腫れ上がり、傷だらけで、目はほとんどふさがっていた……レフェリーがジーン・タニーの手を挙げながら勝利を宣していているのが目に映った……私はもはや世界のチャンピオンではなかった。雨の中で帰り支度をはじめた――通りすがりに、幾人かが私の手を握ろうとした。なかには目に涙をためている人もいた。

一年後、もう一度タニーと戦った。だが無駄だった。もはや万事休した。ともすればくよくよしそうになったが、私は自分にこう言った。『俺は過去の中で生きるつもりも、こぼれたミルクを悔やむ気もないのだ。こんな打撃はあごで受け止めよう、決して倒されはしないぞ』

そして、ジャック・デンプシーは見事にそれをやってのけた。どうやって？「俺は過去のことをくよくよしないぞ」と何度も自分に言い聞かせたのだろうか？ そうではない。それでは単に自分の過去の悩みを思い出させる結果にしかならなかったであろう。彼はそれを受け入れ敗北感を一掃してはじめて、全力を傾けて将来の計画を立てたのであった。彼はブロードウェイにジャック・デンプシー・レストランを、五十七番街にグレート・ノーザン・ホテルを経営することにした。試合の興行主になったり、公開練習の相手を務めたりもした。絶えず何か建設的な仕事に没頭することにより、過去のことで思い悩むひまも隙もないようにして、見事にやり遂げたのであった。彼は言う。「私はここ十年間、チャンピオン当時よりも充実した生活を送ってきた」

デンプシーに言わせると、あまり本など読んだことがないそうだが、彼は知らず知らずのうちにシェイクスピアのこんな忠告に従っていたのだ。「賢い人たちは座ったまま損失を嘆いたりはしない。元気よくその損害を償う方策を探すのだ」

私は歴史や伝記を読んで逆境に生きる人々の姿を知るたびに、自分たちの苦悩や悲劇を払拭しながら新しい幸福な生活へと前進していく人間の能力に驚くとともに、自分が鼓舞

PART 3 ✥ 悩みの習慣を早期に断つ方法　158

される思いがする。

　私はかつてシン・シン刑務所を訪れたことがあるが、一番驚いたのは、そこの囚人たちが世間一般の人と変わりないほど幸せそうに見えたことだった。私はこの点について看守長のルイス・ローズ氏と話した。すると彼は、次のような話をしてくれた。犯罪者たちはシン・シン刑務所に送られてきた当初、恨み事を言ったり、ふてくされた態度を示したりする。だが数カ月もたつと、分別のある連中の大部分は、自分たちの不幸を追い払って落ち着きを取り戻し、静かに刑務所暮らしを受け入れ、できるだけ楽しく過ごそうとする。ローズ看守長は一人の囚人のことを私に語ったが、植木屋だった彼は、刑務所内で野菜や草花を育てながら歌を口ずさんでいたという。

　この草花を育てながら歌を口ずさんでいた囚人は、私たちの多くよりもずっと分別があると言うべきであろう。彼は知っていた——

「指」は書きまた書き進む
「知恵」も「祈り」もその指を
おびき寄せては「一行」の
半ばを消すもかなうまじ
涙を注ぎ尽くすとも
「言葉」一つも流せまじ

だから、涙を無駄に流すのはやめよう。もちろん、私たちは種々の失策や愚行の責めを負わなければならない！ それがどうしたというのだ？ 誰だって同じではないか？ ナポレオンでさえ、彼の指揮した大きな会戦の三分の一は負け戦だったのだ。私たちの打撃成績はたぶんナポレオンに劣るとは思えないが、どうだろう？
いずれにしても、一国の精鋭のすべてを動員したところで、過去をもとどおりに返すことはできない。
そこで、第六の鉄則を記憶にとどめてほしい。

● **おがくずを挽こうとするな。**

PART
4

平和と幸福をもたらす精神状態を養う方法

HOW TO
STOP
WORRYING
AND
START
LIVING

12 生活を転換させる指針

数年前、私はあるラジオ番組で「あなたが今までに学んだ最大の教訓は何ですか?」という質問に回答を求められたことがあった。答えるのは簡単だった。私が学んだ何よりも大切な教訓は「考えること」の重要性である。もし皆さんの考えていることがわかれば、私には皆さんがどういう人かわかるだろう。私たちの考えが今の私たちをつくるのだ。私たちの心構えこそ私たちの運命を決定する第一の要素であると言ってもよい。エマーソンは「明けても暮れても考えている事柄、それがその人なのだ」と言った……まさに至言ではなかろうか?

さて、私たちが取り組むべき唯一最大の問題は、正しい考え方を選ぶことにあると、私は自信を持って断言する。もしこれができたら、私たちの問題にはことごとく解決の道が開けていくであろう。ローマ帝国に君臨した偉大な哲学者マルクス・アウレリウスはこれ

を短い文句に、あなたの運命を決定する短い文句に要約している。「我々の人生とは、我々の思考がつくり上げるものにほかならない」

そうなのだ。愉快な考え方をすれば、私たちは愉快になるだろう。みじめなことを考えはじめたら、みじめになる一方であろう。恐ろしいことを思い浮かべれば、恐ろしくてたまらなくなるはずだ。病的なことを考えれば、病気になるに違いない。失敗するのを気にしたら、間違いなく失敗してしまう。自分ばかりかわいがれば、他人からは敬遠され、皆が寄りつかなくなるだろう。ノーマン・ヴィンセント・ピールはこう言っている。「あなたは、あなた自身で考えているとおりのあなたではない。だが、あなたの考えていることは、あなたそのものだ」

私の言い方は、万事につけて底抜けの楽天家になれと主張しているように聞こえるだろうか？　そうではない。不幸にして人生とはそんなに単純なものではない。けれども私が主張したいのは、消極的な態度ではなく、積極的な態度を身につけようということだ。別の言葉で言えば、自分の問題に神経を集中しなければならないが、悩む必要はない。では神経を集中するのと悩むのとはどのように違うのか？　実例を示そう。交通が渋滞しているニューヨークの通りを横断する時に、私はいつも自分の動作に神経を集中するが、別に悩みはしない。注意を払うというのは、問題の本質を見きわめ、冷静にそれを処理することである。悩むというのは、常軌を逸して無益な円のまわりをぐるぐるとまわることなのだ。

人間は自分の重大事件に神経を集中したとしても、正面を見すえながら胸にカーネーションをさして通りを濶歩するぐらいのことはできる。

私はローウェル・トーマスのそんな状態を見たことがある。彼が第一次世界大戦におけるアレンビー・ロレンス作戦の有名なフィルムを公開した時から、私は彼と友達づきあいをしていた。彼と彼の助手たちは六カ所の戦線で戦況を写真に収めたが、彼らが持ち帰った傑作の中には、T・E・ロレンスと部下のアラビア人兵士たちの記録写真や、アレンビー軍による聖地奪回の記録映画があった。『パレスチナのアレンビーとアラビアのロレンス』と題する彼の講演は、ロンドンはもとより全世界で大評判を呼んだ。ロンドンのオペラ・シーズンが六週間も延期されたのも、手に汗を握るような彼の冒険談と映画の催しを、コベント・ガーデン王立オペラ・ハウスで引き続いて行なわせるためだった。ロンドンでの素晴らしい成功のあと、世界の多くの国々を巡業してまわった。それから彼はインドとアフガニスタンの生活を記録映画に撮る準備に追われながら二年間を過ごした。さまざまな信じられないような不運が続発したあげく、絶体絶命の事態が訪れた。彼はロンドンで破産してしまったのである。私はその当時、彼と一緒にいた。私たちは仕方なしにライオンズ・コーナー・ハウスという レストランの粗末な食事で腹を満したことを覚えている。その食事にしても、芸術家として名を知られたジェイムズ・マクベイというスコットランド人から借金をしたトーマス氏のおかげでやっとありつけたのだ。ここが肝心な点である。悩ローウェル・トーマスは莫大な借金を負い落胆の極にあって神経をすり減らしていたが、

んではいなかった。彼は、自分が逆境に打ちのめされてしまったら、債権者に対しても世間に対しても値打ちがなくなることをわきまえていた。そこで毎朝出かける前に花を買って胸にさし、正面を見すえたまま元気な足どりでオックスフォードの通りを闊歩したのだ。彼にとって、負けることもゲームの一部——いわば頂上を目指す者にとっての有効な訓練——であった。

彼の考え方は積極的で勇壮なものであり、断固として失敗に屈しなかった。

私たちの心構えによって肉体的な能力は信じられないほど左右される。イギリスの有名な精神分析医 J・A・ハドフィールドは、『力の心理学』という五十四頁の素晴らしい小冊子の中で、その事実を巧みに説明している。「私は三人の男性に依頼して、握力計を用いながら精神的な暗示が握力にどの程度の影響を与えるかを実験してみた」。まず彼らに力一杯、握力計を握ってもらった。同じことを三つの異なる条件のもとで行なったのである。

普通の覚醒時にテストした場合の平均握力は四十五・八キロであった。

次に彼らに催眠術を施し、君たちは弱いのだという暗示を与えてから測ると、わずか十三・二キロ——平常時の三分の一以下——になってしまった（三人のうち一人は一流のボクサーだったが、催眠中、君は弱いのだという暗示を与えられたあとで、自分の腕は「細くて、まるで赤ん坊の腕みたいだ」とつぶやいた）。

そのあと、ハドフィールドは三回目のテストを行なった。君たちは強いのだという暗示を与えたところ、平均握力は六十四・四キロに達した。これこそ私たちの精神状態が持つ信じには、肉体的能力は五割増しに飛躍したのである。

がたい力である。

念力という魔法の力を説明するために、アメリカ史上で驚嘆に値する物語の一つを述べよう。これだけで一冊の本が書けるほどだが、今は簡単にとどめたい。南北戦争が終わって間もない凍てつくような十月のある晩、地上の放浪者とでも呼ぶべき貧しいホームレスの女が、退役海軍大佐の妻でマサチューセッツ州アームズベリーに住む″マザー″ウェブスターの家のドアをたたいた。

ドアを開けた″マザー″ウェブスターが目にしたのは、「青白い皮膚と骨しかない四十五キロそこそこの」弱々しい小さな生き物であった。ミセス・グローバーとかいう見知らぬ女は、どこかに家を見つけて、昼も夜も自分に取りついて離れない重大問題を思案し、解決したいのだが……と切り出した。「この家はどうなの?」。ウェブスター夫人が言った。「この大きな家に私一人住んでいるのだから」

ミセス・グローバーは、いつまでも″マザー″ウェブスターと一緒に住むつもりだったかもしれないが、たまたまニューヨークからウェブスター夫人の娘婿ビル・エリスが休暇を過ごしにやってきた。彼はミセス・グローバーの姿を見て、「この家では浮浪者に用はない」と叫ぶと、このホームレスの女を追い出してしまった。彼女は雨の中で二、三分震えていたが、やがて雨宿りする場所を求めて立ち去った。外は土砂降りの雨だった。彼女は、のちに世界の思想界に対して女性としては例がないほどの大きな影響を及ぼす運ここで、この物語の意外な成り行きに触れておこう。ビル・エリスが追い出した「浮浪者」は、

命を背負っていた。彼女は今やクリスチャン・サイエンスの創始者メアリー・ベーカー・エディーとして数百万の信徒から崇拝されている。

とはいえ、この時まで彼女が人生について知っていたことといえば、病気・悲嘆・惨事ぐらいであった。最初の夫は結婚後すぐに死んでしまった。二番目の夫は彼女を捨てて、人妻と駆け落ちしてしまった。その後、彼は救貧院で息を引き取った。彼女には一人息子がいたが、貧困と病気と嫉妬のために子供が四歳の時、手放さざるをえなかった。それ以後、息子の消息はいっさいわからず、母子の再会がやっと実現したのは、三十一年後のことであった。

もともと病弱であった彼女は、ずっと以前から「精神療法の科学」と名づけたものに興味を持っていた。けれども、一生の転機となる劇的な事件が起きたのは、マサチューセッツ州リンであった。ある寒い朝、下町を歩いていた彼女は、足を滑らせて凍てついた歩道にたたきつけられ、意識を失ってしまった。背骨を強打したために発作と痙攣を起こしたのであった。医師は、助からないだろう、奇跡的に助かったとしても、二度と歩くのは無理だろうと断言した。

臨終の床とも言えるベッドに横たわりながら、メアリー・ベーカー・エディーは自分の聖書を開くと、神の導きに従って「マタイによる福音書」の一節を読んだ。「すると、人々が中風の者を床の上に寝かせたままで、イエスのところに運んできた。イエスは……中風の者に『子よ。元気を出しなさい。あなたの罪は許された』と言われた。……『起き上

って床を担ぎ、家に帰りなさい』と言われた。すると、その人は起き上がり、家に帰っていった」

彼女の話によれば、このキリストの言葉のおかげで彼女の体内には活力、信仰、高波のような回復力が湧き出し、「直ちにベッドから飛び起きて、歩きまわれた」ほどだった。

ミセス・エディーは力を込めて言う。「その経験をきっかけとして、私は自分自身の健康を取り戻す方法と他人を健康にする方法とを発見しました……私はあらゆる原因は精神そのものであり、あらゆる結果は精神的な現象であるという科学的確証をつかんだのです」

このようにしてメアリー・ベーカー・エディーは新しい宗教の創始者となり、高貴な尼僧となった。クリスチャン・サイエンスは、女性によって確立された唯一の宗教的信条であり、全世界に根を下ろした宗教となった。

皆さんは今、こうつぶやいたのではあるまいか？「このデール・カーネギーという男は、クリスチャン・サイエンスの宣伝屋なのだ」と。そんなことはない。私はクリスチャン・サイエンスの信者ではないが、年とともに思考力の持つすさまじい力に対する確信を深めている。長年にわたって成人クラスで教鞭をとった結果として、自分の考え方を変えさえすれば、男女を問わず、悩みも恐怖も、どんな病気でも追い払うことができ、生活を刷新できることを知っている。断言してもよい、私は知っていると！　こういう信じがたい変化が何百回も起きたのをこの目で見た。そういう例をすでに飽きるほど多く見ているから、今では別に驚くこともない。

PART 4 ✤ 平和と幸福をもたらす精神状態を養う方法　　168

たとえば、私のクラスの受講生に起こった事例も、思考の力を物語る信じがたい変化の一つと言えよう。彼は神経衰弱にかかっていた。その原因は？　悩みである。この受講生の話はこうだった。

「私はありとあらゆることで悩んでいました。自分が極端に痩せているといって悩んだり、髪の毛が抜けはじめたのではないかと考えたり、十分な結婚資金ができないのではないかと心配したり、立派な父親になれそうもないと感じたり、結婚したいと思っている女性に失恋するような気がしたり、自分の人生に自信が持てなくなったりして悩んでばかりいました。また他人に悪く思われている気がして悩んだり、胃潰瘍にかかったのではないかと思い悩みました。もはや仕事どころではなくなって、会社をやめました。緊張が体内に充満して、私はちょうど安全弁のないボイラーみたいな状態でした。圧力に耐え切れなくなれば、必ず何かが起きるでしょう——事実、起こったのです。あなたがまだ神経衰弱にかかったことがないのなら、決してかからないようにとお祈りします。何しろ、どんな肉体的な苦痛でも、心の煩悶から生じる苦しさにくらべたら、物の数ではないでしょう。私の神経衰弱はとても重症で、家族とも話ができないほどでした。自分の考えを整理することもできません。すっかり恐怖のとりこになってしまいました。どんな小さな物音にも飛び上がり、どんな人でも避けました。はっきりした理由は何もないのに、火がついたように泣き出す始末でした。

毎日が苦悶の一日でした。私は皆から——神にさえも——見捨てられたと感じていまし

た。川に飛び込んで、すべてを清算したいという衝動にさえ駆られました。

私は、場所が変われば気分も変わるかもしれないと考えて、フロリダへ旅立つ決心をしました。列車に乗り込む時に、父が一通の手紙を私に手渡して、フロリダに着いてから開けるようにと言いました。フロリダは観光シーズンの最盛期でした。ホテルに泊まれなかったので、ガレージ内にある寝室を借りました。マイアミから出港する不定期貨物船の乗組員に応募しましたがうまくいかず、浜辺でひまを持てあましていました。フロリダのみじめさと言ったら、家にいる時以上でした。そこで封筒を開いて、父の手紙を読むことにしました。短い手紙でした。『我が子よ、お前は家から二千四百キロも離れた場所にいるが、別に気分が変わったわけでもあるまい。私にはわかっていたが、変わるわけがない。何しろ、お前に同行したのはあらゆる悩みの根源である唯一のもの、つまり、お前自身であるからだ。お前の体も心も別に悪いところはない。お前を打ちのめしてしまったのは、お前の前に現われた事態ではなく、そういう事態に対するお前の考え方なのだ。"人は自分の心で考えるとおりの人間になる"。この言葉が理解できたら、息子よ、帰っておいで。お前は治っているはずだから』

私は父の手紙に腹を立てました。私が求めていたのは同情で、説教ではなかったのです。すっかり逆上した私は、即座に二度と家には帰るまいと決心しました。その晩、マイアミの脇道を散歩していて、ある教会の前を通りかかると、礼拝が行なわれていました。別に行く当てもなかったので、私はふらふらと中に入り込み、『魂を制する者は街をおとしいれ

る者よりも強い』という聖書の言葉についての説教に耳を傾けました。神聖な神の家に座って、父が手紙に書いてよこしたのと同じ考え方を聞いていると、私の脳裏から山のように積もったごみ屑が一掃されてしまいました。私は生まれてはじめて、はっきりと分別をつけられるようになりました。自分の愚かさにも気がつきました。真の光に照らし出された自分の姿を見て愕然としました。今までの私は、全世界とそこに住むすべての人間を変えてしまいたいと思っていた——だが、変えなくてはならないものはただ一つ、私の心というカメラに組み込まれた"レンズの焦点距離"だったのです。

翌朝、荷物をまとめて帰宅することにしました。一週間後には以前の仕事に戻り、四カ月後には失恋に終わるのではないかと心配していた女性と結婚しました。私たちは五人の子供に恵まれて、幸福に暮らしています。神様は物質的な面でも、精神的な面でも、ずっと私を支えてくださったのです。神経衰弱にかかっていた頃は、小さなデパートの夜警主任として十八人の部下を使っていましたが、現在では、従業員数四百五十人という箱の製造工場の取締役をしています。生活は充実しており、友達も増えました。今や人生の真価を満喫している思いがします。たまに不安に襲われそうになった時には——これは誰の日常生活にもつきものでしょう——自分に向かって、カメラのピントを正しく合わせよう、と言い聞かせるだけで万事オーケーです。

正直に言って、私は神経衰弱にかかったことを喜んでいます。さんざん苦労したあげく、思考が私たちの精神や肉体に対してどんなに強い力を及ぼすかを、身をもって知りえたか

らです。今では自分の思考を自分に逆らわせず、役立てることができます。私の悩みの原因はすべて、外部の状況にあるのではなく、状況に対する私自身の考え方にあるのだと言った父の言葉は正しかったと思います。それに気がついたたんに、私は全快しました。それ以後もずっと変わらず健康です」

以上がこの受講生の体験談である。

私が痛感していることは、私たちが日常生活で得られる心の安らぎや喜びは、自分の居場所や持ち物や、身分によって左右されるのではなく、気持ちの持ちよう一つで決まるという点だ。外部の条件はほとんど関係がない。たとえば、ハーパーズ・フェリーでアメリカの兵器庫を襲い、奴隷たちの反乱を煽動したとして絞首刑になったジョン・ブラウンの例を紹介しよう。彼は棺桶の上に乗せられて処刑台へと送られた。彼のそばにつき添っていた看守の態度には緊張と不安の色が表われていた。けれどもジョン・ブラウンのほうは冷静そのものだった。バージニアのブルー・リッジの鋭峰を眺めながら、「何て美しい国だろう! 今までこの美しさをじっくり味わう機会はなかったのだ」と感嘆の声を上げたという。

南極にはじめて到達したイギリス人たち、ロバート・ファルコン・スコットとその仲間たちの場合も同様である。彼らの帰路は人類が経験した最も過酷な旅と言ってもよかった。食料は底をつき、燃料もなかった。彼らは一歩も進むことができなくなってしまった。猛吹雪が十一日間にわたって地球の果てを荒れ狂い、風の猛威によって極地の氷塊が吹き飛

ばされる始末であった。スコットと仲間たちは、もはや死ぬしかないと覚悟した。彼らはこのような緊急事態に備えて、相当量の阿片を携帯していた。これを用いれば、二度と覚めることのない楽しい夢路へ導かれるわけだった。しかし、彼らは麻薬に頼ることを潔しとせず、「おどけた歌を陽気に合唱しながら」死んでいく道を選んだ。この事実は、八カ月後に捜索隊が発見した彼らの凍死体と遺言によってわかったことである。

そうなのだ、私たちが勇気と冷静さを持って創造的な思考をするならば、自分の棺桶に腰かけながら処刑台へ向かう途中でも景色を楽しむことができるし、飢えと寒さで死にかけていても「陽気な歌の合唱で」テントを揺るがすこともできよう。

盲目のミルトンは、三百年も前に同じ真理を発見していた。

　心こそおのれの居場所、そこでこそ
　地獄を天国に、天国を地獄につくる

ナポレオンやヘレン・ケラーも、ミルトンの言葉を完全に実証している。ナポレオンは多くの人間が熱望するもの——栄光、権力、巨万の富——をことごとく手に入れたけれども、セント・ヘレナでは「私の生涯で幸福な日々は六日もなかった」と言ったのである。

一方、盲目で聾唖のヘレン・ケラーは「人生とは本当に美しいものだと思います」と断言している。

半世紀の生涯で私が学んだことがあるとしたら、ほかならぬ自分自身なのだ」という言葉で表現できる。この表現はエマーソンが『独立独歩』というエッセイの中でいみじくも用いた結びの文句にほかならない。「政治的な勝利、地代の値上げ、病気の全快、長い間、留守にしていた友人の帰還、この他、種々の外部的な事象は人間の精神を高揚させ、幸せな日々が到来するような予感を抱かせる。これを信じてはならない。そんなことは決してない。自分に平和をもたらすのは、ほかならぬ自分自身なのだ」

ストア派の大哲学者エピクテトスは、「肉体の腫瘍や膿瘡」を取り除くよりも、心の中から誤った考えを取り除くことのほうに気を配るべきだと私たちを戒めている。

エピクテトスは千九百年も前にこう言ったのだが、現代の医学もこれに同調するだろう。G・キャンビー・ロビンソン博士によれば、ジョン・ホプキンズ病院に収容されている患者のうち五人に四人は、精神的な緊張やストレスが原因の一部となって生じた症状に苦しんでいるという。このことが器質性疾患についても当てはまる場合が少なくない。博士はこう強調する。「結局はこれらの症状をたどってみると、日常生活とか、それに付随する問題にうまく対処できない点に原因がある」

フランスの大哲学者モンテーニュは次の言葉を人生訓としていた。「人間は起こることよりも、起こることをどう評価するかによってひどく傷つくのだ」。そして起こることをどう評価するかは、私たちの心一つにかかっている。

これはどういう意味だろうか？　私は皆さんの面前で——皆さんが難問を抱えて四苦八苦しながら針のように神経をとがらせているというのに——その皆さんに面と向かって、苦境の中でもなお意志の力で気の持ちようを変えることができると、厚かましくも主張しているのだろうか？　そうなのだ、そのとおりなのだ！　それを実践する方法までで伝授するつもりである。そのためには小さな努力が必要だが、その秘訣はいたって簡単である。

心理学の最高権威であるウィリアム・ジェイムズはこんな意見を述べたことがある。「行動は感情に従うように思われているが、実際には行動と感情は同時に働くのである。意志の力でより直接的に支配されている行動を規制することによって、意志に支配されにくい感情をも規制することができる」

別の表現をすれば、ウィリアム・ジェイムズは、「決心」することで即座に感情を変えることはできないが、行動を変えることは可能だと言っている。そして、行動を変えれば、感情のほうも自然に変わるだろうと言うのだ。

ジェイムズの説明は続く。「だから、快活さを失った時、他人に頼らず自発的に快活さを取り戻す秘訣は、いかにも楽しそうな様子で動きまわったり、しゃべったりしながら、すでに快活さを取り戻したようにふるまうことである」

この単純な秘訣は効果があるだろうか？　ご自分で試していただきたい。満面にこぼれるような笑みをたたえ、肩をそびやかし、大きく深呼吸しながら歌の一節でも口ずさむこ

とだ。歌でなくて口笛でもよい。口笛が駄目なら鼻歌でもよい。そうすれば、直ちにウィリアム・ジェイムズの言わんとした意味がわかるだろう——早い話が、幸福に酔いしれているようにふるまいながら、同時に浮かぬ顔で沈み込んでいることは肉体的に不可能だということだ！

これこそ自然の小さな摂理であり、私たちの生活全般にわたって数々の奇跡をもたらすものである。私の知っているカリフォルニアの女性にしても、この秘密さえ理解できれば、悩みを二十四時間以内に一掃できるのだが……。彼女は年老いた未亡人である。悲しい境遇には違いないが、努めて愉快にふるまおうとしているだろうか？ 否である。お元気ですかと聞かれれば、彼女は「別に変わりありません」と答えるだろう。だが顔の表情や物悲しそうな口調は「いったい私の苦しさをどう表現したらよいのでしょう？」と訴えているのだ。彼女はまるで目の前にいる幸福そうな人間をとがめているように見える。世間には彼女よりも不幸な女性が数限りなくいるというのに。彼女の夫は彼女が一生暮らせるだけの保険金を残してくれたし、すでに結婚した子供たちがいて、一緒に暮らすこともできるのだ。それなのに私は彼女の笑顔を見たことがない。彼女は、三人の娘婿がいずれもけちで自分勝手だと愚痴をこぼす……彼らのところに数カ月も続けて厄介になるくせに。また彼女は、娘たちが贈り物をくれないと不満顔だ……ところが自分自身は「死後に備えて」せっせと金をため込んでいる。彼女こそ、彼女自身にとっても不運な家族にとっても、災いの種なのだ！

しかし、それはどうにもならないことだろうか？　遺憾に思うのはこの点である——彼女がその気になりさえすれば、悲惨と苦労の絶えない不遇な老女から、尊敬と愛情を集める家族の一員へと変身できるであろう。そして、このような変身を遂げるために彼女がすべきことは、まず快活にふるまうことだ。そして第一に、不幸でみじめな自分だけに注いでいた愛情の浪費をやめ、その一部を他人に分け与えるようにふるまうことだ。

インディアナ州テル・シティーに住むH・J・エングラートは、この秘密を発見したからこそ、現在まで生きながらえているのである。彼は十年前に猩紅熱にかかった。それがよくなると、今度は腎臓炎に冒され、「偽医者」も含めて、あらゆる種類の医師に診てもらったが、はかばかしい結果は得られなかった。

やがて、つい最近になって余病にも見舞われた。高血圧症になったのである。診察した医師は最高血圧が二百十四もあると告げた。これは致命的と言ってもよかった。しかも病状は悪化する兆しがあり、直ちに身辺整理をしておくように勧告された。

彼はこう話している。

「私は帰宅後、保険料の支払いが完了しているのを確認し、神に自分の過ちをすべて懺悔してから、重苦しい瞑想にふけりました。私は皆に不幸をまき散らしていました。妻や家族も不幸にしたし、私自身もすっかり意気消沈してしまいました。しかし、一週間、自己憐憫に溺れたのち、自分にこう言い聞かせたのです。『お前のやり方は、まったく馬鹿げているぞ！　まだ一年ぐらい生きられるかもしれない。なぜ生きているうちに楽しもうと

ないのだ?」

　私は肩をそびやかし、顔に微笑みを浮かべ、万事順調にいっているようにふるまおうとしました。はじめのうちは不自然なものでしたが、努めて楽しそうに元気のあるふりをしました。おかげで私の家族も私自身も、ずいぶん救われました。

　最初の徴候といえば、自分がそのふりをしていた以上に気分が良くなったことでした!　日一日と良くなる一方でした。本来なら数カ月前に墓場へ行っているはずの私が、今日まで幸福と健康に恵まれて生きながらえただけでなく、何と血圧まで下がったのです。私には一つの確信があります。私が敗北感にとらわれて『死』のことばかりを考え続けていたら、必ずや医師の予言は的中したことでしょう。けれども、私は自分の体に自力で回復するチャンスを与えました。これもひとえに気の持ちようを変えたことによるのです!」

　皆さんに一つ質問をしたい。ただ単に快活にふるまい、健康について積極的な考え方をするだけの勇気があったためにこの男の命が救われたとするならば、少々の憂うつや落胆などをいつまで苦にするのか?　快活なふるまいをすることによって幸福を生み出すことができるというのに、どうして自分自身や周囲の人を不幸にしているのか?

　だいぶ前に私は一冊の本を読んで、忘れることができないほど深い感動を受けた。ジェイムズ・アレンの『思索する人』と題するその本には、こんなことが書かれていた。

「人が事物や他人に対する考え方を変えると、自分に対する事物や他人の態度が変わってくることを発見するだろう……自分の考え方を根本的に変えてみよう。するとその結果、

生活の外的条件が急変してしまうのに驚くだろう。人間は自分が欲するものを引きつけるのではなく、あるがままのものを引きつけるのである……我々の目的にかなう神は、我々自身の内にある。これこそ自己にほかならない……人間が成就するものはすべて、その人間自身の考えがもたらした直接的な結果である……人間は自分の思考を高めていくことによって向上し、征服し、成就することができる。自分の思考を高めようとしなければ、その人間はいつまでたっても弱々しく、卑屈でみすぼらしいだけだ」

創世記によれば、創造の神は人間に全世界の支配権を与えた。強大な贈り物である。しかし私は、そんな帝王をも凌駕するような特権には興味がない。私の望みはただ自分自身を支配すること——自分の考えを支配し、自分の恐怖心を支配し、自分の心や魂を支配することである。そして素晴らしいことに、私はただ自分の行動を制御しさえすれば、いつでも好きな時に、この支配を鮮やかにやってのけることができるのである。

そこで、ウィリアム・ジェイムズの次の言葉を記憶にとどめてほしい。「いわゆる災いの多くは、それに悩む人の心の持ち方を、恐怖心から闘志に変えるだけで、祝福されるべき幸福のためのプログラムがある。

壮快で建設的な考え方をするためのプログラムを実践することによって、我々の幸福のために闘おう。ここにそのプログラムがある。これには「今日だけは」という題がついている。私はこのプログラムの含蓄の深さに注目して、そのコピーを何百枚も配布した。こ

れは三十六年前にシビル・F・パートリッジが書いたものである。これを実践すれば私たちの悩みはほとんど消え去り、フランス人が口にする「生きる喜び」を無限に増大させることができよう。

今日だけは

一、今日だけは、幸福でいよう。リンカーンは「たいていの人々は、自分で決心した程度だけ幸福になれる」と言ったが、まったく至言である。幸福は内部から生じる。外部の事柄ではない。

二、今日だけは、自分自身をその場の状況に順応させて、自分の欲望のためにすべてを順応させることを控えよう。自分の家族も仕事も運も、あるがままに受け入れて、自分をそれに合わせよう。

三、今日だけは、体に気をつけよう。運動をし、体を大切にし、栄養をとろう。肉体を酷使したり、軽視することは慎もう。そうすれば、体は意のままに動く完全な機械になるだろう。

四、今日だけは、自分の精神を鍛えよう。何か有益なことを学び取ろう。精神的な無精者にはなるまい。努力と思考と集中力を必要とするものを読もう。

五、今日だけは、魂の訓練のために三つのことをしよう。誰かに親切を施し、気づかれ

ないようにしよう。ウィリアム・ジェイムズが教えているように、修養のために少なくとも二つは自分のしたくないことをしよう。

六、今日だけは、愛想よくしよう。できる限り晴れやかな顔をし、穏やかな口調で話し、礼儀正しくふるまい、惜しげなく人をほめよう。他人の批判やあら探しを慎み、人を規則でしばったり、戒めたりすることをやめよう。

七、今日だけは、今日一日だけを生き抜くことにして、人生のあらゆる問題に同時に取り組むことをやめよう。一生の間、続けるとしたら、嫌気のさすような問題でも、十二時間ならば我慢できる。

八、今日だけは、一日の計画を立てよう。処理すべき仕事を一時間ごとに書き出そう。予定どおりにはいかないかもしれないが、ともかくやってみよう。そうすれば、二つの悪癖――拙速と優柔不断と縁が切れるかもしれない。

九、今日だけは、たった一人で静かにくつろぐ時間を三十分だけ生み出そう。この時間を使い、時には神について考えよう。人生に対する正しい認識が得られるかもしれない。

十、今日だけは、恐れないようにしよう。特に幸福になることを恐れたり、美しいものを楽しむことを恐れたり、私の愛する人が私を愛していると信じることを恐れないようにしよう。

181   12 生活を転換させる指針

平和と幸福をもたらす精神的態度を身につけるための第一の鉄則を次に掲げよう。

●**快活に考え行動すれば自然に愉快になる。**

13 仕返しは高くつく

何年か前、イエローストーン公園を旅行した時のこと、ある晩、私は他の旅行客とともに野外展望台に座って、松やモミが生い茂った森を眺めていた。やがて待ちに待った動物――森林の恐怖と呼ばれる灰色熊が、まばゆい照明の中に姿を現わし、園内のホテルの台所から捨てられた残飯をあさりはじめた。森林警備隊のマーティンデイル少佐は馬にまたがったまま、興奮している旅行客を前にして熊について説明した。彼の話によれば、灰色熊は西半球にいるどんな動物よりも強く、これに匹敵する動物はバッファローとヒグマぐらいだろうとのことだった。ところが、その晩私は、灰色熊が、森から出てきたある一匹の動物がまばゆい照明の中で食べ物に手を出すのを、黙認している光景を見たのである。それはスカンクだった。灰色熊は自分の前足で一撃すれば、スカンクを半殺しにできるのを知っているはずだ。なぜそうしなかったのだろう？　灰色熊は経験によって、それが引

き合わないことを知っていたからだ。
私もその点はよく知っている。農場にいた子供の頃、ミズーリの藪の中で罠を使って四つ足のスカンクを捕らえたものだった。また大人になってからは、ニューヨークの歩道で二本足のスカンクに出くわしたことが何度かある。私の経験から、どちらのスカンクに対しても、関わりを持つと引き合わないことがよくわかった。
私たちが敵に憎しみを感じると、むしろ自分自身が敵に支配されることになる。そしてその支配力は私たちの睡眠・食欲・血圧・健康・幸福にまで及んでくる。敵は私たちを悩ませ、苦しめ、仕返しさえしていることを知ったら、小躍りして喜ぶであろう！ 私たちの憎悪は少しも敵を傷つけないばかりか、かえって私たち自身が、日夜、地獄の苦しみを味わうことになる。
次の言葉は誰の言葉だと思われるだろうか？
「もし利己的な人たちがあなたを利用しようとしたら、そんな連中とつきあうことはない。だが、仕返しは考えないことだ。仕返しをしようとすれば、相手を傷つける前に自分が傷ついてしまう」……もしかすると、夢見るような瞳の理想主義者が言った言葉のように聞こえるかもしれないが、そうではない。ミルウォーキーの警察署が発行した公報に載ったものである。
仕返しによってどのように傷つくというのだろう？ 結果はさまざまである。ライフ誌によると、健康を破壊することもあるという。「高血圧症に悩む人々に共通した性格といえ

ば、すぐに他人を恨むことである。他人への恨みが慢性化すれば、慢性高血圧症と心臓病に結びつく」とライフ誌は述べている。

だから、キリストが『自分の敵を愛しなさい』と言ったのは、単に道徳律を説いていただけではなく、二十世紀の医学をも説いていたのだ。「七たびを七十倍するまで許しなさい」と言ったキリストは、高血圧症・心臓病・胃潰瘍・その他の病気の予防法について語っていたのだ。

私の友人の一人が、最近、重い心臓病にかかった。医師は彼女にベッドを離れることを禁じ、どんなことが起きても、決して腹を立てないように命じた。医師たちの常識から言って、心臓が弱っている時には、怒りを爆発させたとたんに死ぬこともありうる。ありるどころか、数年前にもワシントン州スポーケンに住むレストランの経営者は、怒りを爆発させたとたんにあの世行きとなったのである。私の手元には地元の警察署長ジェリー・スワタウトからの手紙がある。「数年前に、当地で喫茶店を経営していたウィリアム・ファルケイバーという六十八歳の男が、激怒に駆られて死を招いた。彼のコックがコーヒーを皿で飲むと言って譲らなかったためである。その喫茶店主は怒りのあまりピストルを手にしてコックを追いかけ、ついに銃を握ったまま心臓麻痺で昇天してしまった。検死官は立腹による心臓麻痺と断定した」

キリストは『自分の敵を愛しなさい』と言った時、いかにすれば私たちの表情が良くなるかについても説いていたのだ。私や皆さんが知っている人々の中にも、憎悪と怨恨のた

13　仕返しは高くつく

めに顔のしわが増え、皮膚がこわばり、せっかくの容貌が台なしになった例があるはずだ。全世界の美容外科も、寛容・親切・愛情の満ちあふれた精神がなくては、その効果は半減してしまうであろう。

憎悪は私たちの食べる楽しみすらも奪ってしまう。聖書にはこう書いてある。「野菜を食べて互いに愛するのは、肥えた牛を食べて互いに憎むのにまさる」

私たちが敵を憎むことによって精力を使い果たし、神経質になり、容貌が衰え、心臓病に冒され、寿命まで縮めていると知ったならば、彼らは手を打って大喜びするのではなかろうか？

たとえ敵を愛することができなくても、少なくとも自分自身を愛そうではないか。せめて私たちの幸福や健康や容貌を敵の支配に委ねなくて済む程度に、自分自身を愛そうではないか。シェイクスピアもこう言っている。

敵のために暖炉を熱しすぎて
おのが身をさぬように

「七たびを七十倍するまで自分の敵を許せ」というキリストの言葉は、堅実な仕事を説く教えでもあった。ここに、スウェーデンのウプサラに住むゲオルグ・ロナから届いた手紙がある。長い間ゲオルグ・ロナはウィーンで弁護士をしていたが、第二次世界大戦中にス

ウェーデンへ逃げれた。一文なしだったので、必死に働かなければならなかった。彼は数カ国語に堪能だったので、どこかの貿易会社で通信事務の仕事をしたいと思った。ほとんどの会社から似たり寄ったりの答えが返ってきた。今は戦争中でそのような仕事を必要としないが、いちおう名前だけは控えておきたい……などと。しかし、ある会社だけは次のような手紙をよこした。「当社の仕事について、あなたは間違った考えを持っているようです。誤っている上に、愚劣です。うちの会社では通信事務員など必要としません。たとえ必要としていても、あなたを雇う気はありません。何しろ、満足なスウェーデン語さえ書けないのですから。あなたの手紙は誤字だらけです」

 ゲオルグ・ロナはその手紙を読んで、ドナルド・ダックみたいに気も狂わんばかりに怒った。このスウェーデン野郎は、字も満足に書けないくせにと言っている! このスウェーデン野郎の手紙だって誤字だらけではないか! そこでゲオルグ・ロナは手紙を書いて、この男をこっぴどく懲らしめてやろうとした。だが、ふと考えて、こうつぶやいた。「しかし、待てよ。この男の言うとおりかもしれないぞ。確かにスウェーデン語を勉強するには、母国語ではないから、どこかで気のつかない間違いをしているかもしれない。だとすれば、就職するためにもっと言葉を勉強する必要があるだろう。そういうつもりではなかったかもしれないが、俺に好意を示してくれたわけだ。やり方が無作法でも、好意には感謝すべきだろう。そうだ、こちらからこの件で礼状を書いてみよう、別の手紙を書いた。
 こうしてゲオルグ・ロナは前の手紙を破り捨てて、別の手紙を書いた。

13 仕返しは高くつく

「通信事務員がご不用にもかかわらず、わざわざお手紙をいただき感謝に堪えません。貴社について誤解した点をおわび申し上げます。貴社が業界で主導権を握っておられるとの噂を耳にしたからです。私は手紙の中で自分の気づかない文法上の誤りを犯したことについて、大変恥ずかしく思っております。今後はいっそうスウェーデン語の勉強に励んで、間違いをなくす努力をしたいと思います。私の今後のためにご忠告をいただき厚く御礼申し上げます」

二、三日後にゲオルグ・ロナが受け取った例の会社からの手紙には、一度お会いしたいとあった。ロナは出かけていき、そのまま仕事にありついた。ゲオルグ・ロナは身をもって「物やわらかな返答は怒りをそらす」ことを知ったのであった。

私たちは聖者と違って自分の敵を愛するのは無理かもしれない。けれども、自分自身の健康と幸福のために少なくとも敵を許し、忘れてしまおう。これこそ賢明というものだ。孔子も言っている。「虐待されようが、強奪されようが、忘れてしまえばどうということもない」。私はアイゼンハワー元帥の令息ジョンに向かって、あなたのお父さんは今までに恨みを抱いたことがあるだろうかと質問したことがある。「いいえ」彼は答えた。「父は一分間といえども、自分の好まない人間のことを考えながら無駄な時間を過ごしたことはありません」

「怒れない人は馬鹿、怒らない人は利口」という古いことわざがある。それはかつてニューヨーク市長を務めたウィリアム・J・ゲイナーの方針と軌を一にしていた。新聞によっ

て激しい非難を浴びた彼は、狂人に狙撃されて瀕死の重傷を負った。病院のベッドで懸命に死と闘いながら、「毎晩、私はあらゆるものを、あらゆる人を許す」と語った。あまりに理想に走りすぎているだろうか？　あまりに優しく明るすぎるだろうか？　そうだとしたら、ドイツの偉大な哲学者で『厭世主義の研究』の著者ショーペンハウエルの意見に耳を傾けよう。彼は人生を無益で苦しい冒険とみなしていた。彼が歩を運ぶたびに、彼の体からは憂つがしたたり落ちた。それでも絶望の深淵からショーペンハウエルは叫んでいる。「できるなら、何びとに対しても憎悪を抱くべきではない」と。

バーナード・バルークといえば、六人の大統領――ウィルソン、ハーディング、クーリッジ、フーヴァー、ルーズヴェルト、トルーマン――から絶大な信頼を寄せられた大統領顧問であったが、私は彼に対して政敵の攻撃に手を焼いたことはなかったかと尋ねたことがある。彼は「誰一人として私を侮辱したり、手を焼かすことなどできないよ。そんなことは私がさせないからね」と答えた。

誰一人として侮辱したり、手を焼かすことはできない、私たちがさせない限り。

棒や石は私の骨を砕くかもしれない。
だが、決して言葉は私を傷つけることはできない。

昔から、人類が尊敬を捧げてきたのは、自分の敵に対して何の悪意も持たないキリスト

のような人であった。カナダのジャスパー国立公園に行くと、私はしばしば西半球で最も美しい一つの山を眺める。この山の名は、一九一五年十月十二日にドイツ弾銃発射隊の前で聖者のように昇天したイギリスの看護師エディス・キャヴェルにちなんだものである。

彼女の罪は？　彼女はベルギーの自宅に英仏の負傷兵をかくまい、看護したあげく、オランダへの逃亡を助けたのであった。その十月の朝、ブリュッセルの軍事刑務所内にある彼女の独房に、イギリスの従軍牧師がやってきて彼女に臨終の用意をさせた時、エディス・キャヴェルが口にした次の言葉は青銅と御影石に今も残されている。「私は愛国心だけでは十分ではないことを切に感じます。何びとに対しても憎悪を抱いてはなりません」。

四年後に彼女の遺体はイギリスに移され、ウェストミンスター寺院で追悼式が行なわれた。私は一年間、ロンドンに暮らしたことがある。国立肖像画美術館の向かい側にあるエディス・キャヴェルの像の前に立ち、御影石に刻まれた不滅の言葉をしばしば読み返した。

「私は愛国心だけでは十分でないことを切に感じます。何びとに対しても憎悪を抱いてはなりません」

自分の敵を許し、忘れてしまう確実な方法は、自分自身よりも限りなく大きな主義主張に夢中になることだ。そうすれば、私たちが出くわす侮辱や敵意など問題ではなくなる。なぜなら、私たちは主義主張以外のものはすべて意に介さなくなるからだ。その一例として、一九一八年にミシシッピの松林で起こったこと、まさに発生寸前までいった劇的な事件を紹介したい。リンチである！　ローレンス・ジョーンズという黒人の教師兼牧師があ

わやリンチを受けるとこころだったのだ。数年前に私はこのローレンス・ジョーンズの創立したパイニー・ウッズ・カントリー・スクールを訪問して、生徒たちの前で話をしたことがあった。この学校は今でこそ全国にその名を知られているが、私が述べようとしている事件は、ずっと昔のことである。それは、人々が神経を高ぶらせていた第一次世界大戦中の出来事だった。ミシシッピ中部には、ドイツ軍が黒人たちを煽動して反乱を起こさせようとしているというデマが飛び交っていた。先に述べたように、リンチされかかったローレンス・ジョーンズは黒人であり、彼の同胞を暴動に駆り立てているという烙印を押された。何人かの白人が教会の外で立っていると、ローレンス・ジョーンズが会衆に向かってこう叫んだというのだ。「人生は戦いである。それに打ち勝つために黒人一人一人が武装し、勇ましく戦わなければならない」

「戦う！」「武装！」これだけで十分だった！

興奮した青年たちは徹夜で駆けまわり、暴徒を集めて教会へ取って返し、牧師の首に縄を巻いて、路上を一キロほど引きまわし、たきぎを積み上げて牧師を立たせ、マッチに火をつけると、絞首刑と火刑を同時に行なう用意をした。誰かがどなった。「焼き殺す前に、罰当たりの説教を聞こうじゃねえか。話をしろ！ 話を！」

ローレンス・ジョーンズはたきぎの山に立ち、首に縄をかけられたまま、自分の人生と信念を賭けて話しはじめた。彼は一九〇七年にアイオワ大学を卒業した。彼の立派な品性、優秀な学業成績、音楽的な才能は、学生仲間はもとより、教職員の間でも評判を呼んだ。

彼は卒業に際して、彼の手腕を期待するホテル業者の申し出や、彼の音楽の才にほれ込んだ大金持ちの申し出を辞退した。なぜか？　彼には見果てぬ夢があったのだ。ブッカー・T・ワシントンの伝記を読んで魂まで揺さぶられた彼は、自分の一生を貧困にあえぐ無学な同胞の教育に捧げようと決心していた。そこで彼は、南部でも指折りの後進地域、ミシッピ州ジャクソンの南方四十キロの地点へ出かけていった。自分の時計を一ドル六十五セントで質に入れ、森の中で切り株を机代わりにして学校を開いた。ローレンス・ジョーンズは激怒に駆られて彼をリンチしようとしている人々に向かって、学校教育とは無縁の少年少女を教育し、立派な農民・工員・コック・主婦に仕立て上げるために、どんなに苦心してきたかを語った。彼はパイニー・ウッズ・カントリー・スクール創立にあたっての苦労をともにした白人たち、彼に土地・木材・豚・牛・金銭を提供して、教育事業発展のために援助を惜しまなかった白人たちにも触れた。

のちになってローレンス・ジョーンズは、路上を引きずりまわしたあげく、絞首刑と火刑を同時に行なおうとした連中が憎らしくはなかったかと質問された時、自分の大義のために精一杯で——自分のことより大きな問題に無我夢中で、憎んでいるひまなどなかったと答えた。「私には他人と論争する時間も、後悔する時間もない。また、どんな人の力をもってしても私に屈辱感を与え、憎悪を植えつけることはできない」

ローレンス・ジョーンズが真心を込めて聴衆の胸に訴え、自分自身のためではなく大義のために熱弁をふるうのを聞いて、いつしか暴徒たちの態度は和らいでいた。ついに、群

衆の中にいた南軍の元兵士が口火を切った。「この男の言っていることは本当だ。この男が名前を挙げた白人たちは、わしの知り合いだ。この男は立派な仕事をしている。わしらは誤解していたのだ」。殺したりせずに、助けねばならんのだ」。南軍の元兵士は自分の帽子を群衆にまわして、パイニー・ウッズ・カントリー・スクールの創立者を処刑しようと集まった人々から、五十二ドル四十セントの寄付金を集めた。「私には他人と論争する時間も、後悔する時間もない。また、どんな人の力をもってしても私に屈辱感を与え、憎悪を植えつけることはできない」と説いた人のためであった。

エピクテトスは千九百年も昔に、我々は自分のまいたものを刈り取る、そして運命は我々の悪事に対しては災いで報いると語っている。「結局のところ、人間は誰も自分の過ちに対して償いをさせられる。このことをよく知る人間は、誰にも腹を立てず、誰をも恨むこともなく、誰の悪口を言うこともなく、誰をも非難せず、誰をも不快にすることなく、誰をも憎まないであろう」

おそらくアメリカ史上、リンカーンほど非難を浴び、憎まれ、裏切られた人物はいないであろう。しかし、ハーンダンの不朽の伝記によれば、リンカーンは「他人を好き嫌いによって判断しなかった。あることを成し遂げねばならない時には、政敵の力を借りることもありうるということが、彼にはわかっていた。ある人がリンカーンのことを悪く言い、個人攻撃をした場合でも、その男が最適任であれば、彼をその地位につけ自分の友人と何ら差別しようとはしなかった。自分の政敵だからとか、自分の気に入らないからという理

由で彼が他人を解任したことはなかったろう」

リンカーンを非難し、侮辱したのは、彼自らの手で高官の地位を与えた人々——マクレラン、スワード、スタントン、チェイスなどであった。リンカーンの法律顧問だったハーンダンによれば、それでもなおリンカーンの信念は変わらなかった。「人間を賞賛する際に、その人の業績を基準にしてはならない。さらにその人のしたこと、あるいはしなかったことを非難の対象にすべきではない。なぜかと言えば、我々人間は皆、その場の事情・境遇・周囲の状況・教育・身についた習慣・現在から未来にかけて人間を形成する遺伝子などが生み出した産物なのだ」

おそらくリンカーンの信念は正しいであろう。もし私たちが敵とまったく同じ肉体的・精神的・情緒的特質を受け継いでいたら、そして、人生が敵に及ぼした作用を私たちにも及ぼしていたなら、私たちは彼らとまったく同一の行動をするに違いない。違った行動はしないはずだ。寛大な気持ちになって、スー族インディアンの祈りを復唱してみよう。「おお偉大なる神よ、二週間の間あの男のモカシン靴を履いて歩きまわるまでは、彼に対する判断と批判を私に禁じたまえ」。つまり、私たちは自分の敵を憎む代わりに彼らの立場に立ってみた上で、私たちの人生が彼らのような人生でなかったことを神に感謝しよう。敵に非難や恨み事を浴びせるのではなく、彼らのために理解し、同情し、援助し、許し、祈ろうではないか。

私の育った家庭では毎晩、聖句を読むか聖書の一節を復唱したあと、ひざまずいて「家

庭の祈り」を唱えるのが常だった。今でも私の耳の底には、わびしいミズーリの農場で聖書の一節を繰り返す父の声が聞こえる。それは人間が理想を持ち続ける限り唱える言葉とも言えよう。「あなたの敵を愛しなさい。あなたを憎む者に善を行ないなさい。あなたを呪い、侮辱する者のために祈りなさい」

 私の父は、これらのキリストの言葉をもって実践しようと努めた。そのおかげで父は、この世の将官や王侯でも探し当てられない心の安らぎを手に入れることができたのだった。

 人間に幸福と平和をもたらす心構えを身につけるために、第二の鉄則を肝に銘じてほしい。

● **仕返しをしてはならない。敵を傷つけるよりも自分を傷つける結果となるからだ。私たちはアイゼンハワーの態度を見習おう。つまり、嫌いな人について考えたりして、一分間たりとも時間を無駄にしないことだ。**

14 恩知らずを気にしない方法

最近テキサスで、恩知らずな人に腹を立てている実業家に出会った。彼に会ったら十五分もしないうちに必ずその話を聞かされると注意してくれる人もいたが、果たしてそのとおりであった。怒りの原因は十二カ月も前に起こったことなのに、彼はいまだに憤慨していた。誰かれを問わず、その話をせずにはいられなかった。彼は三十四人の従業員に対して総計一万ドル、一人当たり約三百ドルのクリスマス・ボーナスを支給したのに、誰一人として彼に礼を言わなかったという。彼は吐き捨てるように「びた一文やらなけりゃあよかった！」と言った。

「怒れる人は毒に満つ」と孔子は言ったが、この男は全身毒だらけの状態だったので、私にはむしろ男の哀れさが身にしみた。年の頃は六十歳前後であった。生命保険会社の統計によれば、私たちに残された寿命は八十から現在の年齢を引いた数の三分の二強となって

いる。だからこの人も運がよければ、あと十四、五年は生きられるであろう。だのに彼は、すでに消え去った過去の出来事について憤慨し、後悔しながら残された歳月の一年近くを無駄にしてしまったわけである。私には彼が哀れでならない。
憤慨と自己憐憫にふける代わりに、彼はなぜ少しも感謝されなかったのかを、まず自問すべきであった。従業員たちにすれば、給与水準が低いのに仕事がきつかったのかもしれない。彼らはクリスマス・ボーナスを贈り物ではなく、賃金の一部とみなしたのかもしれない。その人があまりにも口やかましく近づきにくいので、誰一人として礼を言う気にならなかったのかもしれない。従業員たちは、どうせ利潤は税金として巻き上げられるのだからボーナスとして支給したのだと考えたかもしれない。
もっとも、従業員たちが利己的で、卑屈で不作法だったかもしれない。私にしても詳しい事情を知っているわけではない。他にもいろいろと考えられるであろう。私が知っていることといえば、サミュエル・ジョンソン博士が「感謝の心はたゆまぬ教養から得られる果実である。それを粗野な人々の中に発見することはない」と指摘している事実である。
私が言いたいのはこの点である。この男は人間にありがちな痛ましい過ちを犯して、感謝を期待したのだ。彼は人間の天性を知らなかったと言ってもよい。
あなたが一人の人間の命を救ったとする。あなたは自分が感謝されて当然だと思うだろうか？ たぶんそう期待するであろう。ところが、有名な刑事弁護士を経て判事となったサミュエル・レイボウィッツは、七十八人の人々を電気椅子から救った！ そのうちの何

人が彼に感謝の気持ちを述べるなり、クリスマス・カードを送ってよこしただろうか？ちょっと考えていただきたい。……そのとおり、一人もいなかった。

キリストは、ある日の午後、十人のらい病患者を癒した。だが、そのうち何人が彼に礼を言っただろうか？　たった一人であった。「ルカによる福音書」で確認していただきたい。キリストが弟子たちに「他の九人はどこにいるか？」と尋ねた時、彼らは皆、逃げてしまっていた。一言の礼も言わずに姿を消してしまった！　そこで皆さんに質問したい。私たちにしてもテキサスの実業家にしても、自分たちの些細な好意に対して、果たしてイエス・キリストが受けた以上の感謝を期待してもよいのだろうか？

さらに、これに金銭がからむとどうなるか？　もっと期待薄となる。チャールズ・シュワップの話によると、彼がかつて助けた銀行の出納係は、銀行の公金を横領して株式相場に注ぎ込んでいたという。シュワップが金を立て替えてやったので、この男は刑務所行きを免れたのだった。その出納係は感謝しただろうか？　確かにその当座は感謝したけれども、やがてシュワップに反抗的となり、陰口を言っては自分の刑務所行きを救ってくれた男を非難するようになった！

あなたが親戚の誰かに百万ドルをあげたら、その人はあなたに感謝し続けるだろうか？　アンドリュー・カーネギーの場合がそうだった。しかし、カーネギーがしばらくして墓場から戻ったとしたら、この親戚が自分の悪口を言うのを聞いて肝をつぶしたに違いない！　悪口の理由？　カーネギー老人は慈善事業に三億六千五百万ドルも寄付したのに、自分に

PART 4 ✣ 平和と幸福をもたらす精神状態を養う方法　198

は「わずか百万ドルのはした金しかくれなかった」というのが彼の言い分なのだ。もっともな話ではないか？　人間の天性とは、しょせん生来の性質であり、一生を通じて変わらないのであろう。だから、それを受け入れるしかあるまい？　ローマ帝国の支配者のうちで傑出した賢者といわれるマルクス・アウレリウスにならって、現実的な考え方をしようではないか。彼はこんな日記を残している。「私が今日これから会おうとしているのは、おしゃべりで、利己的で自己中心的で、恩知らずの人間どもだ。だが私は別に驚きもせず、困ってもいない。そんな連中のいない世界など想像できないのだから」

何という名言であろう。　私たちが恩知らずな人に　ついて不平を言うとして、いったい誰を非難すべきだろうか？　人間の天性だろうか、それとも人間の天性を知らない私たちなのだろうか？　感謝など期待しないでおこう。そうすれば、たまたまほんの少し感謝されただけでも、望外の喜びというものだ。また感謝されなくても、別にいらいらすることもない。

私が強調したい第一のポイントはここにある。人間は生まれつき感謝を忘れやすくできている。だから絶えず感謝を期待していることは、自ら進んで心痛を求めていることになる。

私はニューヨークの女性で、いつも不満顔で孤独を訴えている人を知っている。親戚は

誰も彼女に近づこうとしない——当然なことではないか。決まって彼女が幼少時代の姪にどれほど尽くしたかという話を長時間聞かされる。はしかやおたふくかぜや百日咳にかかった姪たちを手厚く看護した話。彼女らを長い間、同居させてやった話。姪の一人をビジネス・スクールに通わせた話。もう一人の姪が結婚するまで親代わりとなって面倒を見た話……。

姪たちは彼女に会いに来るだろうか？　ええ、時々、義務として。しかし彼女らにとってこの訪問は気が重い。彼女らは半ば非難めいた話を何時間聞かされ、不平と自己憐憫のため息に相づちを打たされることがわかっているからだ。そしてこの女性は、いじめた発作を起こすのだ。威張ったりしても効果のないことを知ると、「伝家の宝刀」を抜く。心臓

心臓発作は本物だろうか？　もちろんだ。医師は彼女が「心臓神経症」にかかっており、心悸亢進が見られると言った。だが彼女の発作は情緒的なものであり、医師には手当のしようがないという。

この女性が真に望んでいるのは愛情と思いやりである。けれども、彼女はそれを「感謝」と呼んでいる。そして彼女は、それを自分のほうから要求する限り、感謝も愛情も得られないであろう。彼女はそれを自分の権利と考えているからだ。

世間には彼女と同様、忘恩や孤独や無視に苦しむ女性が無数にいる。彼女たちは愛に飢えている。しかし、この世で愛される唯一の方法は、自分から愛を要求しないことであり、

PART 4 ✤ 平和と幸福をもたらす精神状態を養う方法　　200

返礼を期待せずに愛情を振りまきはじめることなのだ。

これは、あまりに現実離れした観念的な理想主義ではない。むしろ世間の常識であろう。私たちが探し求める幸福を発見する秘訣でもある。決してそうではない。むしろ世間の常識であろう。私たちが探し求める幸福を発見する秘訣でもある。私は自分の家庭内でそれを実感したからよく分かる。私の両親は他人を助けるのが好きだった。いつも借金で首がまわらないくらい貧乏だったけれども、両親は毎年必ず孤児院宛てに寄付金を贈った。孤児院はアイオワ州カウンシル・ブラフスにあるクリスチャン・ホームだったが、両親は一度も訪ねたことはなかった。手紙を別にすれば、両親は誰からも礼を言われたことがないだろう。しかし、彼らは十分に報われた。何の返礼も期待せずに幼い子供たちを助けているという喜びがあったからである。

私は家を離れて以来、クリスマスには必ず両親宛てに小切手を送って、たまには贅沢をしてほしいと頼んだ。だが、両親はほとんどその頼みを聞いてくれなかった。私がクリスマス前に帰省すると、いつも父は、たくさんの子供を抱えながら食べ物や燃料を買う金にも事欠く町の未亡人に、石炭や食料を買ってあげた話をした。このような贈り物をしながら、両親ははかり知れない喜びに――何らの報酬も期待せずに与える喜びに――ひたっていた！

アリストテレスの言う理想人――とは、私の父のような人ではあるまいか。アリストテレスは言っている。「理想人は他人に好意を施すことから喜びを得る」

14　恩知らずを気にしない方法

本章で強調したい第二のポイントがここにある。幸福を発見したいと願うなら、感謝とか恩知らずなどと考えずに、与えるという内面の喜びのために与えるべきである。

一万年前から、親は子の恩知らずぶりに憤慨し続けてきた。シェイクスピアのリア王でさえ、「感謝することを知らぬ子を持つのは、ヘビの歯でかまれるよりも苦しい」と叫んでいる。

しかし、なぜ子供たちは感謝しなければならないのだろうか——親がそのようにしつけもしないのに？　むしろ感謝しないほうが、雑草のように自然なのだ。感謝とは、いわばバラの花のようなもので、肥料や水を施し、育み、愛し、保護してやらねばならないのだ。もし私たちの子供が恩知らずだとしたら、誰を非難すべきか？　たぶん、私たち自身だろう。私たちが他人に感謝することを教え込まなかったとしたら、子供たちに感謝してもらえるはずがないではないか？

シカゴにいる私の知人は、むしろ連れ子の恩知らずぶりに文句をつけて当然と思われる。彼は製函工場で汗水たらして働いていたが、週に四十ドル稼ぐのが精一杯だった。彼はある未亡人と結婚した。彼女は夫を説得して借金させ、成人した二人の連れ子を大学へ入れた。彼は週給四十ドルの中から食費・家賃・光熱費・衣料費に加えて、借金の利子まで支払わなくてはならなかった。彼はこれを四年間も続け、苦力のように働いたが、一言の不平も言わなかった。

彼は感謝されただろうか？　とんでもない。　彼の妻はそれを当たり前のことだと考えた。子供たちはなおさらだった。彼らには、すべてが義父のおかげであることなど思いもよらなかった。感謝など論外であった。

　誰を非難すべきであろうか？　連れ子たちだろうか？　そうだ。だが、もっと非難されてよいのは母親であろう。彼女は息子たちの将来に「債務の念」を植えつけるのは恥辱だと考えた。息子たちを「借金を背負って出発」させたくなかった。そこで彼女は口が裂けても「お前たちを大学に入れてくれるなんて、お父さんは本当に素晴らしい人だよ」と言う気はなかった。「あんなことぐらい何でもないんだよ」という態度をとった。

　彼女にしてみれば息子たちの将来を思ってのことだったが、現実には、息子たちを世間に送り出す時に、世間に甘えても生活していけるという危険な考え方を植えつけてしまった。これは危険このうえない考え方だった──息子の一人は雇い主から「借金」しようとして、刑務所行きとなったのである！

　子供は家庭での育て方次第であることを忘れてはならない。たとえば、ミネアポリスに住む叔母のヴァイオラ・アレクサンダーは、子供たちの恩知らずぶりにも不平を言うそぶりすら見せなかった婦人の典型であった。私が子供の頃、叔母は生みの母を引き取り、心を込めて世話をした。そして、彼女は夫の母に対しても同じことをしたのである。目を閉じると今でも、この二人の老婦人が叔母の家の暖炉を前にして座っていた光景が浮かんでくる。叔母にとって二人は「厄介者」だったろうか？　時にはそうだったかもしれない。

だが、叔母はそんなそぶりを見せたことがなかった。彼女は二人の老婦人を愛していた——だから、二人のわがままを許し、甘やかし、くつろげるようにしてやった。しかも叔母には六人の子供があったが、二人の老婦人を引き取ったことについて、特に立派なことをしているとか、めったに真似のできないことだとか考えたことはなかった。彼女にとっては自然なこと、当たり前のこと、自ら進んでしたことだったのである。

ヴァイオラ叔母さんは今どうしているだろうか？ 彼女はすでに二十年ほど未亡人暮らしをしており、五人の子供は成人して独立しているが、それぞれ母親の面倒を見たがったり、自宅に引き取りたがって争っている。彼らは母親を熱愛しており、彼女のことになると際限がないのだ。「感謝」の念からだろうか？ ナンセンス！ 愛、純粋な愛以外にはない。これらの子供たちは幼い時代に人間の温かさと優しい人間愛を吸って育った。立場が逆転した現在、子供たちが愛を返したとしても不思議はないだろう。

そこで感謝の念を子供に植えつけるためには、私たちがまず感謝の気持ちを持つ必要があることを覚えてほしい。「子供は早耳」ということわざを思い出して、言葉に気をつけよう。

たとえば、子供のいる前で他人の親切にけちをつけたくなったら、すぐに口を閉じよう。「スーちゃんがクリスマスに送ってくれたこの布巾だけどねえ、あの子が自分で編んだものだよ、きっと。一セントもかかっていないよ！」などと、決して口を滑らせてはならない。こんな意見は私たちにとって何でもないことかもしれないが、子供たちは聞き耳を立てて

PART 4 ✤ 平和と幸福をもたらす精神状態を養う方法　204

いる。だから、こんなふうに言えばよいのだ。「スーちゃんはずいぶん時間を使っただろうねえ、このクリスマスの贈り物をつくるのにさ！　なかなか気のつく子だよ。すぐにお礼の手紙を書かなけりゃ」。こうすれば、子供たちは知らず知らずのうちに賞賛と感謝の習慣を身につけるであろう。

恩知らずについて憤慨したり、心を痛めたりしないための第三の鉄則を掲げよう。

- A 恩知らずを気に病む代わりに、むしろ恩知らずを予期しよう。キリストは一日に十人のらい病患者を癒したが、キリストに感謝したのはただ一人だけだったことを思い出そう。キリストが受けた以上の感謝を期待するのは無理ではあるまいか？
- B 幸福を見つける唯一の方法は、感謝を期待することではなく、与える喜びのために与えることである。
- C 感謝の念は後天的に「育まれた」特性であることを思い出そう。だから、子供に感謝の念を植えつけるためには、感謝の念を持つように子供に教えなければならない。

15 百万ドルか、手持ちの財産か

ハロルド・アボットとは久しい以前からの知り合いである。彼はミズーリ州ウェブ・シティーに住んでいるが、かつては私の講演旅行のマネジャー役を務めてくれた。ある日、彼と私はカンザス・シティーでばったりと出くわし、彼は私をミズーリ州ベルトンにある私の農場まで送ってくれた。その途中、どのようにして悩みを閉め出しているのかという私の質問に対して、終生忘れることができないほどの感動的な話をしてくれた。

「以前はよく悩んだものだった。ところが、一九三四年のある春の日にウェブ・シティーの通りで、ある光景を目撃したおかげで私の悩みは一掃された。わずか十秒間の出来事だったが、その間に自分の生き方について過去の十年間よりも多くのことを学んだのだ。

二年ほどウェブ・シティーで食料雑貨店を経営したが、貯金もはたき、借金を背負い込んでしまい、その返済に七年もかかった。すでに一週間前の土曜日に店をたたんでいた私

は、カンザス・シティーへ職探しにいく費用を借りようと銀行へ足を向けていた。私の足どりは、いかにも打ちひしがれた様子であった。まさに精も根も尽き果てていた。

　その時、不意に、通りの向こうから、両足のない男がやってくるのが目に入った。彼はローラー・スケートの車輪を取りつけた小さな木の台に座っていた。彼は両の手に握った木の杖で勢いをつけながら通りを進んできた。彼が通りを横断した直後、歩道へ上がるために自分の体を五、六センチ持ち上げて、小さな木の台をある角度に傾けた瞬間に視線が合った。彼はにっこり笑いながら、私に挨拶した。『おはようございます。今朝はよく晴れましたねぇ』彼の声には生気がみなぎっていた。私はその男の姿を見守っているうちに、自分がどれほど恵まれているかを悟った。私には二本の足がある。歩くこともできる。自分を甘やかしていることが恥ずかしかった。この男は両足がなくても幸せそうに、快活に、自分に言い聞かせた。自信ありげにしていられるというのに、両足のある私にできないはずがないと、自分に言い聞かせた。

　いつの間にか勇気が湧いてきた。最初は銀行から百ドルを借り出すつもりだったが、思い切って二百ドル借りることにした。最初はカンザス・シティーへ行って職探しをしてみたいというつもりだったが、カンザス・シティーへ行けば仕事が待っていると自信を持って断言することができた。首尾よく金を借りて、仕事を手に入れた。

　私は今でも次の言葉を浴室の壁に貼りつけている。そして、毎朝ひげを剃るたびに、それを読むことにしている——

「靴がないとしょげていた両足もがれたその人に通りで出会うその前は」

エディー・リッケンバッカーといえば、仲間たちと二十一日間も救命ボートの上で、助けを求めて太平洋を漂流した男だが、私は彼にあの時に学んだ最大の教訓は何であったかと聞いてみた。「あの体験から学んだ最大の教訓は、飲みたい時に飲める新鮮な水と食べたい時に食べられる食料さえあったら、それ以上に文句を言うべきではないということさ」

タイム誌にガダルカナルで負傷した一軍曹の話が載っていた。彼は砲弾の破片でのどをやられ、七回も輸血を受けた。医師と筆談で「命に別条はないか?」と尋ねた。医師は「イエス」と答えた。「声は出るだろうか?」。再び「イエス」という答えが返ってきた。すると、彼はもう一度ペンを手にした。「それなら、私はいったい何を悩んでいるのだろう?」

皆さんもちょっと手を休めて、「私はいったい何を悩んでいるのだろう?」と自問してみてはどうだろう? そんな心配など、どちらかと言えば取るに足りないことだとわかるはずだ。

私たちの人生を彩るさまざまな事象のうち、およそ九十パーセントは正しく、十パーセントは誤りである。幸福を願うのなら、やり方としては、正しい九十パーセントに力を集中し、誤った十パーセントは無視すればよい。もし苦悩と悲惨を願い、胃潰瘍になりたい

PART 4 ✣ 平和と幸福をもたらす精神状態を養う方法　208

のなら、誤った十パーセントに力を集中し、栄光に満ちた九十パーセントを無視すればよい。

イギリスのクロムウェル派教会の多くには、「考え、そして感謝せよ」という言葉が刻まれている。この言葉を私たちの心にも刻み込まねばならない。私たちは感謝しなければならない全部のものについて考え、私たちの利益や恩恵すべてに対して神に感謝すべきである。

『ガリバー旅行記』の作者ジョナサン・スウィフトは、イギリス文学史上で最も徹底した厭世主義者であった。この世に生まれたことを嘆き悲しむあまり、自分の誕生日には喪服をつけて断食した。しかし、絶望にとらわれてもなお、健康の原動力とも言うべき快活さと幸福とを賛美した。彼は言う。「世界一の名ドクターは、食事ドクターと静寂ドクター、そして陽気ドクターだ」

私たちは自分の持っている信じがたい財産――アリ・ババの宝物すら足元にも及ばないほどの財産――を見直すだけで、毎日好きな時間に「陽気ドクター」の無料奉仕にあずかることができる。あなたは両目を十億ドルで手放す気があるだろうか? あなたの両足と何かを交換したいと思うだろうか? 両手は? 聴覚は? 子供は? 家族は? あなたの財産を合計してみよう。そうすれば納得できるはずだ。たとえロックフェラー、フォード、モルガンという三大財閥の金塊すべてを積まれても、自分の持ち物を売り払う気にはなれないことが。

だが、私たちにはこれらの真価がわかっているだろうか？　残念ながらわかっていない。ショーペンハウエルが「我々は自分に備わっているものをほとんど顧慮せずに、いつも欠けているものについて考える」と言ったが、確かに「自分に備わっているものをほとんど顧慮せずに、いつも欠けているものについて考える」傾向こそ、地上最大の悲劇やあらゆる戦争や疾病に劣らないであろう。おそらく不幸をもたらすという点では、歴史上のあらゆる悲劇に劣らないであろう。

そのためにジョン・パーマーは「世間並みの人間から年寄り臭い不満家」に変わり、あわや自分の家庭を台なしにするところであった。私は彼自身の口からその一部始終を聞いている。

パーマー氏はニュージャージー州パターソンに住んでいる。「軍隊から帰って間もなく、私は自分で商売をはじめました。昼も夜も仕事に精を出し、すべては順調でした。ところが、困ったことが起きました。部品や材料が手に入らなくなったのです。私が恐れたのは商売が続けられなくなることでした。悩みのために、私は世間並みの人間から年寄り臭い不満家に変わりました。陰気で怒りっぽくなり、当時は気づかなかったのですが、もう少しで幸福な家庭まで失うところでした。ところが、ある日、私のところで働いていた若い傷痍軍人が私にこう言うのです。『なあジョニー、あんたは恥ずかしくないのか。あんたは、苦労しているのは世の中で自分一人だと思い込んでいるんだろう。万一しばらく店を閉めなきゃならなくなったとしても、それがどうしたというんだ？　景気がよくなったらまた

再開できるじゃないか？　あんたなんか、とても運のいいほうだぜ。だのに、いつも文句ばかりだ。俺なんか、あんたと代わりたいくらいだよ！　俺を見てくれ、腕は一本しかないし、顔の半分は砲弾で吹っ飛んだが、ぶつぶつ言ったことがあるかい？　いい加減で愚痴や不平不満と縁を切らないと、商売はもちろん、健康も家庭も友達も全部なくしてしまうぜ！』

この言葉で私は正気を取り戻しました。私はその場で、以前の自分に立ち返ろうと決心し、——そしてそれをやり遂げました」

私の友人ルシール・ブレイクは悲劇の瀬戸際に立っておののいた時に、はじめて自分に欠けているものについて悩むことをやめ、自分の持っているもので満足することを学んだ。私がルシールに出会ったのはだいぶ前になるが、ちょうど我々はコロンビア大学新聞学部で短編の書き方を学んでいた。彼女はそれより数年前のアリゾナに住んでいた頃、まさに命の縮むような体験をしていた。彼女の話は次のとおりである。

「私は目のまわるように忙しい毎日を送っていました。アリゾナ大学ではオルガンを習い、町では話し方教室の指導をし、下宿していたデザート・ウィロウ牧場では音楽鑑賞のクラスを開いたりして。パーティーやダンスに行ったり、馬で夜間の遠乗りしたこともありました。ある朝、私は卒倒しました。心臓のためです！『一年間はベッドで絶対安静が必要だ』と医者は言いました。

一年間のベッド生活！　もはや再起不能で、死ぬかもしれない！　私はまるで恐怖のと

りこでした！　どうしてこんなことになったのか？　なぜこんな罰を受けなくてはならないのか？　出てくるものは悲嘆の涙ばかり。私は気が高ぶり反抗的になったけれども、医者の言うとおりにベッドで寝ているしかありませんでした。近所に住んでいた画家のルドルフさんが私を励ましてくれました。『あなたは一年間のベッド暮らしを悲劇だと考えているらしいが、そうでもないよ。考える時間がたっぷりあるから、自分についてさらに認識できる。精神的な成長という面では、これからの数カ月間に今までの人生で得たもの全部よりも大きな効果が得られるんだ！』。私はやや落ち着きを取り戻して、新しい価値観を身につけようとしました。心の糧となる本も読みました。ある日、ラジオで誰かが『人間が表現できるのは、自分が意識しているものだけだ』と言うのを聞きました。これと似たような言葉は何度となく聞いたような気がしますが、この時はじめて胸の奥に落ち、根を下ろしました。私は自分に生きる楽しさを与えてくれるものだけを考えよう、つまり喜びと幸福と健康だけを考えようと決心しました。毎朝目を覚ますと同時に私は感謝を捧げるべきことすべてを考えようとしました。苦痛のないこと。かわいく若い娘であること。目の見えること。耳の聞こえること。ラジオから流れる美しい音楽。読書の時間。おいしい食事。親友たちのこと。私がすっかり陽気になり、見舞客があまりに多くなったので、医者の指示によって見舞客は一定の時間に一人ずつ病室に入ることという掲示が出たほどでした。

　あれから何年もたって、私は今こうして充実した生活を送っています。今でもあの一年

間の病床生活を感謝しています。あれこそアリゾナで過ごした最も貴重な一年でした。毎朝、自分の恵まれた点を数え上げるという当時の習慣は今でも続けています。これは私の貴重な財産の一つです。死が近づいてくる恐怖感を味わうまで本当に生きるという意味を知らなかった自分がとても恥ずかしい」

ルシール・ブレイクが学んだことは二百年ほど前にサミュエル・ジョンソン博士が学んだのと同じ教訓なのだ。ジョンソン博士の言葉にはこうある。

「あらゆる出来事の最も良い面に目を向ける習慣は、年間一千ポンドの所得よりも価値がある」

注意していただきたい。この言葉は定評ある楽天主義者の口から出たものではなく、二十年間にわたって不安、ぼろの服、飢えを体験し、ついに最も有名な作家の一人となり、古今随一の座談の名手と評された人物の言葉なのだ。

ローガン・ピアソール・スミスの名言は次のように簡潔である。「人生には目標とすべきものが二つある。第一は自分の欲するものを手に入れること、第二はそれを楽しむことである。数ある人間のうちでも、第二のことを実践できるのは賢者だけでしかない」

台所での皿洗いでさえスリルに富んだ体験に変えることができると言ったら、興味を持っていただけるだろうか？ もし興味がおありなら、ボーギルド・ダールの名著『私は見たかった』という本を読むとよい。それははかり知れない勇気と感謝を与えてくれるに違いない。

著者は、五十年間も盲人同様に過ごしてきた女性である。「私には片目があった。だが、その目にも深い傷跡がついていて、左の目尻にある小さな隙間からしか物を見ることができなかった。本を読むといっても、本を顔にぴったりとつけて目の筋肉を引き締め、眼球をできるだけ左のほうに寄せることが必要だった」

「けれども彼女は他人の同情、特別扱いされることを拒んだ。子供の頃、彼女はよその子供たちと石蹴り遊びをするのが好きだったが、印が見えない。そこで他の子供たちが帰ってしまってから、地面に腹ばいになって印をつけてまわった。彼女は自分たちが遊んだ場所の隅々までしっかりと覚え込んでしまい、かけっこをしても負けなかった。家で本を読む時には、大きな活字の本を自分の目にできる限り近づけ、まつ毛がページに触れるほどだった。彼女はミネソタ大学の文学士とコロンビア大学の文学修士という二つの学位を得た。

彼女はミネソタ州のツイン・バレーという寒村で教職生活に入り、最後には、サウスダコタ州スー・フォールズにあるオーガスタ・カレッジの新聞学と文学の教授となった。彼女は十三年間の教職生活の他に、さまざまな書物や作者について女性の同好会で講演したり、ラジオで話したりした。「私の心の裏側には絶えず全盲になりはしないかという恐怖が潜んでいた。これを克服するために、私は人生に対して快活というよりも陽気な態度で立ち向かった」と彼女は記している。

やがて一九四三年、彼女が五十二歳を迎えた時に奇跡が起こった。かの有名なメイヨー

診療所での手術によって、彼女は以前の四十倍も見えるようになったのだ。新鮮で心の躍る美の世界が開けた。台所での皿洗いすら彼女にとってはスリルに富んだものとなった。彼女はこう書いている。「私は白いフワッとした洗剤とたわむれはじめる。手を入れて、小さな洗剤の泡をすくい上げる。その泡を光にかざすと、その一つ一つの中に小さな虹の美しい輝きを見ることができる」。また彼女は、台所の流し台の上の窓から「降りしきる雪の中を、灰色の雀が羽ばたきながら飛んでいく」のを見たとも書いている。

洗剤の泡や雀を見て、これほどまでに感激した彼女は、著書の最後を次のように結んでいる。『神様』。私は小声で申します。『天にいます我らの父よ、私はあなたに感謝いたします。私はあなたに感謝いたします』」

神に感謝を捧げよう。皆さんは皿を洗うことだって、泡の中の虹や雪の中を飛ぶ雀だって見られるのだから。

私たちは自分を恥じてもいい。私たちは明けても暮れても美しいおとぎの国に住みながら、目をふさいで見ようともせず、見飽きているためそれに喜びを感じないのだ。

悩みを解消して新しい生活をはじめたい人のために第四の鉄則。

● **厄介事を数え上げるな、恵まれているものを数えてみよう。**

16 自己を知り、自己に徹する

ノースカロライナ州マウント・エアリーに住むオールレッド夫人から次のような手紙をいただいた。「子供の頃、私は非常に神経質で、はにかみ屋でした。肥満児だった上に頬がふくれていたので、いっそう太って見えました。母は昔気質で、服装に気を遣うのは馬鹿げていると思い込んでいました。『大きい服は着られるけれど、小さい服は破けてしまう』が母の口癖であり、私の服装もその方針どおりでした。私は一度もパーティーへ行ったこともなく、楽しい思いをしたこともありません。学校へ通うようになってからも、皆と一緒に野外活動をしたり、運動をしたことさえなかったのです。私は病的なまでに内気で、自分は、他人とは『別』なのだ、嫌われ者なのだと決めていました。

私は成人してから少し年長の男と結婚したのですが、あまり変わりませんでした。夫の親戚には、物静かな自信家が揃っていました。彼らこそ、私がそうありたかった、けれど

もそうはなれなかった人たちでした。何とか彼らのようになりたいと努力しましたが、私には不可能でした。彼らが私を自分の殻から引き出そうとすればするほど、私は身を潜めてしまいました。

それが高じると、玄関のベルの音さえ怖がるようになりました。私は神経質になり、いらいらしました。友達から逃げました。自分ではそれがわかっていました。それが夫に気づかれないかと心配でした。私は出来損ないでした。自分の前では快活そうにふるまい、過度の演技をしました。自分の演技を承知していただけに、そのあとの何日間かはみじめな思いで過ごしました。とうとう不愉快でたまらなくなり、これ以上生きていても無駄なように思えてきて、自殺を考えるようになりました」オールレッド夫人の話は続く。

何がこの不幸な婦人の人生を変えたのだろうか？　それはふとした言葉であった！

「ふとした言葉が私の人生を変えたのです。夫の母が、自分の子供たちをどのように育てたかという話をしながら、こんなことを言いました。『どんな場合でも自分らしくふるまうようにと強調してきたのよ』……『自分らしくふるまう』『……この言葉がきっかけでした！　自分らしくふるまう』……今までの不幸の原因はすべて、順応できない型の中へ自分自身をはめ込もうとしていた点にあったのです。

その瞬間に私は理解しました。

私はその夜のうちに変身しました！　自分らしくふるまいはじめました。自分の個性というものを研究し、自分らしさを発見しようと努めました。自分の長所を考察し、色彩や体型について自分に適したものを学び、自分で似合うと思った服装をしました。積極的に

217　16　自己を知り、自己に徹する

友達をつくり、あるサークルに──最初はほんの小さなものだが──参加したのですが、自分の名前がはじめてプログラムに載った時にはびっくりしてしまいました。けれども、皆の前で話をするたびに想像できなかったほどの幸福感にひたっています。長い道のりでしたが、今日では以前に想像できなかったほどの幸福感にひたっています。自分の子供を育てる際にも、いつも自分の苦しい体験から学んだ教訓を話して聞かせます。どんな場合でも、いつも自分らしくふるまうのよ！」

ジェイムズ・ゴードン・ギルキー博士によれば、自分らしくふるまうという問題は「歴史とともに古く、人間生活と同じように普遍的である」という。自分らしくふるまわないことこそ、さまざまな神経症・精神異常・感情抑圧の潜在原動力となっている。アンジェロ・パトリは子供の教育について十三冊の書物と数多くの新聞記事を著しているが、彼の持論によれば、「最も悲惨な人間は自分の肉体と精神を捨てて、別の人間や動物になりたいと願う人である」

この自分以外のものになりたいという憧れは、ハリウッドでことのほか蔓延している。ハリウッドの名監督であるサム・ウッドは、野心的な若い俳優たちに自分らしさを磨き上げるように教えることが、何よりも厄介な仕事だと述べている。彼らは揃ってラナ・ターナーの二流品、クラーク・ゲイブルの三流品になりたがる。「大衆はすでにあの妙味を知っている。今度は何か別の味を望んでいるのだ」。サム・ウッドは口を酔っぱくして彼らに説き続けているのである。

ウッドは、『チップス先生さようなら』『誰がために鐘は鳴る』などで映画監督をする前に何年か不動産売買で暮らしを立てていたので、セールスマンの勘どころは心得ている。彼はビジネスの世界にも、映画界にも同じ原理が当てはまると断言する。猿真似は通用しないのである。決してオウムになってはならない。サム・ウッドは言う。「私の経験によると、最も安全なやり方は、本来の自分でないものを装っている連中を、できるだけ早く首にすることである」

ポール・ボイントンは当時ある大手の石油会社の人事担当重役だったが、私は彼に就職希望者の犯す最大の誤りは何かと聞いてみたことがある。彼なら知っているに違いない。彼が面接した求職者は六万人を数え、『仕事を得るための六つの方法』という彼の著書もある。彼は次のように答えた。

「就職希望者の犯す最大の誤りは本来の自分ではなくなることだ。警戒心を解き、素直な態度をとるべきなのに、彼らはしばしば相手が望んでいると思う答えをする。だが、これは何の効果もない。誰もがいものなどを望んでいないからだ。偽金をほしがる人間がいるわけがない。」

市電の運転手を父に持つ一人の娘は、苦労したあげくにこの教訓を学んだ。彼女は歌手を夢見ていたが、顔立ちはぱっとしなかった。口が大きすぎる上に、出っ歯であった。ニュージャージーのナイトクラブではじめて聴衆を前にして歌った時、上唇を引き下げて自分の歯を隠そうとした。「魅力を振りまく」つもりだったのだ。その結果は？ 彼女は滑稽

でしかなかった。結果は裏目と出たのだった。

しかし、このナイトクラブで彼女の歌を聞いて、その才能を見抜いた男がいた。彼は歯に衣を着せずに言った。「いいかい、僕は君の動作を眺めていて、君が何とかして隠そうとしているものがわかったよ。君は自分の歯が恥ずかしいんだろう」。少女はどぎまぎしたが、男は続けて言った。「それがどうしたというんだ？　出っ歯だって別に悪いことではない。そんなものを隠す必要はないんだ！　口を大きく開けて歌ってごらん。お客さんは君の悪びれない態度を見て、君をかわいがってくれるだろう。それに、君が隠そうとしている歯のおかげで運が開けるかもしれないよ！」。男はこう言って、肩をすくめた。

キャス・ダーレイはその男の忠告に従って歯のことを気にかけなくなった。それ以後、彼女は聴衆のことのみに注意を払った。彼女は口を大きく開けて、歌唱力と楽しさを込めて歌いまくり、映画やラジオの一流スターとなった。今では彼女の真似をする喜劇役者さえある！

かの有名なウィリアム・ジェイムズが、普通人はその潜在的な知的能力の十パーセントしか発達させることができないと述べているのは、自分自身を発見し得ない人々についての説である。彼はこう書いている。「我々は本来あるべき姿にくらべると、ようやく半分だけ目覚めた状態にすぎない。我々が利用しているのは、肉体的にも精神的にも、自分の資質のごくわずかな部分だけだ。大雑把な言い方をすれば、人間は自分の限界のはるか手前のところで生活している。彼は種々雑多な力を有しながら、いつも決まってそれを発揮で

きない」

皆さんも私も、このような能力を持っている。だから、自分が他人と違うからといって一瞬にもせよ悲観することはない。あなたはこの世の新しい存在なのだ。人類が誕生して以来、あなたと瓜二つの人間はいなかったし、将来どんな時代が訪れようと、あなたとまったく同じ人間が現われることはないだろう。遺伝子科学の教えによれば、あなたという存在は父親から与えられた二十三の染色体と、母親から与えられた二十三の染色体が結合した結果にほかならない。これら四十六個の染色体の中には、あなたが受け継いだ資質を決定するすべてが含まれている。染色体の一つ一つには「数十ないし数百の遺伝子があり、時にはたった一つの遺伝子によってさえ個人の全生涯が変わることもある」とアムラム・シャインフェルドは言っている。まさに私たちは「恐ろしいと同時に素晴らしい」産物なのである。

あなたの両親が出会って連れ添うようになったあとでさえ、あなたという特定な人間が生まれる確率は三百兆分の一ぐらいでしかない！　言い換えると、仮にも三百兆もの兄弟姉妹がいたとしても、皆それぞれあなたとは違っているだろう。これは当て推量だろうか？　そうではない。科学的な事実である。もっと詳しく知りたければ、アムラム・シャインフェルドの『あなたと遺伝』という本を読むとよい。

自分らしくふるまえという問題については、私は確信を持って話すことができる。苦い経験から、私は自分が何を言っているかよくわかっている。私自身が痛感していることだからだ。

験と高い授業料のおかげでわかったのだ。一例を挙げよう。私はミズーリのトウモロコシ畑からはじめてニューヨークへ出てきて、「アメリカ演劇専門学校」に通った。俳優志望だったのだ。これくらい簡単明瞭で、しかも確実な成功への近道はないと考えていた。なぜ野心を抱く多くの青年たちがそれに気づかないのか、不思議で仕方がなかった。私の計画はこうだった。まず当代の名優ジョン・ドルー、ウォルター・ハムデン、オーティス・スキナーたちがどのようにして自分の芸を身につけたかを研究する。次に彼ら一人一人の長所を真似すれば、華麗な名人芸をすべて総合した自分が出来上がるはずであった。何という愚かさであろう。これこそ愚の骨頂というものだ！　こうして私のようなミズーリ生まれの石頭が、自分自身に立ち返り、他人になんか絶対になれるわけがないということを痛切に感じるまで、他人を真似ながら何年かを浪費したのであった。

この悲痛な経験から当然、忘れられない教訓を学ぶべきであった。だが、そうではなかった。何という鈍感さであろう。また再び同じことを学ばなくてはならなかった。それから数年して、ビジネスマンのために話し方の本を書こうと思い立った私は、これが今までに例を見ない名著になると勝手に決め込んでしまった。私はこの本の執筆に際して、かつて演劇で犯したものと同じ愚行を繰り返したのだ。私はさまざまの著述家たちのアイディアを借用して、それを一冊の本に盛り込もうとした――いわば、すべてを網羅した本だった。そこで話術に関する本を数十冊も買い求め、それらのアイディアを、一年がかりで原稿の形にまとめた。けれども、やがて私は自分の愚行をまたしても思い知らされた。私が

つくった他人のアイディアの寄せ集めは不自然で面白みがなく、ビジネスマンに読んでもらえそうになかった。そこで私は、一年間の労作を屑籠に投げ込み、新しく一から出直した。今度は自分にこう言い聞かせた。「お前は欠点や限界もそっくり含んだデール・カーネギーになりきるのだ。お前は自分以外の者になれるわけがない」。こうして他人の合成物になることを断念した私は、奮起一番、最初から実行すべきであったことに着手した。自分自身の経験や観察、人前で話した時や話術を教えた時の自信に基づいて、話し方についてのテキストを書き上げたのである。私が学び取って、いつも心の糧としている教訓は、サー・ウォルター・ローリー（女王が歩きやすいように自分のコートをぬかるみに投げ出した、かの風流人のことではない。一九〇四年にオックスフォード大学の英文学教授となった同姓同名の人である）が学んだのと同じものだった。「私にはシェイクスピアに匹敵する分厚い本を書くことはできないが、私ならではの本を書くことはできる」と彼は述べている。

自分らしくふるまおう。アーヴィング・バーリンがジョージ・ガーシュインに与えた忠告に基づいて行動しよう。

はじめて二人が出会った時、バーリンの名前はすでに売れていたが、ガーシュインは貧乏芸術家のたまり場で週給三十五ドルの生活にあえいでいる駆け出しの作曲家であった。バーリンはガーシュインの才能にほれ込み、自分の音楽秘書になってくれれば今までの給料の三倍を払ってもよいと申し出た。「しかし、この仕事を引き受けないほうがいいよ」と

バーリンは忠告した。「引き受けたら、君はバーリンの二流品で終わるかもしれない。だが、君が自分らしさを守り通せば、いつかはきっと一流品のガーシュインになるだろう」

ガーシュインはこの忠告を心に刻んで、自分の個性に徹することに努め、世界的作曲家となった。

チャーリー・チャップリン、ウィル・ロジャース、メアリー・マーガレット・マクブライド、ジーン・オートリー、その他無数の人々が学ばねばならなかったものも、私が本章で強調している教訓にほかならない。彼らだって私に劣らず苦しい道のりを克服して学んだのであった。

チャーリー・チャップリンがはじめて映画製作に乗り出した時、映画監督を委任された人々は、申し合わせたようにチャップリンに対して、当時人気を博していたドイツの喜劇役者の真似をすべきだと主張した。しかしチャーリー・チャップリンが認められるようになったのは、彼ならではの演技をした時からだった。

ボブ・ホープも同じような経験をした。何年か歌と踊りを組み合わせた芝居をしていたが、結局は徒労に終わり、そのあとで彼ならではの警句漫談をはじめたのである。

ウィル・ロジャースの軽喜劇といえば、初期の頃は無言でロープをひねくりまわすだけだった。彼が成功したのは、ユーモアに対する生まれての独特な持ち味を自分で発見したためであり、ロープを操る時におしゃべりを織り込んだからであった。

メアリー・マーガレット・マクブライドがはじめてラジオに出演した時、アイルランド

PART 4 ✤ 平和と幸福をもたらす精神状態を養う方法　224

系の喜劇役者を装ってみたけれども結果は失敗であった。彼女がありのままの自分、つまりミズーリの田舎娘になりきってはじめてニューヨークにおける最も人気あるラジオ・スターの仲間入りをすることになった。

ジーン・オートリーがテキサス訛りを出さないように努め、都会育ちのような身なりをしながら自分はニューヨーク生まれだと声を張り上げると、人々は陰で冷笑した。だが彼がバンジョーを抱えて、カウボーイの歌を歌いはじめた時から出世街道が開け、ついに映画やラジオでは世界一の人気者カウボーイとなったのである。

皆さんはこの世で何かしら新しさを持っている。それを喜ぶべきだ。自然が与えてくれたものを最大限に活用すべきである。結局のところ、すべての芸術は自叙伝的なのである。あなたに歌えるのは、今のあなたの姿であり、あなたに描けるのは、今のあなたそのものなのだ。あなたは、あなたの経験や環境や遺伝子がつくり上げた作品であるべきだ。良くも悪くも、あなたは自分の小さな庭を育てねばならない。良くも悪くも、人生というオーケストラの中で、あなたは自分の小さな楽器を演奏しなければならないのだ。

エマーソンは『独立独歩』というエッセイの中でこう述べている。「誰でも教育を受けている過程で無知であり、模倣は自殺行為にほかならないという確信に達する時期がある。それは、良かれ悪しかれ人間は自分を天与の運命とみなすべきだという確信であり、広大な宇宙には優れたものが数々あるが、人の糧となる穀物の種は、割り当てられた一区切りの土地に自分の労苦をそそいではじめて得られるのだという確信でもある。人間の中

225 16 自己を知り、自己に徹する

に潜む力はもともと新鮮である。自分に何ができるかを知っている人間は自分以外にないが、自分でさえ試みるまではわからない」

これは、エマーソン流の表現だ。詩人のダグラス・マロック流に表現するとこうなる。

丘の上の松が無理ならば
谷あいの低木になれ。——だが、
小川のほとりにある最も美しい低木に。

木になれないのなら、藪になれ。
藪が無理ならば、一握りの草になれ。
そして、大通りを楽しくしてやれ。
カワカマスが無理ならばバスでよい。
——だが、湖の中で最も生きのよいバスに！

我々は皆が船長にはなれない。水夫になる者もいよう。一人一人に何かすることがある。大きな仕事もあれば、小さな仕事もあろう。そして、しなければならない務めは手近にある。

大通りが無理ならば、ほんの小路でもよい。
太陽が無理ならば、星になれ。
成功と失敗を分けるのは大きさではない。
何になろうと最上のものになれ！

私たちを悩みから解放し、平和と自由をもたらす心構えを養うために、第五の鉄則に従おう。

●**他人の真似をするな。自己を発見し、自己に徹しよう。**

17 レモンを手に入れたらレモネードをつくれ

本書を執筆中のある日、私はシカゴ大学を訪れ、ロバート・メイナード・ハッチンズ総長に悩みから逃れる方法を尋ねたところ、こんな答えが返ってきた。

「私はシアーズ・ローバックの社長、ジュリアス・ローゼンウォルドの『レモンを手に入れたらレモネードをつくれ』という忠告に従うように心がけている」（訳者注―レモンという言葉には不快なものという意味がある）

これこそ偉大な教育者が実行していることなのだ。だが、愚か者はこれと正反対のことをする。彼は人生の贈り物がレモンだと知ると、あきらめ顔で「私は負けた。これが運命だ。もはやチャンスはない」などと言い出す。そして世間に文句をつけ、自己憐憫にどっぷりひたり込んでしまう。けれども、賢い人はレモンを手にして自問する。「この不運からどんな教訓を学ぶべきだろう？　どうしたら周囲の状況がよくなるであろう？　どうすれ

「このレモンをレモネードに変えられるだろうか？」

一生を費やして人間とその潜在能力を研究した偉大な心理学者アルフレッド・アドラーによれば、人間の驚嘆すべき特質の一つは「マイナスをプラスに変える」能力である。

私の知っている女性は、これを見事に実証して見せたが、彼女のことに傑作な話を次に紹介しよう。彼女の名前はセルマ・トムソンといい、以下は彼女の体験談である。

「戦争中、私の夫はカリフォルニアのモハーベ砂漠に近い陸軍教練所に配属されました。私も夫のそばにいたかったので、そこに引っ越したのですが、私はそこが嫌いでした。胸がむかむかして、あんなにみじめな思いをしたことはありません。夫はモハーベ砂漠での演習に参加するように命じられ、私は小さな掘っ立て小屋に一人で取り残されました。耐えられないほどの猛暑——サボテンの日陰でさえ五十二度もありました。話し相手は誰もいません。風が絶えず吹きまくり、口にする食べ物も呼吸する空気も、何もかも砂、砂、砂だらけでした！

すっかり意気消沈し、我が身を悲しんだ私は両親に手紙を書きました。どうしても我慢できないので家に帰りたい、一分間でもいたくない、刑務所のほうがまだましだと訴えたのです。手紙に対する父の返事は、わずか二行の言葉でした——その二行はいつまでも私の胸に響き続けるでしょう。その二行が私の人生を一変させてくれたのですから。

刑務所の鉄格子の間から、二人の男が外を見た。

一人は泥を眺め、一人は星を眺めた。

私はこの二行を何回も読み返しました。自分が恥ずかしくなりました。私は現在の状態から何か有益なものを見つけようと決心しました。星を探そうとしたのです。

私は先住民と友達になってみて、彼らの応対ぶりにびっくりしました。私が彼らの織物や陶器類に興味を示すと、観光客にも売らないような大切な品でも、私にプレゼントしてくれました。奇妙な格好をしたサボテン、ユッカ、ヨシュアの木について研究し、プレーリー・ドッグについて調べ、砂漠の夕陽を眺め、砂漠の砂が海底であった頃の何百万年も昔に残された貝殻を探したりしたのです。

いったい何が私にこの驚くべき変化をもたらしたのでしょう? モハーべ砂漠が変わったわけではありません。私が変わったのです。そうすることによって、私はみじめな経験を、生涯で最も面白い冒険に変えたのです。私は自分の発見した新しい世界から刺激を受け、興奮のあまり、それを題材として『輝ける城壁』という小説を書きました……私は自分のつくった刑務所から外を見て、星を見つけたのです」

セルマ・トムソン、あなたが発見したものこそ、キリストが生まれる五百年も前にギリシア人が説いた「最良のことは最も難しい」という昔ながらの真理なのだ。

ハリー・エマーソン・フォスディックは二十世紀になって、もう一度説いている。「幸福は快楽ではない。それは、ほとんどの場合勝利である」と。そのとおりだ。それは成就の

感覚、征服の感覚、レモンをレモネードに変えた感覚がもたらす勝利の喜びなのだ。

私はかつて、毒入りレモンをさえレモネードに変えることができた幸福な農民をフロリダに訪ねたことがある。最初に彼がこの農場を手に入れた時、すっかり気落ちしてしまった。土地は痩せ細っていて、果樹の栽培も養豚も不可能だった。そこで栄えているのは小さなナラの木とガラガラヘビだけであった。その時、彼に名案が浮かんだ。この負債を資産に転換すること、つまりガラガラヘビの肉を最大限に利用することだった。まさに奇想天外だが、彼はガラガラヘビの肉を使って缶詰をつくりはじめたのである。数年前に私が行った時も観光客が訪れていたけれども、このガラガラヘビ農場の見物人は年間二万人にのぼるという。彼の事業は隆盛をきわめていた。毒ヘビの牙から採った猛毒は各地の研究所に送られて抗毒剤がつくられている。ヘビの皮は婦人靴やハンドバッグの材料として大変な高値で取引されていた。肉の缶詰は世界中の愛好者のもとへ積み出されていた。私はそこで絵葉書を買い求めて村の郵便局で投函したが、村の名は「フロリダ州ガラガラヘビ村」と改称されていた。村が毒入りのレモンを甘いレモネードに変えたこの男をたたえるためにしたことだ。

私は絶えずアメリカ全土を北から南へ、東から西へと旅してまわっているので、『マイナスをプラスに変える能力』を発揮した男女に何回となく出会うことができた。

『神々に背いた十二人』の著者、ウィリアム・ボリソーはこう書いている。「人生で最も大切なことは利益を活用することではない。それなら馬鹿にだってできる。真に重要なこと

は損失から利益を生み出すことだ。このためには明晰な頭脳が必要となる。そして、ここが分別ある人と馬鹿者との分かれ道になる」。ボリソーがこう述べたのは彼が列車事故で片足を失ったあとだった。

私はまた両足を失いながらマイナスをプラスに変えた人を知っている。ベン・フォーストンという名の男で、私は彼にジョージア州アトランタにあるホテルのエレベーターで出会った。エレベーターに足を踏み入れた時、隅の車椅子の中で座っているのが目についた。目的の階につくと、彼は私に向かって、車椅子を動かしたいのでもう少し寄っていただけませんかと、明るい声で頼んだ。「どうもご迷惑をかけて済みません」彼はこう言って、心の底からあふれ出る笑みを浮かべながら出ていった。

私は自室へ戻ってからもあの快活な身体障害者のことしか考えられなかった。そこで、彼の部屋を探し出して身の上話をしてもらった。

「一九二九年のことでした」。彼は微笑みながら話した。「庭の豆に支柱を立てようとしてヒッコリーの木を切りに出かけました。切った木を車に積んで帰る途中で、その一本が不意に車の下に滑り落ちたため、ちょうど急なカーブを曲がろうとしていた私は、ハンドルが切れませんでした。車は土手の下に転落し、私は木にたたきつけられました。背骨をやられ、両足は麻痺してしまいました。二十四歳の時のことですが、それ以来一歩も歩いていません」

わずか二十四歳にして一生を車椅子で送るはめになるとは！

私は、どうしてその事故

を克服するほどの勇気を持ち合わせていなかったのです」と彼は言った。一時は逆上したり反抗したりして、自分の運命を呪ったという。しかし何年かするうちに、反抗したところで自分を苦しめるだけだと気がついた。「最後に、世間の人たちの親切心と心遣いが理解できました。そこで私のほうでも、できるだけ親切と心遣いを忘れないようにしました」

長い年月がすぎた今でも、あの事故を恐ろしい災難であったと思うかという質問に対して、即座に「ノー」という返事が返ってきた。「今ではあの出来事を喜んでいるくらいです」。事故のショックと悲憤から立ち直ると、彼は別の世界で生きることにした。優れた文学書を読みはじめると、文学に対する愛情は深まり、十四年間に千四百冊を読破したという。

それらの書物は彼の視野を広め、夢想だにしなかったほど彼の生活を豊かにしてくれた。よい音楽にも親しむようになり、以前は退屈だと感じた交響楽にも心を躍らすようになった。けれども何より大きな変化は、考える時間ができたことだった。「生まれてはじめて私は世界を見つめ、物の価値を判断できるようになりました。以前私が手に入れようとしていたものの大部分は、取るに足りない無価値なものだったと気がつきました」

彼は読書の結果、政治に興味をおぼえ、社会問題を研究しながら車椅子で遊説してまわった！ 彼は多くの人々と知り合いになり、人々にも知られるようになった。そして相変わらず車椅子に座っているが、今はジョージア州の州務長官である！

ずっとニューヨークで成人教育にたずさわってきた私が発見したことは、成人たちの多くが大学に行けなかったことを心から残念に思っているということである。彼らは、大学教育を受けられなかった点が、大きな悪条件になっていると考えているらしい。私は必ずしもそうは考えない。世間には高卒で成功している人がたくさんいるからだ。だから私はよく、これらの受講生に、小学校さえ満足に出られなかった男の話をする。

彼は赤貧の家に育った。父親が死んだ時、友人たちが出し合った金で棺桶を買ったほどだった。父の死後、母親は傘をつくる工場で一日十時間も働いたあと、賃仕事を家へ持って帰り、夜の十一時まで仕事をした。

このような境遇に育った少年は教会の素人演劇クラブに加わった。彼はすっかり演劇にほれ込んでしまい、弁論術を身につけようと決心した。これが機縁となって政界に身を投じ、三十歳前にニューヨーク州の議員に選ばれた。しかし残念ながら、彼はこの職責を果たすには準備不足であった。彼は率直に自分は何をしたらいいのかまったくわからなかったと述懐している。彼は賛否の投票を求められている長文で複雑な議案を読んだけれども、彼にとってそんな議案はチョクトー族インディアンの言葉で書かれているのと同然だった。彼は森林に足を踏み入れたこともないのに森林委員に選ばれ、銀行の口座も持っていないのに州立銀行法委員に選ばれてしまった。彼は苦悩し、狼狽し、自信を失い、議員を辞職しようとまで考えたが、母親に対して敗北を認めるのが恥ずかしくて思いとどまった。絶望の中で一日十六時間勉強しようと決心した彼は、無知というレモンを知識というレモネ

話題の主はアル・スミスである。アル・スミスは独学で政治の勉強をはじめてから十年後に、ニューヨーク州の政治に関する最高権威となり、四回もニューヨーク州知事に選ばれるという前人未到の記録をつくった。一九二八年には民主党の大統領候補にもなった。コロンビア、ハーバードをはじめ六つの大学が、小学校しか卒業していない男に名誉学位を贈った。

アル・スミスは私に、もしマイナスをプラスに変えるために一日十六時間の勉強をしなかったら、何一つ実現しなかっただろうと話してくれた。

ニーチェの超人についての定義にも「窮乏に耐えるだけでなく、それを愛するのが超人である」とある。

成功者の経歴を研究すればするほど、私は一つの確信を深めるようになった。つまり、努力と成功の刺激剤とも言うべき悪条件を背負っていたからこそ成功したという人は驚くほど多いのである。ウィリアム・ジェイムズも言っている。「我々の弱点そのものが、思いがけないほど我々を助けてくれる」と。

そうなのだ。ミルトンは盲目であったがためにいっそう優れた詩を書き、ベートーヴェンは耳が聞こえなかったがためにいっそう優れた音楽を作曲したのかもしれない。ヘレン・

ケラーの輝かしい生涯は、盲目と聾啞によって霊感と可能性を与えられたためかもしれない。もしチャイコフスキーが不安に駆られず、悲劇的な結婚によって自殺寸前にまで追いつめられなかったら、あの不朽の名曲『悲愴交響曲』は生まれなかったであろう。もしドストエフスキーやトルストイが苦難に満ちた人生を送らなかったとしたら、彼らの不滅の小説は世に出なかったかもしれない。

「もし私があれほどまでに病弱でなかったら、あれほど膨大な仕事を成就できなかったに違いない」と、地球上の生命に関する学説を一変させた学者は言っている。これこそ弱点が思いがけないほど役に立った事実を告白したチャールズ・ダーウィンの言葉である。ダーウィンがイギリスで生まれた日に、ケンタッキーの森の中にある丸太小屋でも、別の赤ん坊が生まれた。彼もまた自分の弱点に助けられた一人である。その名をエイブラハム・リンカーンという。もし彼が上流家庭で育てられたとしたら、ハーバード大学で学士号を授与され、幸福な結婚生活を送ったとしたら、ゲティスバーグで永遠の命を与えられた忘れえぬ言葉は、彼の胸底に浮かばなかったかもしれない。また二度目の就任式における「何びとにも悪意を抱かず、万人に慈愛を……」という、人間を統治する者が口にした最も美しく気高い言葉も同様である。

ハリー・エマーソン・フォスディックは『洞察する力』という著書で述べている。「北風がバイキングをつくった」。スカンジナビアはこれは我々の人生に対する警鐘と考えることもできる。安全で快適な生活、困難でなく、楽しくのんびり

した生活さえあれば人間は自然に幸福になり、善良になるという考え方は、いったいどこから来たのだろう？　それどころか自己憐憫におちいっている人間は、クッションの上にそっと寝かされていてさえ、やっぱり自分を哀れみ続ける。歴史を見ればわかるように人間が自己の責任を背負って立てば、環境が良かろうと悪かろうと中程度であろうと、名声と幸福が必ずやってくる。だからこそ、北風がいつもバイキングの生みの親となったのだ」と。

　私たちが失望落胆して、もはやレモンをレモネードに変える気力も失せたとしても、とにかく二つの理由のために私たちは現状打破を試みなければならない。つまり、どちらからいっても、すべてが得で、失うものは何もないからである。

　第一の理由——成功するかもしれない。

　第二の理由——たとえ成功しなくても、マイナスをプラスに変えようとするだけで、後ろを振り返らずに前方を見つめることになる。消極的だった考えが積極的になり、それが創造力を活動させ、我々を多忙にし、過ぎ去ったものを嘆く時間や気持ちはなくなってしまうだろう。

　かつてバイオリニストとして世界に名を馳せたオーレ・ブルがパリで演奏をしていた時、バイオリンのA弦がぷつりと切れたことがあった。けれども、ブルは三本の弦でその曲を終わりまで弾き続けた。「それが人生なのだ。A弦が切れることも、三本の弦で弾き終えることも」とハリー・エマーソン・フォスディックは言っている。

それは単なる人生ではなく、人生以上のものだ。勝利に満ちた人生にほかならない！

もし私に権限があれば、私は次に紹介するウィリアム・ボリソーの言葉を銅板に刻んで、全国のあらゆる小学校に掲げるであろう。

「人生で最も大切なことは利益を活用することではない。それなら馬鹿にだってできる。真に重要なことは損失から利益を生み出すことだ。このためには明晰な頭脳が必要となる。そして、ここが分別ある人と馬鹿者との分かれ道になる」

さて、我々に平和と幸福をもたらす精神状態を養うために、第六の鉄則に従おう。

● 運命がレモンをくれたら、それでレモネードをつくる努力をしよう。

18 二週間でうつを治すには

本書の執筆にかかった時、「私はどのようにして悩みを克服したか」という体験談を募集し、最も有益で感動的な作品には二百ドルの賞金を贈ることにした。

このコンテストの審査員はイースタン航空社長エディー・リッケンバッカー、リンカーン記念大学学長スチュアート・マクレランド、ラジオのニュース解説者H・V・カルテンボーンの三氏だった。しかしながら、応募作品中の二編は出来ばえが素晴らしく、優劣がつけがたかったので、賞金を二分することにした。そのうちの一編、C・R・バートン氏の話をここで紹介したい（彼はミズーリ州スプリングフィールドのウィザー自動車販売会社の職員である）。

「私は九歳で母を、十二歳で父を失った。父とは死別したが、母は十九年前のある日、家を出ていったきりだ。私はそれ以来ずっと、母にも、母に連れられていった二人の妹にも

会っていない。母は家を出てから七年目にはじめて手紙をよこした。父は、母が家出してから三年後に事故で亡くなった。父はある男と共同でミズーリの小さな町に喫茶店を経営していたが、父が商用で旅行中、相手の男は喫茶店を売り飛ばし、その金を持ち逃げしてしまった。友人から至急帰れという電報をもらって大急ぎで家へ戻る途中、父はカンザスのサリナスで自動車事故にあい、世を去ってしまった。父の姉たち二人はともに貧乏で、高齢で、病気がちであったけれども、子供たちのうち三人を引き取ってくれた。私と幼い弟は誰も引き取り手がなく、結局は二人とも町の人たちの手に託された。親なし子と呼ばれ、孤児扱いをされるのが何よりも怖かった。私たちの恐れていたことが間もなく本当になった。私は少しの間、町のある貧しい家族と一緒にいたが、不景気で主人が失業したため、私を養う余裕がなくなってしまった。すると、町から十八キロ離れた農場のロフティン夫妻が私の世話を引き受けてくれた。ロフティン氏は七十歳の老人で、帯状疱疹を病んで床についていた。彼は私に『嘘をつかず、盗みをせず、言われたとおりにする限り』同居させてあげると言った。この三つの約束が私のバイブルとなり、私はそれを厳格に守った。私は学校へ通うことになったが、最初の週は、帰宅してから赤ん坊のように泣きわめきながら過ごした。他の子供たちが私をいじめ、鼻が大きいと言っては私をからかい、『親なし子』と呼んだ。私は無性に腹が立ったので、喧嘩をしてやろうと思った。だが、私を引き取ってくれたロフティン氏はこう言った『よく覚えておくのだよ。喧嘩をせずに立ち去るのは、その場で喧嘩をする以上に勇気のいることなんだ』。私がついに堪忍袋の緒を切

ったのは、ある日、一人の子供が校庭で一握りの鶏糞を私の顔に投げつけた時だった。私が思い切りその子をなぐり飛ばすと、二、三人が友達になってくれた。彼らは口々に、あいつは当然の報いを受けたんだと言った。

私はロフティン夫人に買ってもらった新しい帽子を得意になってかぶっていた。ある日、大きい女生徒の一人がそれを私の頭からひったくり、その中へ水を入れて台なしにしてしまった。その女の子は、帽子に水を入れると、『あんたの石頭を濡らしてあげたんだわ。血のめぐりがよくなるようにね』と言った。

私は学校では決して泣かなかったけれども、家では大声で泣き叫んだ。ところがある日、ロフティン夫人から忠告を聞いたおかげで私の悩み事は一掃した、私の敵は友人に変わった。彼女はこう言ったのである。『ねえ、ラルフ。あなたがあの子たちに興味を持ち、あの子たちが喜びそうなことを見つければ、きっと、あの子たちはあなたをいじめたり、親なし子なんて呼ばなくなると思うわ』。私はこの忠告に従った。私は勉強に励んで、間もなくクラスの首席になったが、できるだけ他の子供たちのために尽くしたから、誰からも恨みを買わなかった。

私は、何人かの男の子が作文を書くのを助けてやったこともある。ある男の子は私に手伝ってもらったことを家族に知られると恥ずかしいので、母親にはいつもフクロネズミを取りにいくと断った。それからロフティン氏の農場へやってきて、犬を納屋につなぎ、私と一緒に勉強するのであった。ある男の子のために本の批

評を書いてあげたし、ある女生徒のためには幾晩も続けて算数を教えた。

近隣一帯に死神がやってきた。二人の年老いた農民が死に、一人の女は夫に捨てられた。男といえば、四世帯中で私一人になってしまった。私はこれらの未亡人たちを二年間手助けしてやった。学校への行き帰りの途中、彼女たちの農場に立ち寄り、木を切ったり、乳をしぼったり、家畜に餌や水を与えたりした。私は悪口を言われる代わりにお礼を言われ、どこの家でも友達扱いをされた。私が海軍から帰ってきた時には、心からの大歓迎を受けた。私が帰った当日、二百人からの農民たちが私に会いにきてくれた。なかには百三十キロも車を飛ばしてきた人もあったし、彼らは心底から私のことを思ってくれていたのだ。私は人助けで忙しいし、それが楽しみでもあるので、悩むことはあまりない。そして、このところ十三年ほどは『親なし子』と呼ばれたことがない」

バートン氏万歳！　彼は友達をつくる方法を知っている。また、悩みを克服して人生を楽しむ達人でもある。

ワシントン州シアトルのフランク・ループ博士も同様であった。彼は二十三年間も病床に伏せっていた。痛風である。しかもシアトル・スター紙のスチュアート・ホイットハウスは、私宛てにこう書いてきた。「私はたびたびループ博士のもとを訪れているが、博士のように度量が広く、人生を楽しんでいる人を知らない」

長年病床にありながら、いかにして人生を楽しんでいるのであろう？　二つのことが推測できる。彼の楽しみとは苦情とあら探しではないのか？　否……では、自己憐憫にふけ

り、いつも皆から注目されていたいと要求しているのでは？　否……どちらも間違っている。彼はイギリス皇太子と同じように「私は奉仕する」という言葉を座右の銘とすることによって、楽しみを得ているのだ。彼は病気に悩む人々の住所氏名を集め、見舞いの手紙を書くことにより、病人と自分の双方を激励しているのである。彼は病人のために文通組織にまで発展させた。お互いに手紙の交換をはじめ、ついにはそれを「籠の鳥会」という国際組織にまで発展させた。彼は病床にあって、一年に平均して千四百通もの手紙を書き、外出できない病人たちのためにラジオや書籍を手に入れてやって、何千もの病人に喜びをもたらした。

ループ博士と他の多くの人々の大きな違いは、どういう点であろうか？　それは次の点である。

ループ博士には一つの目的、あるいは使命を持つ者としての内面的情熱があった。自分自身よりもはるかに高貴で、はるかに有意義な信念に基づいて奉仕しているという自覚からくる喜びを持っていた。これはバーナード・ショーが「世間が自分の幸福のために少しも力を添えてくれないと文句をつけて、不快と苦情に明けくれる自己中心の小人物ども」と評した人々とはまったく正反対なのである。

次に挙げるのは、偉大な精神分析医アルフレッド・アドラーの筆になる驚くべき報告である。彼はうつ病の患者に対して、決まって同じことを言った。「この処方どおりにしたら、毎日二週間できっと全快しますよ──それは、どうしたら他人を喜ばすことができるか、毎日

考えてみることです」

この言葉だけでは信用されないかもしれないので、アドラーの名著『人生の意味』から少し引用することにしよう。

うつ病とは、他人に対する長期に及ぶ憤怒、非難のごときものである。とはいえ、保護・同情・支持を得たいがために患者は自分の罪の意識に沈み込んでいるように見える。うつ病患者の第一の記憶は通常、次のようなことだ。「私は長椅子に横になりたかったが、兄がそこにいたので大声で泣き出した。それで兄は仕方なく椅子を明け渡した」

うつ病患者はしばしば自殺によって自己に復讐する傾向を持っている。だから医師が第一に注意しなくてはならないのは、彼らに自殺の口実を与えないようにすることである。私自身は彼らの緊張を緩和する治療の第一歩として、「したくないことは決してするな」と説くことにしている。これはすこぶる控え目のようではあるが、あらゆる障害の根源に迫るものと信じる。もしうつ病患者がしたいことをしていいのだったら、誰も恨みようがないはずである。自分自身に腹いせもできないではないか。私はこう伝える。「映画に行きたいなら行けばいい、遊びに行きたいなら行けばいいさ。途中で嫌になったら、やめることだ」。これはどんな人間にとっても最も望ましい状態である。これは、何とか優越感にひたりたいという気持ちを満足させる。自分は神だ、好きなことができると、だが一方では、それは彼の生活方式にすんなりとは当てはまらない。彼は他人を支配し、非難したいのだ

が、他人が彼に同意すれば、彼らを支配する方法がないのである。この法則は彼らの不平を除去する。私の患者からは一人の自殺者も出ていない。

たいていの場合、患者は「しかし、したいと思うことなど別にありません」と答える。私は何回となくその答えを耳にしているので、すでに準備ができている。「じゃあ、したくないことを無理にすることを知っている」と答える患者もある。私がよろしいと言えば、患者のほうで嫌になることを知っている。それを拒めば、彼が暴れ出すこともわかっている。そこで、私は同意する。

これが第一の法則である。次には、より直接的に彼らの生活方式に攻撃を加えるのである。こう言うのだ。——「この処方どおりにしたら、二週間できっと全快しますよ。それは、どうしたら他人を喜ばすことができるか、毎日考えてみることです」。これは彼らにとって重大な意味がある。彼らは「どうすれば他人を悩ますことができるか」と、このことばかり考えている。これに対する答えはとても面白い。ある者は「そんなことは簡単だ。これまでにも実行してきたことだから」と答える。彼らは決して実行してはいない。だから考えてみろとすすめるのだ。彼らは考えようとしない。すると私はこう言う。「夜よく眠れない時間を利用して、どうすれば他人を喜ばすことができるかを考えたらいい。それが病気回復への第一歩ですよ」。翌日私は聞いてみる。「昨日すすめたとおりにやってみましたか？」。彼らは答える。「ベッドに入ると、すぐ眠り込んでしまいました」。もちろん、これらのことはすべて穏やかで打ち解けた態度で行なうべきで、少しでも高圧的な態度を見せ

245　18　二週間でうつを治すには

てはならない。

ある者はまた、こう答える。「どうしてもできません。それほど悩んでいるのです」。それに対して私は言う。「悩むのをやめることはない。でも、時々なら他人のことも考えられるでしょう」。私はいつも彼らが他人に関心を向けるように望んでいる。ある者はこう言う。「なぜ他人を喜ばさなくてはならないのですか？ やつらは少しも私を喜ばそうとはしないのに」。「あなたの健康のためですよ」と私は答える。「他の連中は今にきっと後悔するでしょう」「私は先生の忠告をよく考えてみました」と答える患者は実にまれである。私のすべての努力は、患者の社会的関心を増大させることに払われている。彼らの病気の真の原因は、協調精神に欠けている点にあることを承知しているから、彼らにそれを意識させようと思うのである。彼らが仲間の連中と平等かつ協同的な立場で結合しえたら、その時に彼らは全快する……宗教によって課せられた最も大切な仕事は常に「あなたの隣人を愛せ」であった……仲間に対して関心を持たない人間こそ、人生において最大の苦難に悩み、他人に最大の危害をもたらすものである。あらゆる人生の失敗は、こういう人々の間から生まれる……私たちが一人の人間に対して要求できるもの、同時にその人間に対して与え得る最高の賛辞といえば、彼こそ手をたずさえていく仲間であり、あらゆる人々の友であり、恋愛と結婚において真の伴侶であるということなのだ。

アドラー博士は一日一善を力説している。では、善行とは何だろうか？　預言者ムハン

マドは言う。

「善行とは他人の顔に歓喜の微笑みをもたらす行為である」

なぜ一日一善を実行すれば、その人は驚くべき効果が得られるのか？　他人を喜ばそうとすることによって、自分自身について、つまり悩み・恐怖・うつ病の根源となっているものについて考えなくなるからだ。

ニューヨークで秘書養成所を経営しているウィリアム・T・ムーン夫人が、自分のうつ病を吹き飛ばすには他人を喜ばせればよいと思いつくのに、二週間とはかからなかった。彼女はアドラー博士に一歩、いや十三歩ほど差をつけた。二週間ではなく、たった一日で、二人の孤児を喜ばせてあげようと思いついて、うつ病を吹き飛ばしてしまったのだ。

この時のことをムーン夫人に語ってもらおう。

「五年前の十二月、私は夫を失ったのです。クリスマスが近づくにつれて、悲しみと自己憐憫に溺れていました。数年間の幸福な結婚生活ののちに、私は夫を失ったのです。クリスマスが近づくにつれて、悲しみは増すばかりでした。今までひとりぼっちでクリスマスを過ごしたことがなかったので、クリスマスを迎えるのが怖くなりました。友達はクリスマスを一緒に祝おうと招待してくれたのですが、そんな浮かれた気分にはなれませんでした。私は、どんなパーティーに出ても座を白けさせてしまうだろうということがわかっていました。そこで私は、友人たちの親切を辞退しました。クリスマス・イブが間近になるにつれて、私はますます自己憐憫の深みにはまっていくばかりです。本来なら、私も多くのことを感謝すべきでした。誰にでも感謝すべきこ

とはいろいろあるに違いないのですから。クリスマスの前日、私は午後三時に事務所を出て、当てもなく五番街を歩きはじめました――自己憐憫と憂うつとを払いのけたいと思いながら。大通りは陽気で幸福な群衆でいっぱいでした。その光景から過去の楽しかった思い出がよみがえってきました。ひとりぼっちの空虚なアパートに帰るなんて、考えただけでも我慢できません。私は途方に暮れました。どうしたらよいのか見当もつきません。涙がとめどなく流れてきました。一時間あまり当てもなく歩いているうちに、ふと気がつくとバス・ターミナルがありました。よく夫と二人で冒険心に駆られて、行き先も知らないバスに乗り込んだことを思い出しました。私は最初に目についたバスに乗ってしまいました。ハドソン川を渡ってしばらく行くと、車掌に『終点ですよ、奥さん』と言われて下車しました。その町の名さえ知らなかったのですが、静かで平和な場所でした。次の帰りのバスを待つ間、私は住宅街を歩いてみました。教会の前を通りかかるとオルガンを弾いている美しい旋律が聞こえました。私は中へ入ってみました。会堂内にはにぎやかに飾りつけたクリスマス・ツリーからの光で、あたりの装飾は月光に踊る星のように見えました。長く尾を引くように流れる旋律は、朝から何も口にしていなかったこととあいまって、私を眠りへと誘いました。私は身も心も疲れ切っていたので、ぐっすりと眠り込んでしまいました。

ふと目が覚めた時、私は自分がどこにいるのかわかりませんでした。私の目の前には、クリスマス・ツリーを見にきたらしい二人の子供が立っていました

た。一人の女の子が私を指さして、『サンタ・クロースが連れてきたのかしら?』と言いました。私が目を覚ましたのを見て二人はびっくりしましたが、私は『大丈夫よ』と言って、二人を安心させました。彼らは粗末な服を着ていました。『パパとママは?』と聞くと、『私たち、パパもママもいないの』と答えました。ここに私よりもはるかに哀れな二人の小さな孤児がいたのです。一人に対して、私の自己憐憫と悲しみが恥ずかしく思えました。私は二人にクリスマス・ツリーを見せてやり、ドラッグストアへ連れていって、キャンデーとプレゼントを買いました。私のさびしさは魔法のように消え去りました。この二人の孤児は、数カ月ぶりに私に幸福と無私の情をもたらしてくれました。彼らとおしゃべりしながら、私は自分がどんなに幸福であったかに気づきました。子供時代に過ごしたクリスマスが、父母の愛といたわりに輝き渡っていたことを神に感謝しました。これらの孤児は、私が彼らにしてあげたことよりも、はるかに多くの恩恵を私に与えてくれました。この経験によって私は、自分自身を幸福にするためにも他の人々を幸福にしなければならないと感じました。私の発見によれば、幸福は伝染するものです。与えることにより、受けることができます。人を助け、愛を分け与えることによって悩み・悲しみ・自己憐憫を克服し、新しい人間に生まれ変わることができました。しかも、その場だけではなく、終生を通じて生まれ変わったのです」

私は、自己を忘却することによって健康と幸福をつかんだ人々の話だけでも一冊の本を著わすことができる。たとえば、アメリカ海軍内で最も人気を集めた女性マーガレット・

テイラー・イェーツ夫人の場合を考えてみよう。

イェーツ夫人は小説家であるが、彼女のどの小説よりも、日本軍が真珠湾を攻撃したあの恐ろしい朝、彼女の身に起こった実話のほうが数倍も面白いと言えよう。イェーツ夫人は心臓が悪くて、一年も前から病いの床についていた。彼女は一日のうち二十二時間をベッドで過ごした。日光浴をしに庭まで歩いて出るのが最大の旅行であった。それさえ、お手伝いの腕にすがって歩かねばならなかった。彼女から聞いたところによると、その当時の彼女は、死ぬまで病人として過ごすものと思っていたそうである。

「もし日本軍が真珠湾を攻撃せず、私の自己満足を揺さぶらなかったら、私は二度と生まれ変わることができなかったでしょう。

あの事件が起きた時、何もかもが混乱し、無秩序になりました。爆弾が一つ、私のうちのそばで爆発し、その衝撃で私はベッドから飛び出しました。陸海軍の将兵の妻子を学校へ避難させるために、軍用トラックがヒッカム飛行場、スコフィールド兵営、カーネイオへ空軍基地などに急行しました。赤十字は電話で空いている部屋に避難者を収容してほしいと依頼してきました。赤十字の職員は私がベッドのそばに電話を持っているのを知っていたので、私に情報交換所になってほしいと頼みました。そこで私は、陸海軍将兵の妻子がどこに収容されたかを調査しました。一方、軍人たちは赤十字の指示によって、私宛に電話をかけてきて、家族の消息を尋ねました。

私は間もなく夫のロバート・ローリー・イェーツ司令官が無事だったことを知りました。

私は自分たちの夫の安否を気遣っている一方、多くの戦死した人たちの未亡人を慰めようと努力を傾けました。二千百十七名の海軍将兵が戦死し、九百六十名が行方不明でした。

最初のうち、私はベッドに座って応対をするようになりました。あまり病気のことなんか忘れてしまって、起きて机の前へ腰を下ろしました。ひどく忙しくなったので・興奮のあまり病気のことなんか忘れてしまって、起きて机の前へ腰を下ろしました。自分よりも気の毒な人々を助けたい一心で、自分自身のことをすっかり忘れてしまったのです。そしてそれ以後、毎晩の決まった八時間の睡眠時間以外には、二度とベッドに戻ったことはありません。今にして思うと、もし日本軍の真珠湾攻撃がなかったら、おそらく私は一生、半病人で終わったことでしょう。ベッドの生活は快適で、いつも世話をしてくれる人がいました。しかし、そのために私は知らず知らずのうちに自力で再起しようという気力を失いつつあったのだと思います。

真珠湾攻撃はアメリカ史上最大の悲劇の一つでしたが、私個人に関する限りでは、最良の出来事の一つと言えます。あの恐ろしい危機は私に、自分に備わっているとは夢にも思わなかった力を与えてくれました。私の注意力を自分自身にではなく、他人のほうへ集中させてくれました。生きるために不可欠な、積極的で重要な目的を教えてくれました。今の私には自分のことを考えたり、気遣ったりする時間はすべてなくなってしまいました」

精神分析医のところへ駆けつける人たちの三分の一は、マーガレット・イェーツを見習

うだけで、たぶん全快するに違いない。それは、他人を助けることに興味を持つことである。これは私の意見ではない、カール・ユングがこれに近いことを言っている。「私の患者の三分の一は臨床的には本当の神経症ではなく、生き甲斐のなさと人生のむなしさとに苦悩しているのだ」。言い換えると、彼らは親指を立ててただ乗りの人生を送ろうとするが、自動車の列はそれを無視して通過してしまう。そこで彼らは、意地の悪い、生きるに値しない無益な人生を引きずりながら、精神分析医のもとへ急ぐのだ。ボートに乗り遅れて岸にたたずみながら、彼らは自分以外のあらゆる人々を悪しざまにののしり、世間は自分たちの自己中心的欲望を満足させるのが当然だと主張し続ける。

あなたは、こんなひとりごとを口にしているかもしれない。「こんな話を聞いてもどうにもならない。私だってクリスマス・イブに孤児と出会えば、たぶん関心を寄せるだろう。また、あの時、真珠湾にいたら、マーガレット・イェーツと同じことをしただろう。しかし、私の場合は条件がまったく違うのだ。私はごく普通の平凡な生活を送っている。一日八時間、退屈な仕事に従事している。何一つ劇的なことなど起こらない。どうして他人の手助けに興味が持てよう？ なぜ、そうしなくてはならないのか？ どんな効果があるのか？」と。

もっともな疑問である。お答えしよう。あなたの生き方がどんなに平凡であっても、毎日誰かしらと顔を合わせるだろう。あなたは彼らにどんな態度をとっているだろうか？ 彼らをじっと見るだけか。それとも、彼らの生活ぶりを知ろうとしているだろうか。郵便

配達夫を例にとろう。彼は毎年何百キロも歩きながら家々に郵便物を配っていくが、皆さんは一度でも彼の住所を知ろうと思ったことがあるか？ また、彼の奥さんや子供たちの写真を見せてもらおうとしたことがあるか？ 足が疲れるだろう、仕事に飽きたりしないか、などと言葉をかけることがあるか？

食料品店の店員、新聞スタンドの売り子、街角の靴磨きについてはどうか？ これらの人々は皆、人間なのだ——悩み・夢・野心で胸をふくらませている人間なのだ。機会があれば、誰かにそれを打ち明けたくてうずうずしている。けれども、皆さんはそんな機会を与えたことがあるだろうか？ 彼らや彼らの生活について、真面目な関心を示したことがあったか？ 私が訴えたいのはこの点だ。皆さんは別にフローレンス・ナイチンゲールや社会改革家になる必要はない。皆さんは、明日の朝になって顔を合わせる人々からはじめればいいのだ！

どういう効果があるか？ より大きな満足と自信！ より大きな幸福！ アリストテレスはこの種の態度を「啓発された利己主義」と呼んでいる。また、ゾロアスターは「他人に善を行なうのは義務ではない、歓喜である。それは行なう者の健康と幸福とを増進する」と述べている。ベンジャミン・フランクリンは簡潔に要約して「他人に対して善を行なう時、人間は自己に対して最善を行なっているのである」と説いている。

ニューヨークの心理学サービス研究所所長ヘンリー・C・リンクは「私の見たところ、近代心理学における最も重要な発見は、自己に対して最善を行なう、自己実現と幸福のためには、自己犠牲や訓練が必

要である点を科学的に実証したことであろう」と書いている。

他人への配慮は、自分自身についての悩みから人間を救うのみではない。多くの友人をつくり、多くの楽しみを得るのにも役立つ。どのように？　私はかつてエール大学のウィリアム・ライアン・フェルプス教授に具体的な方法を聞いてみた。教授は次のような話をしてくれた。

「ホテルや理髪店、その他の店へ入った時に、どんな人と顔を合わせても、私のほうから何か愛想のいい言葉をかけることにしている。機械の中の一個の歯車としてではなく、彼らを一人の人間と見て話しかけるようにするのだ。店の売り子には、彼女の瞳が美しいとか、髪の毛がきれいだとかお世辞を振りまき、理容師には、一日立ち続けてさぞ足が疲れるだろうとか、どうして理容師になったのか、キャリアはどのくらいか、今までによそ何人ぐらいの頭を刈ったのかなどと聞いてみる。彼らがそんなことを思い浮かべる手助けをするのである。人間は誰でも、他人に興味を持たれると手放しで喜ぶものだ。私はまた手荷物を運んでくれた赤帽に握手を求める。その男はその日一日、愉快な気持ちで仕事に精を出すことになる。あるおそろしく暑い日のことだったが、ニュー・ヘブン鉄道の食堂車で昼食をとろうとした。車内は満員で、かまどのように蒸し暑い上に、サービスはもたついていた。給仕がやっとメニューを持って私のところへ来た時、『あの暑い調理室で働いているコックさんは、たまらないだろうな』と言うと、給仕は何かわめきはじめた。私は最初、彼が立腹したのかと思った。『まったく、お客さんはここへ来て、食べ物がまず

い、サービスが悪い、暑い、値段が高いなどと不平ばかり言われます。私はここ十九年間、そういう文句ばかり聞かされていますが、あの釜の中みたいな場所で働いているコックに同情してくださったのは、あとにも先にもあなただけです。あなたのようなお客さんが増えたら、まったく助かります』。彼は大声でこう言ったのだった。

給仕は、私が黒人のコックを大鉄道組織の中の一個の歯車としてではなく、一人の人間と認めたことに驚いたのである。人間は皆、ほんの少し、人間として注目されることを望んでいる。私は往来で美しい犬を連れている人に出くわすと、いつもその犬の美しさをほめる。少し行ってから振り返ってみると、たいていの場合、その人は犬をなでたり、さすったりしている。私にほめられたので、彼もまた改めて犬をほめざるをえなかったのだ。

イギリスにいた時のことだが、羊飼いに会ったので、大型で利口な牧羊犬のことを心から賞賛した。私は彼にその犬の訓練法を聞いてみたりした。別れてから肩越しに振り返ってみたら、犬は後ろ足で立って飼い主の肩に前足をのせていた。それを飼い主は満足そうにながめすっていた。私が羊飼いと彼の犬に興味を抱いたことで、羊飼いを幸福にしたのだ。犬もうれしそうだったが、私もうれしかった」

赤帽と握手したり、暑い調理室で働くコックに同情を寄せたり、飼い犬をほめたりする人間が、不機嫌な顔で思い悩みながら精神分析医の診察を受けるだろうか? そんなことは断じてありえない。中国のことわざにこんなのがある。「バフを献じたる手に余香あり」エール大学のビリー・フェルプスにそんな話をする必要はない。彼はそれを熟知してお

り、実行したからだ。

男性の読者は次の一節を飛ばしてもかまわない。面白くはないだろうから。苦労性の不幸な少女が、どのような経緯によって数人の男から求婚されることになったかという話である。この少女は今ではもう相当のお婆さんになっており、数年前に私はこの老人夫婦の家で一夜の客となったことがある。ちょうどその町で講演をしたので、翌朝、彼女は車を駆って八十キロも離れたニョーヨーク・セントラル鉄道の本線の駅まで送ってくれた。話題が友人のつくり方に及んだ時、彼女は「カーネギーさん、夫にも打ち明けていないことをお話ししましょう」と言って話し出した。彼女はフィラデルフィアの社交界人名録に名を連ねる家に生まれた。「少女時代から青春時代にかけて、私が何よりも悲しかったのは、家が貧しかったことです。私の家には、他の友達の家のような楽しみがありませんでした。決まって、私の服はいつも安物で、しかも小さすぎて体に合わないし、流行遅れのものでした。りが悪くて恥ずかしくて、夜など床についてからもよく泣いたものです。最後に、絶望に絶望を重ねたあげく、思いついたのは、ディナー・パーティーのパートナーに彼の経験・思いつき・将来の計画などを語らせることでした。私は彼らの話に特別の興味を感じていたわけではありません。相手に、私の貧弱な服装に気づかせないようにするのが目的でした。ところが、不思議なことが起こりました。男の子たちの話を聞いて、いろいろなことがわかってくるにつれて、彼らの話に興味を持つようになり、自分の貧弱な服装のことなど忘れてしまうようになりました。そして、自分でもびっくりするようなことが起こった

のです。私が聞き上手で、男の子たちの話をうまく引き出してあげるので、彼らも愉快になり、やがて私は社交グループの中で一番の人気者になりました。そして、三人の青年から求婚されたのでした」

本章を読んだ読者の中には、こう言う人があるかもしれない。「他人に興味を持てなんて説はナンセンスの一語に尽きる。それこそ、空念仏ではないか！　俺はまっぴらだ。俺は金儲けをしたいんだ。俺は取れるものは何でも取りたいんだ——それも今すぐ——そんなたわごとなんかくそ食らえだ！」

それがあなたの本心なら、それでもよかろう。けれども、あなたの説が正しいとしたら、有史以来の偉大な哲学者や賢人たち——キリスト、孔子、釈迦、プラトン、アリストテレス、ソクラテス、聖フランシスコなど——は、すべて間違っていたことになる。しかし、あなたはたぶん宗教的指導者の教義をあざ笑うだろうから、無神論者の説を聞くことにしよう。まずケンブリッジ大学教授、A・E・ハウスマンといえば往時の碩学であるが、彼が一九三六年同大学で行なった『詩の言葉と本質』という講演の中に次のような一節がある。「古今東西を通じての最も深遠な道徳的発見は、キリストの次の言葉である。『自分のために命を得ようとする者はそれを失い、私のために命を失う者はかえってそれを得るのである』」

私たちは生まれてこのかた、説教家がこの言葉を口にするのを聞いている。ところが、ハウスマンは無神論者、厭世主義者であって、自殺しようとしたことさえある人だ。しか

も彼は、自分のことしか考えない人間は、人生から多くを得られないことを知っていた。そんな人間は必ずみじめなのである。しかし他人への奉仕で自分自身を忘れる人間は、人生の喜びを見出すに違いないのだ。

ハウスマンの言葉にも心を動かされないというのなら、二十世紀における最も著名なアメリカの無神論者セオドア・ドライサーの説を取り上げてみよう。彼はあらゆる宗教をおとぎ話であると冷笑し、人生を「愚人の語る物語だ。雑音と激情のみでまったく無意味なものだ」と断じた。それでいて彼は、キリストの説いた他人への奉仕という偉大な教訓を支持しているのだ。彼は言う。「人間が短い一生から喜びを取り出そうと思うのだったら、自分よりも他人のために役立つように考えかつ計画すべきである。なぜなら、自分に対する喜びは自分が他人に与える喜びと、彼らが自分に与えてくれる喜びによって決まるからである」

もし私たちがドライサーの主張したように、「他人のために役立つよう」努力するつもりなら、早速着手すべきだ。時は過ぎていく。「私は二度とこの道を通らない。だから私にできる善行、私の示し得る親切はその場で実行しよう。ためらったり、怠ったりしないにしよう。私はこの道を二度とは通らないのだから」

悩みを追い払い、平和と幸福を求めるための第七の鉄則を掲げよう。

●他人に興味を持つことによって自分自身を忘れよう。毎日、誰かの顔に喜びの微笑みが浮かぶような善行を心がけよう。

PART
5

悩みを完全に克服する方法

HOW TO
STOP
WORRYING
AND
START
LIVING

19 私の両親はいかにして悩みを克服したか

すでに述べたように、私はミズーリの農場で生まれ育った。当時の一般の農民同様、私の両親は貧しい暮らしをしていた。母は田舎教師であり、父は月十二ドルでよその畑仕事に雇われていた。母は私の服はもちろんのこと、皆の服を洗う洗濯石鹼まで自分でつくった。

家には年に一度豚を売った時以外、現金はほとんどなかった。食料品店では家のバターや卵を小麦粉・砂糖・コーヒーと交換した。私の十二歳当時の一年間の小遣いは五十セントにも足りなかった。独立記念日のお祭りに行った時、父から十セントもらって好きなように使ってもよいと言われたので、世界一の金持ちになったような気がしたものである。

私は毎日一・六キロ歩いて、教室が一つしかない学校へ通った。大雪が積もり、寒暖計が零下二十八度を示している時でも、歩いて通った。十四歳になるまでゴム靴や長靴は履

かなかった。長くて寒い冬の間、私の足はいつも濡れており、冷たかった。子供心に私は、冬には乾いて温かい足をした人など一人もいないものと思い込んでいた。

両親は一日十六時間も精一杯働いたが、それでも借金に追われどおしで、不運に苦しめられた。ごく幼い時の記憶として残っているのは、大洪水がトウモロコシ畑や牧草畑を押し流し、すべてを破壊している光景である。七年のうち六年は、水害で穀物が駄目になってしまった。毎年のように豚がコレラで死に、私たちは死骸を焼いた。今でも目を閉じると、胸がむかむかするその臭を鮮明に思い出す。

水害のない年が一年あった。穀類は豊作であった。家畜を買って、トウモロコシで太らせた。だが、結果は水害と同様だった。シカゴの家畜相場の暴落で、飼育の費用を差し引くと、たった三十ドルの儲けにすぎなかった。まる一年働いてわずか三十ドル！ 何をしても損をした。父がラバの子を買い入れて三年間育て、人まで雇ってよく慣らしてから、テネシーのメンフィスへ送り出した。ラバは三年前の買い値以下でしか売れなかった。

十年間身を粉にして働いたが、金は一銭もできず、借金のほうはかさんだ。畑は抵当にとられ、いくら働いても利子の支払いは滞りがちだった。銀行は父を悪しざまにののしり、畑を取り上げるとおどかした。父は四十七歳だったが、三十年も営々と働き続けた結果が借金と屈辱であった。父には耐えられなかった。父は悩み、体を壊した。食欲がなくなり、毎日畑で力仕事をしているにもかかわらず、食欲増進剤のお世話になる始末であった。そ

19　私の両親はいかにして悩みを克服したか

して、痩せてきた。医者は母に、この分だと半年は持つまいと告げた。父は悩みに悩んで、生きているのが嫌になった。母の話によると、馬にかいばをやったり牛の乳しぼりに行った父の帰りが遅いと、もしや首を吊っているのではないかと心配で、納屋まで様子を見にいったという。畑を差し押さえるとおどかしている銀行はメアリビルにあったが、ある日、その町から帰る途中で父は橋の上で馬を止め、馬車から降りて長い間、川の流れを見つめながら立っていた──いっそ、ひと思いに飛び込んでけりをつけてしまおうかと思案しながら。

のちになって父は、その時飛び込まなかったのは、神を愛し、十戒を守ってさえいれば何もかも良くなると信じ切っていた母のためだったと、私に語った。母は正しかった。最後には何もかもうまくいった。父はその後四十二年間幸福に暮らして、八十九歳で亡くなった。

この苦闘と心痛に満ちた歳月の間、母は決して悩まなかった。母は心の悩みをすべて神に訴えていたのである。毎晩私たちが寝る前に、母は聖書の一章を朗読した。「私の父の家には、住むところがらが、あの心温まるキリストの言葉を読むこともあった。「私の父の家には、住むところがたくさんある……あなたがたのために場所を用意しにいく……私のいるところに、あなたがたもいることになる」。それから私たちは皆、あの寂しいミズーリの農家の椅子の前にひざまずき、神の愛と加護とを願って祈りを捧げた。

ウィリアム・ジェイムズがハーバード大学哲学教授であった時、彼は「悩みに対する最

PART 5 ✢ 悩みを完全に克服する方法　　264

大の良薬は宗教的信仰である」と述べたことがある。
それを発見するためにハーバード大学に通う必要はない。私の母はミズーリの農場でそれを見つけている。洪水・借金・災厄も、彼女の幸福で輝く勇ましい魂を屈服させることはできなかった。私は母が働きながら歌っていた賛美歌をよく覚えている。

平和、平和、くすしき平和よ
神よりたまえるくすしき平和よ
我が魂をとわに覆いたまえ
つきせぬ愛の大海の中

　母は、私が一生を宗教関係の仕事に捧げることを望んでいた。私は外国宣教師になろうと考えてカレッジに入学したが、年がたつにつれて考えが変わってきた。私は生物学・科学・哲学・比較宗教学を学び、また、いかにして聖書が書かれたかについての書物を読んだ。そしてその所説に多くの疑問を抱くようになった。その当時の田舎の説教者によって説かれた偏狭な教理の多くに疑問を持つようになった。私は当惑した。私はウォルト・ホイットマンのように「自分の内部で奇妙な疑問が不意に頭をもたげたのを感じた」。何を信じたらいいかわからなかった。人生に目的を持てなかった。私は祈るのをやめ、不可知論者になった。人生には何の計画も目標もないと信じた。人間が、二億年前に地上を這いま

わった恐竜以上に神聖な目的を持っているとは思えなかった。人間もいつかは恐竜と同じように滅亡するに違いない。科学によれば、太陽は少しずつ冷却しており、いずれ、地上にはいかなる生命も存在し得なくなる。私はまた、神が自分の姿に似せて人間を創造したという考えをも冷笑した。私は、黒い冷たい生命のない空間をぐるぐるとめぐっている無数の太陽は、何物とも知れない力によってつくられたものとも、創造されたものではなくて、時間と空間とが永劫に存在しているごとく、最初から存在していたのかもしれない。

以上の疑問について、今はもう解答が得られたかと問われると、私は「否」と答える。宇宙の神秘、生命の神秘を解明しえた人間は一人もいない。我々の周囲には、神秘なことがあまりにも多い。人間の体の機能にしても、あなたの家の電気、壁の割れ目に育つ花、窓越しに見る緑の芝生、すべてが神秘である。ゼネラル・モーターズ研究所の天才指導者チャールズ・F・ケタリングは、自分のポケット・マネーから年額三万ドルの研究費をアンティオック・カレッジに支払って、なぜ草が緑色をしているのかをきわめようとした。彼は草がどのようにして日光・水・二酸化炭素を糖分に変化させているか、それを知ることができたら、人類は文明を一新することができると断言している。

自動車のエンジンの作用ですら大きな神秘である。ゼネラル・モーターズ研究所では、長い時間と巨費を投じて、シリンダーの中の小さな火花がどのようにして爆発を起こし、自動車を動かしているかについて研究している。

PART 5 ✤ 悩みを完全に克服する方法　266

私たちが自分の体や電気やエンジンの神秘を理解していないからといって、別にそれを有効に利用できないわけではない。祈禱や信仰の神秘を理解していなくても、信仰によって、より豊かで幸福な生活を楽しむことはできよう。やっと私は「人間は人生を理解するためにではなく、人生を生きるためにつくられている」というサンタヤナの英知を悟ることができた。

私は再び宗教へ立ち返った——いや正確に言うなら、宗教についてもっと新しい考え方を身につけた。私はもはや教会を分立させている信条の相違など、ほとんど関心を持っていない。私の興味の中心はもっぱら、宗教が私に何を与えてくれるかである。それは電気、水、食物が私にしてくれていることに関心を持つのと同様である。それらのものは私に、より豊かで、より充実した幸福な生活を送れるよう助けてくれる。だが、宗教はもっとずっと多くのものを与えてくれる。それは私に精神的な価値をもたらす。それは私に、ウィリアム・ジェイムズの言葉を借りれば「人生に対する新しい熱意……より多くの人生、より大きな、より豊かな、より満足すべき人生」を与えてくれる。信念・希望・勇気をもたらし、緊張・不安・恐怖・心配を解消させる。人生に目的と方向を与えてくれる。幸福を増大させ、健康を増進させる。「砂嵐が吹きすさぶ人生の中の平和なオアシス」を創造する助けとなってくれる。

フランシス・ベーコンが三百年以上前に「浅薄な哲学は人の心を無神論に傾け、深遠な哲学は人の心を宗教へ導く」と述べたのは正しかった。

科学と宗教の対立が話題になったこともあったが、今はない。最新の科学である精神医学は、キリストの教えと同じことを教えている。なぜか？ それは、我々の病気の半数以上が悩み・不安・緊張・恐怖から起こること、祈りと信仰はその原因を追い出してしまうことを精神分析医が理解しているからである。彼らは、自分たちの指導者の一人A・A・ブリル博士が「真に宗教心の深い人間は神経症には冒されない」と言ったことも知っている。

もし宗教が真実でないならば、人生は無意味である。人生は悲劇的な茶番にすぎなくなる。

私がヘンリー・フォードにインタビューしたのは、彼が他界する数年前のことだ。会見前の私は、彼の顔には長年にわたって世界最大の事業の一つを創立し、経営してきた心労が刻み込まれているに違いないと予想していた。ところが、七十八歳の彼がいかにも落ち着いており、まったく健康で温和なことを知ってすっかり驚いた。悩んだことはありませんか？ と私が聞くと、彼は次のように答えた。「ありませんな。何事も神が支配しておられるし、神は私の意見を必要とされない。神が責任を持ってくださる限り、万事が結局は理想的に処理されると信じます。何を悩むことがありましょう」

今日では精神分析医でさえ新しい福音伝道者になっている。彼らは私たちに、来世で地獄の業火を免れるために宗教的な生活を送れと説くのではなく、現世で地獄の業火――胃潰瘍、狭心症、神経衰弱、狂気を免れるために宗教的な生活を送るように勧告している。

確かにキリスト教は人間に刺激と健康とをもたらす教えである。キリストは「私が来たのは、あなたたちに命を得させ、さらにそれを豊かにさせるためである」と説いた。キリストは彼の時代に宗教としてまかり通っていた血の通わない形式や無意味な儀式を非難し、攻撃した。彼は反逆者だった。彼は、新しい宗教——世界をひっくり返す危険をはらむ宗教を説いた。だからこそ、十字架にかけられたのである。彼は、宗教が人間のためにあるのであって、人間が宗教のためにあるのではないことを説いた。安息日は人間のために定められたもので、人間が安息日のためにつくられたのではないことも、恐怖について多くを語った。誤った恐怖は罪である。つまり、健康に反する罪であり、キリストが力説する、より幸福な、勇気ある人生に反する罪なのだ。エマーソンは自分を「歓喜の科学」の教師と呼んでいた。キリストも「歓喜の科学」の教師であった。彼は使徒たちに「喜びかつ心躍らせる」ことを命じている。

キリストは、宗教には二つだけ大切なことがある、それは心から神を愛することと、隣人を自分同様に愛することであると述べている。自ら知ると知らぬにかかわらず、それを実行する人は宗教者である。たとえば、私の義父でオクラホマ州タルサに住むヘンリー・プライスなどは、まさにそれだ。彼は黄金律を生活信条としていて、卑劣なこと、利己的なこと、不正直なことを決してしない。それでいて教会へは行かず、自らは不可知論者と称していた。そんな馬鹿な！　いったいクリスチャンとは何か？　エジンバラ大学におけ}る碩学の神学教授ジョン・ベイリーにその答えを聞いてみよう。「人間をクリスチャンた

しめるものは、ある観念を知的に受け入れることでも、ある規律を信奉することでもない。ある『精神』を保持すること、そして、ある『生活』をともにすることである」

それがクリスチャンの資格だとすると、ヘンリー・プライスは立派なクリスチャンの一人である。

近代心理学の父ウィリアム・ジェイムズは友人トーマス・デイヴィッドソンに宛てて、年をとるにつれて自分が感じるのは「神なくしては、いよいよ生きていきにくくなった」ことだと書き送った。

前に、受講生たちから体験談を募集したところ、二編だけが飛び抜けて優秀で甲乙つけがたかったので、賞金を二人に分けたことを述べた。その残る一編を紹介したい。これは、「神なしでは生活できない」ことを、苦労の末に発見した一女性の忘れられない体験である。この女性をメアリー・クッシュマンと呼ぶことにする。彼女の話を公表することによって、彼女の子供たちや孫たちに迷惑をかける結果にならないとも限らないので、仮名を用いることにした。しかし、この女性は実在の人物である。彼女の話はこうだった。

「不況時代に、夫の給料は週給で平均十八ドルであった。夫は病気がちで欠勤が多く、収入はそれ以下のことも珍しくはなかった。猩紅熱や耳下腺炎にかかったり、インフルエンザを何度も繰り返した。自分で建てた小さな家も人手に渡してしまい、食料品店に五十ドルの借金ができた。子供を五人も抱えていた。私は近所の人々の洗濯物やアイロンかけを引き受けた。救世軍の店から古着を買ってきて、仕立て直して子供たちに着せた。私は悩

みが高じて健康を損ねた。

ある日、十一になる男の子が泣きながら、例の食料品店の主人から鉛筆を二本盗んだろうと責められた話をした。この子は正直で感じやすい性質だったが、多くの人々の前で侮辱され、恥をかかされたのである。私もこれには我慢がならなかった。これまで耐え忍んできた数々の不幸を考えると、未来に何の希望も見出せなかった。たぶん、私は悩みのために一時的に錯乱してしまったに違いない。私は洗濯機を止めて五つになる女の子を寝室へ連れていき窓を閉め、隙間をぼろや紙屑でふさいだ。娘は『ママ、何をしているの？』と聞いた。私は『隙間風が入るからね』と答えて、寝室のガスヒーターの栓を開いた。だが、火はつけなかった。娘を抱いてベッドに横たわると、娘は『ママ、おかしいわ、さっき起きたばかりなのに』と言う。『いいのよ、少しお昼寝しましょうね』と言って私は目を閉じ、ヒーターから漏れるガスの音を聞いていた。あの時のガスの臭いは一生忘れられない……。

その時、不意に、音楽が聞こえてくるような気がした。私は耳を傾けた。台所のラジオのスイッチを切り忘れていたのだ。でも、そんなことはどうでもいい。しかし、音楽は続いていた。誰かが古い賛美歌を歌っていた——

　我が持てる罪と憂いを
　友イエスは引き受けたまう

我が持てるすべての重荷
神の手に委ねて安し
愚かにも我らは悩み
無益にも苦しみ惑う
いと深き神のみ胸に
我が命すがらざりせば

この賛美歌に聞き入っているうちに、私は悲惨きわまりない誤りを犯していたことに気づいた。私は自分一人であらゆる恐ろしい闘争に立ち向かおうとしてきた。祈りによって、すべてを神におまかせしようとしなかった……私は飛び起きてガスを止め、ドアと窓を開けた。

私はその日一日、涙に暮れながら祈った。ひたすら神の助けをのみ求めたわけではない。与えられている神の祝福に対して真心から感謝を捧げた——心身ともに強健な子供を五人も恵んでくださったことに対してである。二度とこのような恩知らずなふるまいをしないと神に誓った。そして、その誓いを守り続けてきた。

私たちは家を失ってのち、片田舎の学校の建物を月五ドルで借りて移らなくてはならなかったが、その時でさえ私は校舎に移れたことを神に感謝した。とにかく雨露と寒さをしのげる場所が得られたことに対して感謝したのである。私は事態がそれ以上悪くならなか

ったことを神に感謝した。そして、神は私の祈りを聞き入れてくださったと信じている。
なぜなら、すぐにではなかったが、事態は少しずつ良くなり、景気が回復するにつれて、
多分は金銭のゆとりも出てきたからである。私はある大きなカントリー・クラブの帽子預
かり所に雇われるようになり、片手間に靴下を売らせてもらった。息子の一人は苦学を覚
悟でカレッジに入学し、農場を見つけて、朝晩十三頭の牛の乳をしぼった。現在、子供た
ちはそれぞれ成人して結婚している。かわいい孫も三人になった。　素晴らしさにあふれた幾歳月を永久に失ってい
ガス栓をひねったあの恐ろしい日のことを思い出すたびに、よくも危ない瀬戸際で『目
を覚』させてくださったと神に感謝する。あのままあの行為に走っていたら今日のこの
喜びを味わうことはできなかったのだ！
たのだ！

私は、死にたいと口走る人の話を聞くたびに『死んではいけない、死んではいけない！』
と叫びたい気がする。歯を食いしばって生きなくてはならない真っ暗闇の時間などほんの
一瞬にすぎない——そのあとに未来が開けてくれるのだ……』
平均すると、アメリカでは三十五分に一人の割合で自殺があり、百二十秒に一人の割合
で発狂している。自殺の大部分と狂気の過半数とは、もしこれらの人々が宗教や祈りの中
に平和と慰めを見つけ、それを身につけていたならば、防止することができたはずである。
現代の最も優れた精神分析医の一人であるカール・ユング博士は『魂を探求する近代人』
という著書の中で次のように述べている。

「過去三十年間、私は世界のあらゆる文明国の人々から診察を求められ、多くの患者を治療した。人生の後半を迎えた患者たち、すなわち三十五歳以上の人々は一人の例外もなく、宗教的人生観に最終の救いを求めるべき状態にあった。彼らは、あらゆる時代の生きた宗教が信徒に与えてきたものを見失ったがために病気に冒されたと言っても過言ではない。同時に、彼らが宗教的人生観を取り戻さない限り、本当の意味で癒されたとは言えないのである」

 ウィリアム・ジェイムズもほとんど同じことを述べている。「信仰は、人間が生きるよりどころとすべき力の一つだ。そしてそれが皆無となることは破滅を意味する」

 釈迦以来インドに出た最も偉大な指導者マハトマ・ガンジーは、祈りという陰の力によって鼓舞されなかったら破滅していたに違いない。何しろ、ガンジーは自ら「祈りがなかったら、私はとっくの昔に気が狂っていたであろう」と言っているからだ。

 何千もの人々が同じような証言をすることができる。私の父も、すでに述べたように、母の祈りと信仰がなかったら溺死していたに違いない。おそらく現在のところ、精神科病院でわめき散らしながら魂を責めさいなまれている人々の多くも、自分の力だけで人生の荒波を乗り越えようとしないで、もっと大きな力に助けを求めさえしていたであろう。

 苦難に苦難を重ね、自分自身の力の限界に達すると、私たちの多くは絶望して神にすが

る。「野戦用の塹壕の中には無神論者はいない」。しかし、なぜあなたは最後の土壇場で待つのか？ なぜその日その日の力を新しくしないのか？ なぜ日曜日まで延ばすのか？ 久しい以前から私は、平日の午後、人のいない教会堂へ入ってみることがある。むやみと気ぜわしく、二、三分間でも敬虔な心で物を考えるひまがないような時、私は自分にこう言い聞かせる。「ちょっと待てよ、カーネギー、ちょっと待て。なぜ、そんなにせかせかするんだ？ ちょっと立ち止まって、先の見通しをつける必要があるぞ」。こういう時私は、手近に目についた教会に立ち寄ってみる。私はプロテスタントだが、五番街にある聖パトリック大聖堂に立ち寄ることも少なくない。そして、お前はあと三十年もしたら死ぬだろうが、あらゆる教会で教えている偉大な宗教上の真理は永久不滅であるなどと考える。私は目を閉じて、祈りを捧げる。こうすると気分が落ち着いて、体もくつろぎ、判断力も明確になって、物事の価値を再検討するのに役立つことを知ったのだ。皆さんも、こうしてみてはどうだろう？

本書を執筆していた六年間に、私は具体的な実例や体験談を何百も収集しながら、さまざまな男女が祈りを通じてどのように恐怖や悩みを克服したかを知った。私の書類棚にはそういう体験談がぎっしり詰まっている。その典型的な例として、失意落胆に打ちのめされていた書籍セールスマン、テキサス州ヒューストンのジョン・R・アンソニーの話を取り上げよう。

「二十二年前、私は全米法律書籍会社の州代表になるために、自分の法律事務所を閉鎖した。私の専門は、弁護士に必要な法律書のセット販売をすることだった。

私は、その仕事に対しては十分な訓練を受けていた。売り込み時の応対法や、あらゆる反対意見を説得し得る答えを用意していた。買ってくれそうな人を訪問する前に、あらかじめ先方の弁護士としての評価、扱っている訴訟実務の種類、政見や趣味などを調査しておいた。そして面談中、巧みにこれらの知識を利用した。しかし、どこかに誤りがあったとみえて注文を取ることができなかった！

私は次第に意気消沈していった。日がたつにつれて、私は今までの二倍も三倍も努力したが、出費を償うだけの注文を取ることができなかった。恐怖と不安の念が胸に芽生えはじめた。人を訪問するのが怖くなった。買ってくれそうな人の事務所へ入る前に恐怖心に圧倒されてしまって、ドアの外の廊下を行きつ戻りつしたり、ビルの周辺をぐるぐるまわったりしたこともたびたびあった。こうして貴重な時間を空費し、精一杯の意志の力で事務所のドアを打ち破るほどの勇気を奮い起こしてから、震える手でそっとドアの取っ手をまわした——目指す人が不在であることを半ば念じながら！

販売支配人は、もっと成績が上がらなければ前渡し金を停止すると通告してきた。家では妻が、子供三人のために食料品店へ支払う金がいると嘆いた。私は悩みのとりことなった。日一日と私の絶望的な気持ちは深まった。どうしたらいいか、見当もつかなかった。前述のように、私は郷里での法律事務所を閉めてしまい、訴訟依頼人はなくなっていた。郷里へ帰る汽車賃もなかったし、仮に切符が買えたとしても、敗残者として家へ帰るだけの勇気がなかった。つい

PART 5 ✤ 悩みを完全に克服する方法　276

に悪運の日の最後の失敗をなめたのち、私はとぼとぼとホテルの部屋へ戻ってきた。私は完全に打ちのめされてしまった。意気阻喪して、どの道を戻ればいいのかわからなかった。生きようと死のうと、どちらでもよかった。自分が生まれてきたことを後悔した。その晩の食事としてはミルク一杯しかなかった。それさえ、やっとの思いで手に入れたものだった。私はその晩、絶望した人間がホテルの窓から飛び降りる気持ちがわかった。勇気があったら、私もやっていたに違いないのだ。いったい人生の目的は何だろうと考えてみたが、わからなかった。私にはそんな問題を解決するのは無理だった。

すがるものが何一つなかったので、私は神にすがった。私は祈りはじめた。私は、自分を閉じ込めている果てしのない絶望の真っ暗闇に、光と英知と導きとを与えたまえと嘆願した。神に対して、本の注文が多く取れますように、妻子を養うのに必要な金を授りたまえと哀訴した。祈りののち、私が目を開けると、その寂しいホテルの部屋の鏡台の上に、聖書寄贈協会の聖書があった。私はそれを開いて、幾世紀にわたり無数の悩み苦しむ人々に励ましと慰めとを与えたに違いないキリストの美しい不朽の言葉——彼が伸徒たちに、どうしたら悩みを解消できるかについて説いた一節を読んだ。

「自分の命のことで何を食べようかと思い悩むな。命は食べ物より大切であり、体は衣服よりも大切ではないか。空の鳥をよく見なさい。種もまかず、刈り入れもせず、倉に納めもしない。だが、あなたがたの天の

277　19　私の両親はいかにして悩みを克服したか

父は鳥を養ってくださる。あなたがたは鳥よりも価値のあるものではないか……何よりもまず、神の国と神の義を求めなさい。そうすれば、これらのものは皆、加えて与えられる」

私が祈りを捧げ、これらの言葉を読んでいた時に、奇跡が起こった。神経の緊張は消え去り、不安・恐怖・悩みは、心温まる勇気・希望・輝かしい信念に変わった。
私はホテルの勘定を支払う金さえなかったけれども幸福だった。私はベッドに入って、実に数年ぶりでぐっすりと眠った――完全に悩みから解放されて。
翌朝、私は売り込み先の事務所が開くのを待ちかねた。私はその美しく肌寒い雨の日に、自信に満ちた歩調で最初の事務所へ近づいた。私は取っ手をしっかりと握ってまわした。中へ入ると、元気よく適当な威厳を込めて目指す人物のほうへ一直線に進んでいき、微笑みをたたえると『お早うございます、スミスさん。私は全米法律書籍会社のジョン・アンソニーと申す者です』と挨拶した。
『やあ、これは、これは。まあおかけください』と彼は椅子から立ち上がり、微笑みながら手を差し出した。『お待ちしていました。
こうして私はその日一日に、過去数週間に集めた数を上まわる注文をとった。夕刻、私は凱旋将軍みたいに意気揚々とホテルへ戻った。そして、新たな勝利を得た気分を味わっていた。まさに新しい人間になったと思った。本格的なステーキだった。そして、その日以来、私の売晩の食事はミルク一杯ではなく、

り込みは成功を重ねた。

私は二十二年前、テキサス州アマリロの小さなホテルでの絶望的な晩に、新しく生まれ変わったのだ。その翌日も、私の外観は失敗を重ねた週と同様であったが、内部には驚くべき変化が生じていた。突如として私は神との関係に気づいた。自分だけに頼る人間は容易に敗北を喫してしまうが、心に神の力をみなぎらせている人間は決して負けない。そうなのだ。私は自分の人生にそんな力が作用しているのを知った。

『求めなさい。そうすれば、与えられる。探しなさい。そうすれば見つかる。門をたたきなさい。そうすれば、開かれる』

イリノイ州ハイランドのL・G・ベアード夫人は、恐ろしい悲劇に直面した時、ひざまずいて「神よ、御心のままになさしめたまえ」と祈ることによって、平和と落ち着きとを見出すことができた。

「ある晩、電話のベルが鳴りました」。彼女は手紙にこう書いている。「十四回も鳴った時、私はやっと勇気を出して受話器を取り上げました。病院からの電話に違いないことを予感していて、恐ろしかったのです。うちの坊やが死にかけているのではないかと心配でした。脳膜炎で、すでにペニシリン注射を打っていたのですが、そのために体温が上下していました。医師は、病気が脳に及んでいるかもしれない、もしそうだったら脳腫瘍に発展する危険がある、そうしたら助からないと告げたのでした。電話は私が恐れていたとおり病院からで、すぐ来るようにとのことでした。

待合室で待っていた私たち夫婦の苦しい胸のうちは、おわかりのことと思います。他の人たちは皆、赤ちゃんを抱いていましたが、私たちだけは例外でした。もう一度赤ん坊が抱けるかどうか心配で気もそぞろでした。ようやく私たちは医師の個室に呼び入れられましたが、医師の表情を見て、どきりとしました。医師の言葉はいっそう恐ろしいものでした。それによると、私たちの赤ん坊が助かる確率は四分の一しかない。それで、もし誰か知り合いの医師がいるなら、呼んだらよかろうとのことでした。

家へ帰る途中、夫は興奮して握り拳でハンドルの上をたたきながら、『ベッツ、俺はあの子をあきらめんぞ、断じて』とどなりました。あなたは男が泣くのをごらんになったことがありますか？　決して愉快な経験ではありません。私たちは車を停めていろいろ話し合った末に、教会へ行って、もし私たちの赤ん坊を奪うのが神のご意志であれば、ご意志どおりにしてくださいと祈ることを決心しました。私は座席にひざまずいて、涙ながらに『神の御心のままになさってください』と祈ったのでした。

こう祈り終わると、私は少し気分が晴れてきました。長い間、感じなかった和らいだ気持ちが湧き起こってきたのです。それから帰る途中もずっと、私は『御心のままになさってください』と繰り返しました。その晩は久しぶりでぐっすりと眠りました。二、三日後に医師から、赤ん坊は危機を脱したとの電話がかかってきました。私は今、四つになる健康な坊やと一緒にいられることを絶えず神に感謝しています」

世間には宗教を婦人、子供、説教者のためのものとみなしている人々がいる。彼らは自

力で戦い抜くことのできる「男らしい男」であることを自慢にしているのだ。

もし彼らが、世界的に有名な「男らしい男」でも毎日祈っているという事実を知ったら、肝をつぶすことだろう。たとえば、ジャック・デンプシーがそれである。彼は毎晩、就寝前に祈りを捧げているという。彼は食事の前に必ず神に感謝を捧げる。試合を控えてのトレーニング中でも毎日祈る、また試合中も、毎回試合開始のベルが鳴る前に祈ると言っている。「祈りは私に勇気と自信とを持って戦い抜くのを助けてくれる」と彼は語っている。

「男らしい男」コニー・マックは、毎晩祈りを捧げてからでないと眠れないと私に語った。

「男らしい男」エディー・リッケンバッカーは、自分の人生は祈りによって救われたと信じている。そして、祈ることを日課としている。

「男らしい男」、元ゼネラル・モーターズの最高幹部で元国務長官のエドワード・R・ステティニアスは、私に、毎朝毎晩、英知と導きを与えたまえと神に祈っていると話してくれた。

「男らしい男」J・ピアポント・モーガンは当時における最大の資産家だったが、土曜日の午後、しばしば一人でウォール街の角にあるトリニティー教会へ出かけていって、祈りを捧げていた。

「男らしい男」アイゼンハワーは、英米連合軍最高司令官に迎えられて渡英した際に、たった一冊の本を携行した。それは聖書であった。

「男らしい男」マーク・クラーク将軍も、戦時中は毎日聖書を読んでは祈ったと私に話し

たことがある。蔣介石、モンゴメリー元帥も祈った。ネルソン卿もトラファルガーの海戦の時祈った。ワシントン、リー、ジャクソンの各将軍も、多数の軍人指導者も、同様である。

これら「男らしい男」たちは、ウィリアム・ジェイムズの「人間と神との間には相互取引がある。ありのままの自分を神の力に委ねれば、我々の最も深遠な運命が成就される」と言った言葉の真理を悟っていたのだ。

多数の「男らしい男」がこの真理に目覚めつつある。アメリカの教会員数は七千二百万人に達しており、これは未曾有の記録である。前にも述べたとおり、科学者でさえ宗教に帰依しようとしている。一例を挙げると、『リーダーズ・ダイジェスト誌の論文で、ノーベル賞受賞者のアレクシス・カレル博士がある。彼は次のように述べている。「祈りは人間が生み出し得る最も強力なエネルギーである。それは地球の引力と同じ現実的な力である。医師としての私は、多数の人々があらゆる他の療法で失敗したのちに、祈りという厳粛な努力によって疾病や憂うつから救われた例を目撃している……祈りはラジウムのように、光り輝く自己をつくり出すエネルギーを生む……人間は祈りの中で、自分の有限なエネルギーを増大させるために、あらゆるエネルギーの無尽蔵な源泉に向かって呼びかけようとする。祈る時、我々は宇宙を回転させている無限の原動力と結合する。我々はこの力の一部が必要なだけ自分に配分されるようにと祈る。このように訴えるだけで、我々の人間的な欠陥は満たされ、強められ、癒されて立ち上がる

……熱烈な祈りで神に話しかけると、いつでも精神や肉体はともに快方へ向かうのだ。わずか一瞬の祈りでも、必ず何らかの良い結果が祈った人々にもたらされるのである。

バード提督は「宇宙を回転させている無限の原動力と結合する」ということが何を意味しているかを理解していた。それを理解し得る能力に恵まれたからこそ、彼は生涯で最も困難な試練を切り抜けることができた。そのことは、彼の著書『ひとりで』に語られている。一九三四年、彼は南極の奥地ロス・バリヤーの万年雪にうずもれた小屋で五カ月間暮らした。彼は南緯七十八度線以南における唯一の生物であった。猛吹雪が小屋の上で咆哮した。寒気は零下八十二度まで下がった。彼は果てしない暗闇にすっぽりと包まれた。そして彼は、ストーブから漏れる一酸化炭素のため、徐々に恐ろしい中毒に冒されていることに気づいたのである。どんな対策があろう？　最も近い救援隊でも百九十八キロ離れていた。到達までに最低数カ月は必要だった。彼はストーブと換気装置を修理したが、ガス漏れは止まらなかった。彼は中毒のためにしばしば意識を失い、床の上に倒れていた。食べることも、眠ることもできなかった。ほとんど寝棚を離れることができないほど衰弱してしまった。翌日の朝まで命が持つまいと恐れたことも、たびたびあった。彼は、この小屋で死ぬに違いない、そして死体は降りしきる雪に埋もれてしまうだろうと確信した。

何が彼の命を救ったのか？　ある日、彼は絶望の中で日記帳を取り出し、自分の人生観を書きとめようとした。彼は書いた。「人類は宇宙において孤独ではない」と。彼は頭上の星のこと、星座や惑星の規則正しい運行について考えた。また永遠なる太陽が、その時期

になれば、どのようにして荒涼たる南極地方の隅々を照らすために戻ってくるかを考えた。

そして彼は、日記帳に「私は孤独ではない」と書いた。

この、孤独ではない、地球の果ての氷穴の中にいても、自分は孤独ではないという自覚こそ、リチャード・バードを救ったのだ。彼は言う。「これが私に難局を切り抜けさせてくれたのだ。一生のうちに、自分の体内に蓄えた資源を使い尽くす寸前にまで追いつめられる人は、ごくわずかしかいない。人間は力を蓄えた深い井戸を持っているが、それは決して使われない」。リチャード・バードは、この蓄えた資源を井戸から汲み上げることを学び、その資源の利用法を学んだ――神にすがることによって。

グレン・A・アーノルドはイリノイ州のトウモロコシ畑の真ん中で、バード提督が極地の氷雪の中で悟ったのと同じことを学んだ。イリノイ州チリコシーの保険ブローカーであるアーノルド氏は、悩みを克服した体験談を次のように語ってくれた。

「八年前、私はこれが最後だと思いながら、正面玄関のドアの錠を下ろした。それから車を駆って川へと向かった。私は敗残者であった。ひと月前、私の全世界が音を立てて頭上にくずれ落ちてきた。私のやっていた電気器具店は業績不振におちいった。家では母が死にかけていたし、妻は二人目の子供を産もうとしていた。医者の勘定はかさむ一方だった。事業をはじめる時に、車も家具も、あらゆるものを担保に入れていた。保険証券まで借金に使っていた。もう打つ手はなくなってしまったのだ。無念の窮境に結末をつける覚悟だった。それで車を川のほうへ走らせたわけである――それがすっかりなくなってしまったのだ。

私は町から数キロ行ったところで街道から離れ、車からおりて地面に座り、子供のようにむせび泣いた。やがて私は本気で思案しはじめた。建設的に考えようと努力した。恐怖心にとらわれて悩みの堂々めぐりを繰り返すことをやめ、本当に事態はどの程度に悪いのか？　これ以上悪くなる恐れがあるか？　まったく希望はないのか？　事態を少しでも好転させるにはどうしたらいいのか？

私はその日その時、あらゆる問題を神に訴えて、すべてを神の意志にまかせようと決心した。私は祈った、熱心に祈った。私の人生がそれ一つにかかっているかのように祈った。

すると、不思議なことが起こった。あらゆる問題を私より偉大な力に委ねてしまうとすぐに、ここ数カ月は味わったことがなかった心の平和を感じたのだ。私はそこで三十分ほど祈ったり、目を覚ましたり、泣いたりしていたに違いない。それから家へ帰って、子供のように熟睡した。

翌朝、目を覚ました時、私には自信が生まれていた。もはや何も恐ろしいものはなかった。なぜなら神の導きに委ねたからだ。私は落ち着き払った態度で町のデパートへ出かけ、自信に満ちた口調で電気器具部のセールスマンの仕事をさせてほしいと申し出た。そして予期したとおり、その仕事につくことができた。電気器具関係の商売が戦争のために崩壊するまでかなりの成功を収めた。その後、私は生命保険の勧誘をはじめた――やはり、神の導きにすがって。わずか五年前のことだ。現在どこの請求書もきちんきちんと支払っている。三人の元気な子供もいるし、家も自分のものだ。新車もあるし、二万五千ドルの生命保険にも加入している。

あの時のことを振り返ってみると、何もかもなくして意気消沈した末に川のほうへ車を走らせたことはよかったと喜んでいる。なぜなら、あの時、悲劇が神にすがることを教えてくれたからだ。今では過去に夢想さえしなかった平和と自信を持っている」

なぜ宗教的信念が私たちに、そのような平和、落ち着き、不屈の精神をもたらすのであろうか？ ウィリアム・ジェイムズに答えてもらおう。「荒れ狂う海面の荒波も、大洋の底まで騒がすことはない。広大でかつ永久的な視野で現実を眺めている人にとっては、個人的な絶え間のない浮沈は比較的無意味なものに見える。したがって、真に宗教心のある人は動揺せず、平静に満たされている。そして、時がどのような義務をもたらしても、静かな心構えができている」

もし私たちが悩みや不安を感じるなら、神にすがろうではないか。エマニュエル・カントが言ったように「信仰が必要ならば、神を受け入れて信仰すればよい」のだ。「宇宙を回転させている無限の原動力」と結合しようではないか。

もしあなたが生まれつきにせよ教育の結果にせよ宗教的な人間でなく、こちこちの懐疑論者であるとしても、祈りはあなたを助けてくれるだろう――祈りは実用的なものだから。実用的とはどういう意味か？ つまり、祈りは神を信じる信じないは別として、あらゆる人々が共有する非常に根源的な三つの心理的欲求を満たしてくれるのである。

一、祈りは、私たちが何のために悩んでいるかを言葉で正確に表現する助けになる。第

二部第四章（PART2の4）ですでに述べたが、実体が曖昧ではっきりしないうちは、問題に対処することは不可能である。祈りはある意味で、問題を紙に記述することと似ている。もし問題の解決に助力がほしいのなら、相手が神であっても、それを言葉で表現しなければならない。

二、祈りは私たちに、自分一人ではなく、誰かと重荷を分担しているような感じを与える。人間は重い荷物やとても耐えられない苦悩を独力で耐えていけるほど強靭ではない。場合によっては近親者や友人にさえ打ち明けにくい悩みもある。そういう時は、祈りあるのみだ。精神分析医は口々に、圧迫感や緊張感にとらわれたり、苦悩している時に、それを他人に打ち明けることは治療上にも効果があると言っている。誰にも話せない時には――いつでも神に訴えることができる。

三、祈りは、行為という積極的な原理を強制する。これこそ行動への第一歩である。毎日、何かが成就するように祈るのは、必ず何らかの恩恵にあずかっているか、少なくとも成就しようと努力しているからに違いない。アレクシス・カレル博士は言う。「祈りは人間が生み出し得る最も強力なエネルギーである」と。なぜそれをもっと利用しないのか？　自然の神秘な力が私たちを支配している限り、それを神と呼ぼうと、アラーと呼ぼうと、はたまた霊魂と呼ぼうと、その定義にこだわる必要はないではないか？

今すぐに本を閉じ、寝室へ行って戸を閉め、ひざまずいて重荷を降ろそう。もしあなた

が信仰を失っているなら、全能の神にそれを再びお恵みくださいと祈るがいい。そして、七百年の昔、アッシジの聖フランシスコの書いた美しい祈りを口にしよう。

「主よ、私をあなたの平和の道具としてお使いください。憎しみのあるところに愛の、いさかいのあるところに許しの、疑惑のあるところに信仰の、絶望のあるところに希望の、闇に光の、悲しみのあるところに喜びの、種をまかせてください。おお偉大なる主よ、慰められることよりは慰めることを、理解されるよりは理解することを、愛されるよりは愛することを、私が求めますように。私たちは与えることの中で受け、許しの中で許され、死の中でこそ永遠の命に生まれるのですから」

PART
6
批判を気にしない方法

HOW TO
STOP
WORRYING
AND
START
LIVING

20 死んだ犬を蹴飛ばす者はいない

全米の教育界に一大センセーションをもたらした事件が一九二九年に起きた。全国の学者たちが、その事件の真相を知ろうとシカゴへ殺到した。それよりも数年前に、ロバート・ハッチンズという苦学生がエール大学を卒業したが、彼は給仕・材木切り出し人・家庭教師・物干し綱のセールスマンなどをして生活費を稼いだのであった。それからわずか八年後に、彼はアメリカの有力大学として四番目に位するシカゴ大学の学長に就任した。弱冠三十歳の時である！ 年長の教育者たちは首を横に振った。囂々たる非難がこの「神童」に向けて浴びせられた。彼をああだ、こうだとか、やれ若すぎる、やれ経験が浅いとか、彼の教育観は偏向しているなどと。新聞までがそれに同調した。

就任式の当日、友人の一人がロバート・ハッチンズの父に「今朝の新聞の社説で、息子さんのことを攻撃していたので憤慨しましたよ」と告げた。「確かに、なかなか手厳しかっ

PART 6 ✥ 批判を気にしない方法

た。」

「そうなのだ。しかし、誰も死んだ犬を蹴飛ばす者はいませんからね」と老ハッチンズは答えた。

そうなのだ。そして犬が元気であればあるだけ、人間はそれを蹴飛ばして大きな満足を覚えるのである。イギリス皇太子（のちのエドワード八世ウィンザー公）は際どい経験でこのことを悟らされた。その当時、皇太子はデヴォンシャーのダートマス・カレッジ（アメリカのアナポリスの海軍兵学校に相当する）の生徒で、十四歳であった。ある日、一海軍士官が彼の泣いているところを見つけて、そのわけを尋ねた。はじめのうちは答えなかったが、なおも問い質すと、候補生たちに足蹴にされたのだと答えた。校長が候補生たちを召集して、皇太子は別に文句を言いたいのではない、ただ彼一人がなぜこんな目にあわされたのか、その理由を知りたいそうだと説明した。

ひとしきり声にならない声や、咳払い、床を踏み鳴らす音が聞こえたが、ついに候補生たちは白状した。それによると、彼らがイギリス海軍の司令官や艦長になった時、俺は昔、キングを足蹴にしたことがあるんだぞ！と言ってみたかったのだ。

だから蹴飛ばされたり、非難されたりした時、相手はそれによって優越感を味わおうとしている場合が少なくないことを覚えておこう。それはしばしば、あなたが何かの業績を上げており、他人から注目されていることを意味している。世間には、自分たちより高い教育を受けた人間や成功した人々を悪しざまに言って、野蛮な満足感を味わっている連中が多数いる。

291　20 死んだ犬を蹴飛ばす者はいない

たとえば、本章を執筆中、私は一人の女性から救世軍の創始者ウィリアム・ブースを非難する手紙を受け取った。私はかつて放送でブース大将を賛美したことがあったが、この女性はブース大将が貧しい人々を救済するために集めた金を八百万ドルもくすねたと書いていた。これは事実無根の非難だが、この女性は真実を求めていたのではない。自分よりもはるかに偉い誰かを非難することから得られる意地の悪い満足感を神に感謝していた。彼女の悪意に満ちた手紙を屑籠に投げ込み、自分が彼女の夫でなかったことを神に感謝した。彼女の手紙からは何一つブース大将のことはわからなかったが、彼女自身のことについてはよくわかった。

ショーペンハウエルいわく。「低俗な人々は偉人の欠点や愚行に非常な喜びを感じる」

エール大学の学長を低俗な人間と考える者はまずいないであろう。しかし元学長ティモシー・ドワイトは、アメリカ大統領に立候補した一人の男を非難することに大いなる喜びを感じていたようだ。エールの学長は「もしこの男が大統領に当選したら、我々の妻や娘は公認売春制度の犠牲者となり、はなはだしくはずかしめられ、堕落させられて、優雅さと道徳をすっかりなくし、神と人間から忌み嫌われるであろう」とまで警告した。これはヒトラーを弾劾する演説にそっくりだって？ いや、そうではない。これはトーマス・ジェファーソンを弾劾したものなのだ。えっ、どのジェファーソン？ まさか独立宣言の起草者で、民主主義の守護神とも言うべきジェファーソンじゃないだろうって？ ところが、そのジェファーソンに対してなのだ。

「偽善者」「ぺてん師」――人殺しより多少ましな男」と悪罵されたアメリカ人はいったい誰だろう？　ある新聞の漫画によると、彼はギロチン台に上げられ、今にも大きな刃物で首を斬り落とされようとしていた。彼が市中を引きまわされる時には、群衆が罵声を浴びせかけていた。彼とは誰か？　ジョージ・ワシントンにほかならない。

けれどもそれは昔のことだ。今日では当時よりも人間性が向上しているはずである。よかろう。ではピアリー提督の例をみよう。彼は一九〇九年四月六日、犬ぞりで北極に到達して世界を驚かした探険家であるが、このゴールに到達するために幾世紀にわたって勇敢な人々が苦難や飢えと闘い、ついには命を失っていった。ピアリー自身も寒気と飢えのためにもう少しで死ぬところであった。足の指八本はひどい凍傷にかかって切り落とさざるをえなかった。苦難につぐ苦難で気も狂いそうだった。そこでワシントンの上官たちはピアリーが人気を独占しそうになったので機嫌を損ねた。しかし彼らは、ピアリーが学術探険と称して金を集めておきながら、「北極でぶらぶらしている」と言って非難した。彼らはそう信じていたのかもしれない。信じたいと思ったら信じないでいるのはほとんど不可能であるからだ。ピアリーを侮辱し、その企てを阻止しようとする彼らの決意は猛烈をきわめたが、大統領マッキンレーからの直接命令によって、ピアリーは辛うじて北極探険を続けることができたのだった。

ピアリーが海軍省で事務を執っていたとしたら、こんなに非難されただろうか？　そんなことはない。それだったら、彼は嫉妬を招くほどの重要人物ではなかったろうから。

グラント将軍はピアリー提督よりもさらに苦い経験をした。一八六二年、グラント将軍は最初の大勝利を収めて、北部を驚喜させた。わずか半日で成し遂げた勝利、グラントを一夜にして国民的偶像にした勝利、遠くヨーロッパにまで絶大な反響を呼び起こした勝利、大西洋岸からミシシッピ川に至る全土の教会の鐘を鳴り響かせ、祝いのかがり火をたかせた勝利であった。しかし北軍の英雄グラントは、この大勝利を得てから六週間もたたないうちに逮捕され、軍の指揮棒を剥奪された。彼は屈辱と絶望に嗚咽した。

なぜグラント将軍は勝利の絶頂時に逮捕されたのか？　それは主として、傲慢な上官たちの嫉妬と羨望を誘発したためであった。

私たちが不当な非難に悩みそうになった時のために、第一の鉄則を示そう。

●**不当な非難は、しばしば擬装された賛辞であることを忘れてはならない。死んだ犬を蹴飛ばす者はいないことを思い出そう。**

21 非難に傷つかないためには

　私は、「錐(きり)のような目」「地獄の悪魔」などの異名を持つスメドレー・バトラー少将と会談したことがある。アメリカ海軍中最も異彩を放っている元気はつらつたる司令官である。彼は私にこんな話をした。若い時の彼は、必死になって人気を得ようと努力し、誰に対しても好印象を与えるように願った。その頃は、ほんのちょっとした批判にも神経をとがらせて苦しんだ。しかし三十年間の海軍生活は彼を百戦錬磨の男に変えた。「私はたびたび悪罵を浴び、侮辱された。臆病者、毒ヘビ、スカンクなどと。私はその道の権威といわれる人たちからくそみそに言われた。ちょっと書けないような悪態の組み合わせを、ありったけ浴びせられたものだ。癩(しょう)に障るかって？　近頃は悪口を耳にしても言っているやつの顔も見ないね」
　たぶん「錐のような日」は非難を卒業してしまったのだろう。けれども私たちの多くは、

自分に向かって投げつけられる嘲笑や悪口をあまりにも気にしすぎるのである。数年前にニューヨーク・サン紙の記者が私の宣伝集会にやってきて、私と私の仕事について諷刺記事を書いたことを思い出す。憤慨したかって？　私はそれを個人に対する侮辱と考えた。
私はサン紙の会長ギル・ホッジスに電話して、事実を――冷やかしではなく――紙上に掲載してもらいたいと要求した。私は記事の執筆者に対して、あくまで責任を取らせてやるつもりであった。

私は当時とったそのような行動を恥ずかしく思っている。購読者の半数はあの記事を読まなかったはずだし、読んだ人の半数はそれを罪のない笑い話ぐらいにしか受け取らなかったはずだ。そして、その諷刺記事を読んで溜飲を下げた人の半数は、数週間もしないうちにすっかり忘れてしまったに違いない。

現在の私は、一般の人々が他人のことなど気にかけないこと、また他人の評判などには無関心であることを知っている。人間は朝も昼も、そして夜中の十二時すぎまで、絶えず自分のことだけを考えている。他人が死んだというニュースよりも、自分の軽い頭痛に対して千倍も気を遣うのである。

たとえ欺かれ、馬鹿にされ、裏切られ、背中にナイフをつき刺されても、親友中の親友によって奴隷に売られたとしても、そのために自己憐憫におちいるのは愚の骨頂である。キリストのことを思い出すべきだ。彼が最大の信頼を寄せていた十二使徒の一人は、今の金でわずか十九ドルほどの賄賂のためにキリストを裏切ったのだ。また他の一人は、キリ

ストが難にあうと彼を見捨てて逃げ、三度までキリストを知らないと断言して、誓いまでした。キリストにしてこのありさまであるとしたら、自分たちがそれ以上を期待するのは無理というものだ。

何年も前に私が気づいたのは、他人からの不当な批判を免れることはとうてい不可能だが、もっと決定的に重要なことが私にはできるということだ。つまり、不公平な批判で傷つくかどうかは私次第なのだ。

ここで明確にしておきたいのは、あらゆる批判を無視せよと主張しているのではない。不当な非難だけを無視せよと言っているのだ。かつて私はエレノア・ルーズヴェルトに、不当な非難に対するあなたの心構えは？　と聞いてみた。ホワイト・ハウスに住んだ女性のうちで、彼女ほど多くの熱烈な友人と猛烈な敵を持った人は他にいなかった。少女時代の彼女はほとんど病的と言えるほど内気で、他人の陰口を恐れたという。他人に非難されるのを恐れた彼女は、ある日、セオドア・ルーズヴェルトの妹に当たる叔母に相談した。「叔母さん、私、あることをしたいの。だけど、何か言われはしないかと心配なの」

叔母は彼女の瞳をじっと見つめてから、こう言った。「自分の心の中で正しいと思っているのなら、他人の言うことなんか気にしては駄目よ」。エレノア・ルーズヴェルトによれば、この忠言は後に彼女がホワイト・ハウスの女主人になった時に心の支えとなった。彼女はまた、あらゆる非難を免れる唯一の方法は、ドレスデン焼の人形のように棚の上に鎮座す

297　21　非難に傷つかないためには

ることだとも言っていた。「自分の心の中で正しいと信じていることをすればよろしい。しても悪口を言われ、しなくても悪口を言われる。どちらにしても批判を逃れることはできない」

マシュー・C・ブラッシュがアメリカン・インターナショナル・コーポレーションの社長だった当時、私は彼に批判が気になるかどうかを尋ねてみた。すると彼は「もちろん、若い時は非常に気になった。会社の全従業員から完全な人物だと思われたかった。そう思われていないことがわかると私は思い悩んだ。私に最も反感を持っていると思われる男の機嫌をとろうとしたが、それはかえって他の者を怒らせる結果になった。それで今度はその男と妥協しようとすると、他の連中が気を悪くした。ついに私は、個人的な非難を免れるために反感をなだめたり、抑えようと努力すればするほど、敵が増えていくことに気づいた。そこで私は自分に言い聞かせた。『人の上に立つ限り、非難を免れることは不可能だ。気にしないようにするしか手はない』と。この考えは驚くほど効果があった。その時以来、私は、いつも最善を尽くすことを心がけ、あとは古傘をかざして、非難の雨で首筋を濡らさないようにしている」

ディームズ・テイラーはもっと徹底している。彼は非難の雨で首筋を濡らしながら、公の場で陽気に笑ってみせたのである。ニューヨーク交響楽団による日曜午後のラジオ・コンサートで、彼が演奏の合間のおしゃべりをしていた時、一人の女性から届いた手紙は、彼のことを「嘘つき、裏切り者、毒ヘビ、馬鹿」と決めつけていた。彼の著者『人と音楽

PART 6 ✤ 批判を気にしない方法　298

について』の記述によれば、テイラーは「おそらく私の話がお気に召さなかったのであろうと推察した」。次週の放送で、彼はこの手紙を朗読して数百万の聴取者に披露した。すると四、五日後に、同じ女性からまた手紙が来た。それによると、彼女の意見は少しも変わらず、彼は依然として「嘘つき、裏切り者、毒ヘビ、馬鹿」ということだった。私たちは、非難に対してこういう態度で接することのできる人に敬服しないではいられない。私たちは彼の平静さ、自信に満ちた態度、ユーモアに敬意を表する。

チャールズ・シュワッブ氏は、プリンストン大学の学生たちの前で行なった演説の中で、彼が今までに学んだ最大の教訓の一つはシュワッブの鉄鋼工場で働いていた年寄りのドイツ人から教えられたと言っている。この老ドイツ人は他の工員たちとの猛烈な戦争談義に巻き込まれ、激昂した工員たちによって川へ放り込まれた。シュワッブは話している。「彼が泥と水にまみれた姿で私の事務室へ現われた時、お前を川へ投げ込んだ連中に向かって何と言い返したんだ? と尋ねると、『ただ笑っただけでさあ』と答えた」

シュワッブ氏はそれ以来、「ただ笑う」を座右の銘にしているという。この座右の銘は、不当な非難の犠牲になっている際には素晴らしく役に立つ。食ってかかってくる相手には反論することもできようが、「ただ笑う」だけの相手には何も言えないではないか?

リンカーンが南北戦争の心労に倒れずにいられたのは、自分に投げつけられる辛辣な非難に答えることの愚を悟っていたからに違いない。彼がどのようにして非難を処理したかを伝える描写は、まさに珠玉の文学作品——古典と呼ぶに相応しい。マッカーサー元帥は

戦争中、その写しを司令部の机上に掲げていた。またウィンストン・チャーチルもチャットウェルの書斎の壁に、その写しを額に入れて掛けていた。次のような一節である。

「もし私に寄せられたすべての攻撃文を読むくらいなら、まして返事を出すくらいなら、この事務所を閉鎖して、何か他の仕事をはじめたほうがましだ。私は私が知っている最良を、私がなし得る最善を実行している。それを最後までやり続ける決心だ。そして最後の結果が良ければ、私に浴びせられた非難などは問題ではない。もし最後の結果が良くなければ、十人の天使が私を弁護してくれたところで、何の役にも立ちはしない」

不当な非難をこうむった時には、第二の鉄則を思い起こそう。

● **最善を尽くそう。そのあとは古傘をかざして、非難の雨が首筋から背中へ流れ落ちるのを防げばよい。**

22 私の犯した愚かな行為

 私は私の個人的な書棚にFTDと見出しをつけた一つの書類を保存している。それには自分が今までにやってきた愚行の一つ一つが記録されている。FTD——つまり"Fool Things I Have Done"「私が犯した・愚かな・行為」の略である。それには自分が今までにやってきた愚行の一つ一つが記録されている。そして、時々これらのメモを秘書に清書させているが、特に個人的で馬鹿げたものは気恥ずかしいので、自分で記述している。

 私は今でも、十五年前に私がその書類綴りに挟み込んだデール・カーネギー批判をいくつか思い出せる。もし私が自分に対して真正直であったら、私の書類棚はその愚行メモであふれてしまったに違いない。三千年前にサウル王が「我、愚かなりき、あゝたの過ちを犯しぬ」と言った言葉は、私にもそのまま当てはまるのだ。

 愚行メモを取り出して、自分が書いた自分に対する批判を再読することは、今後の自分

が直面するであろう困難な問題、つまりデール・カーネギー管理に対処するのに役立つ。私は自分が苦境に立つとよく他人を非難したことがあったが、年をとるにつれ、結局あらゆる不幸は自分の責任であることを悟った。多くの人々も、年をとるにつれ、それを悟るようになる。「私の失脚は誰のせいでもない、自分のせいだ。私が私自身の最大の敵であり、私の悲惨な運命の源であった」とナポレオンもセント・ヘレナで語っている。

私の知人で、自己評価と自己管理にかけては芸術家の域に達していた人の話をしよう。彼の名はH・P・ハウエルである。彼が一九四四年七月三十一日、ニューヨークのアンバサダー・ホテルの売店で急死したというニュースは、ウォール街を驚愕させた。彼は財界の指導者だったからである。彼はコマーシャル・ナショナル・バンク&トラスト・カンパニーの取締役会長をはじめ、いくつもの大企業で取締役を務めていた。彼は、商店の店員から身を起こして、USスチールの信用販売部長となり、次第に地位と勢力を得た人だった。

「多年にわたって私は、その日その日の一覧表を作成していた」。私が彼に成功した理由を尋ねた時、彼はこう答えた。「家族は土曜の晩の予定を立てる時には、私を勘定に入れなかった。私が土曜の晩を、その週にした仕事の反省と評価に充てることを知っていたからだ。夕食後、私は一人きりになり、月曜以来のあらゆる面談、討議、会合などについて再検討し、自問する。『あの時、私はどんな誤りを犯したか』『どんな正しい処置をしたか』、どうすれば改善できただろうか』『あの経験からどんな教訓を学ぶことができるだろうか』と。この反省のおかげで、時には不愉快な思いをし、自分の大失策にあきれたこともあった。

しかし年がたつにつれ失敗もだんだん少なくなってきた。この自己分析法ほど役に立ったものはない」

おそらくH・P・ハウエルは、この考えをベンジャミン・フランクリンから借用したのであろう。フランクリンは土曜の晩まで待たず、毎晩自己反省をして、十三の重大な過失を発見した。そのうちの三つを挙げると、時間の浪費、小事にこだわること、他人に難癖をつけたり反駁したりすること、だった。賢明なベンジャミン・フランクリンは、これらの欠点を取り除かない限り、あまり向上できないことに気がついた。そこで彼は、まず第一の欠点と一週間連日戦うことにして、この毎日の激しい戦いで、どちらが勝つか記録をつけた。第二週には、第二の欠点を取り上げて戦いを挑み、終了のゴングが鳴るまで戦い続けたものだった。このようにしてフランクリンは、自分の欠点との戦いを毎週、二年間続けたのである。

彼がアメリカで最も敬愛され、とりわけ模範とされる人物となったのも決して不思議ではない。

エルバート・ハバードは言っている。「誰でも一日に少なくとも五分間は、どうしようもない馬鹿になる。知恵とはその限界を越えない点にあるのだ」

小人物はごく些細な批評に対しても逆上するが、賢い人は自分を非難し、攻撃し、論争した相手からも学ぼうとする。ウォルト・ホイットマンは、それをこんなふうに説いている。「君が教訓を学んだ相手は君を賞賛し、親切で、味方になってくれた人々だけだったの

か?」　君を排斥し、君に立ち向かい、君と論争した人々からも大切な教訓を学ばなかったのか?」

敵から非難されるのを待っていないで、彼らを出し抜いてしまおう。私たち自身が自分に対する冷酷な批評家になろう。敵が一言も発言しないうちに、自分で自分の弱点を見つけて矯正しよう。これこそチャールズ・ダーウィンが実行したことだ。事実、彼は十五年間を批評に費やした。ダーウィンは不朽の名著『種の起源』を脱稿した時、天地創造に関する彼の革命的な概念が、思想・宗教界を震撼させることを知っていた。そこで彼は、自分自身の批評家になり、さらに十五年間を事実の再調査、推論の再検討、結論の批評に費やしたのである。

もし誰かから「馬鹿野郎」とののしられたら、あなたはどうする? リンカーンは次のような態度をとった。陸軍長官エドワード・M・スタントンは、かつてリンカーンを「馬鹿野郎」と罵倒したことがあった。ある利己的な政治家を喜ばせるために、リンカーンは二、三の連隊の移動命令に署名した。ところがスタントンは命令を拒否したばかりか、そんな命令に署名するなんて、リンカーンは馬鹿野郎だとののしったのだ。それからどうなったか? スタントンの言葉が伝えられた時、リンカーンは穏やかに「もしスタントンが私を馬鹿野郎と言ったのなら、私は馬鹿野郎なのだろう。あの男の言うことはほとんど間違っていないから。どれ、ちょっと向こうへいって自分で確かめてこよう」と答えたという。

リンカーンはスタントンのところへ出かけていった。スタントンは命令が間違っていることをリンカーンに納得させ、リンカーンはそれを取り消した。リンカーンは好意的な動機と知識に基づく誠実な批判なら、喜んで受け入れたのである。

私たちもその種の批判は歓迎すべきなのだ。なぜなら、私たちが正しくふるまえるのは四回のうちせいぜい三回にすぎない。セオドア・ルーズヴェルトもホワイト・ハウスで過ごした日々にはその程度だったと彼自身で認めている。近代の最も深遠な思想家アインシュタインさえも、自分の結論は回数にすれば九十九パーセントは誤っていたと告白している。

「我々の敵の意見は、我々に関する限り、自分自身の意見よりも真実に近い」とラ・ロシュフコーは言っている。

この言葉はたいていの場合に真実だと思う。にもかかわらず、誰かが私を批評しはじめると、何を言いたいのか少しも見当がつかないうちから、早くも自動的に防御体勢をとってしまう。これには我ながら愛想が尽きる。私たちは人間は非難や賞賛の当不当にかかわらず、非難に憤慨し、賞賛を喜ぶ傾向がある。私たちは理性的ではなく、感情的な動物なのである。私たちの理性は、感情という暗い嵐の海に浮かんだカヌーのようなものだ。

誰かに悪口を言われても、自己弁護をしないことにしよう。そして「もし批判者が他の欠点だ。私たちはもっと独創的に、謙虚に、手際よくやろう。もことごとく知っていたら、もっともっと痛烈に私をやっつけたことだろう」と言って、

私たちの批判者を困惑させ、皆の賞賛を勝ち取ろうではないか。前章で私は不当な非難をこうむった時の対処の仕方を述べたが、ここにもう一つの考えがある。不当に非難されたと感じて怒りが込み上げてきた時、それを制してこう言うのだ。

「待てよ……俺だって完全無欠な人間ではないのだから、アインシュタインだって少なくとも八十九パーセントも誤っていたと告白しているくらいだから、おそらく俺も少なくとも八十パーセントは誤っているかもしれない。この非難は当たっているかもしれないぞ。そうしたら、むしろ感謝すべきだ。そして、それを有効に役立てるように努めるべきだ」

ペプソデント社の社長チャールズ・ラックマンは、ボブ・ホープを放送に出演させるために年間百万ドルを使っている。彼はその番組をほめている手紙など見ようともしない。批判的な手紙だけを読んでいる。それが参考になることを知っているからである。

フォード社は、管理と作業に関する欠陥を知ることに非常に熱心で、従業員のうちから何人かを選んで会社を批判する会に招待したほどだ。

私は、かつて石鹸のセールスマンで、自分を批判してほしがった男を知っている。彼ははじめてコルゲート石鹸を売りはじめた時、あまり注文が取れなかったので、仕事を失うのではないかと心配になった。彼は石鹸の品質、価格には何ら欠陥のないことを承知していたから、問題は自分にあると考えた。売り込みに失敗した時など、何がいけなかったのかを考えながら、売り込み先の近辺を歩きまわったものである。要領が悪かったのだろうか？ 熱意が足りなかったのだろうか？ 時々彼は小売商の店へ戻ってきて言った。「私は

PART 6 ❖ 批判を気にしない方法　　306

石鹸を売りつけにきたのではありません。あなたのご批判とご意見をうかがいたいのです。さっき石鹸を売り込もうとした時、私がどんなへまをしたのか、それを教えてください。あなたは私よりもはるかに経験がおありだし、成功していらっしゃるのだから、遠慮なく思い切り批判してください」

この態度によって彼は多くの友達をつくり、きわめて貴重な忠告をかちえたのであった。

そして、彼は現在、世界最大の石鹸製造会社であるコルゲート・パルモライブ・ピート石鹸会社の社長である。彼の名はE・H・リトルという。

H・P・ハウエル、ベンジャミン・フランクリン、そしてE・H・リトルと同じことをやるなんて、大物のやることだ、と思われるかもしれない。それでは、誰も見ていない時に鏡をのぞき込んで「お前もそんな大物になるのではないのか」と自問してみればいいではないか！

非難を気にかけないための第三の鉄則がある。

●自分の犯した愚行を記録しておいて自分自身を批判しよう。私たちは完全無欠を望めないのだからE・H・リトルのやり方を見習おう。偏見がなく、有益で、建設的な批判を進んで求めよう。

PART
7

疲労と悩みを予防し心身を充実させる方法

HOW TO
STOP
WORRYING
AND
START
LIVING

23 活動時間を一時間増やすには

悩みを解決する本で、なぜ疲労の予防法について一章を割いたか？ それは、疲労がしばしば悩みを引き起こす、少なくとも悩みに感染しやすくさせるからだ。疲労はまた、かぜをはじめあらゆる疾病に対する肉体的抵抗力を弱める。精神分析医によれば、疲労は恐怖や心配に対する感情面の抵抗力を低下させるという。だから疲労の予防は、悩みの予防に通じるのである。

私は「悩みを予防することに通じる」と言ったが、これは控え目な表現である。エドマンド・ジェイコブソン博士はもっと積極的である。彼は休養に関して、『積極的休養法』と『休養の必要性』という二著を世に問うている。シカゴ大学臨床生理学研究所所長として、彼は多年にわたり治療の一環として休養を利用する研究を続けてきた。彼は、いかなる興奮や感情の高ぶりも「完全な休養状態の中では存在し得ない」と断言している。言い換えれ

ば、休養状態に入れれば、悩み続けることはできないことになる。
だから、疲労と悩みを予防する第一の鉄則は――たびたび休養すること、疲れる前に休息せよ、である。

なぜこれがそんなに大切なのか？　なぜなら、疲労は驚くべき速度で蓄積するからだ。アメリカ陸軍は何回ものテストの結果、長い間の軍事訓練によって鍛えられている兵士たちでさえ、一時間に十分ほど背嚢(はいのう)を下ろして休息したほうが、行軍もはかどり、耐久力も強くなるという事実を知った。だからアメリカ陸軍は兵士たちに休息を命令している。あなたの心臓も、アメリカ陸軍と同様、頭がいい。あなたの心臓は毎日、石油貨物車一両分に匹敵するほどの血液を全身に送り出し、循環させている。そして、二十四時間に消費するエネルギーは、二十トンの石炭を高さ九十センチに積み上げるのと等しい。この信じられないような重労働を五十年、七十年、場合によっては九十年も続けるのである。どうしてそれに耐えられるのか？　ハーバード大学医学部のウォルター・キャノン博士の説明も聞こう。「たいていの人々は心臓が常時働いていると考えているが、実際には、収縮するごとに一定の休止期間がある。毎分七十という適度の速さで鼓動する時、心臓は実際には二十四時間中、わずか九時間しか働いてはいない。合計すると、その休止期間は一日にたっぷり十五時間はあるわけだ」

第二次世界大戦の際、ウィンストン・チャーチルは六十代の後期から七十代の初期にかけての年齢であったが、一日十六時間働いて、イギリスの軍事行動を指揮することができ

た。まさに驚異の記録である。その秘訣は何か？　彼は毎朝十一時までにはベッドに入ったまま報告書を読み、命令書を口述し、電話をかけ、重大な会議を開いた。昼食後、彼は二時間眠った。彼は疲労を回復したのではない、回復する必要がなかったのだ。彼はそれを予防したのである。何回も休息をとったおかげで、生き生きと元気よく深夜まで働くことができたのだ。

ジョン・ロックフェラー一世は、桁外れの記録を二つつくった。彼は一代で未曽有の巨富を築き上げ、そのうえ九十八歳まで生きながらえたのである。いかにしてそれを成し遂げたのか？　何と言っても彼が長寿の資質を受け継いでいたことが主な理由であるが、別の理由として、毎日午後、事務所で半時間の昼寝をする習慣があったことが挙げられる。彼は毎日事務所の長椅子で横になった。そして、彼がいびきをかいている間は、アメリカ大統領でさえ、彼を電話口に呼び出すことはできなかった。

名著『なぜ疲れるのか』の中で、ダニエル・W・ジョスリンは「休息とはまったく何もしていないことではない。休息とは回復である」と述べている。短時間の休息にも非常に大きな回復力があるから、五分間の昼寝でも疲労の予防に効果がある。野球界の元老コニー・マックは、試合前に昼寝をしておかないと、五回頃にへとへとに疲れてしまうと私に語ったことがある。しかし五分間でも昼寝をした時は、ダブルヘッダーでも平気でやり通すことができた。

エレノア・ルーズヴェルトに、どのようにしてホワイト・ハウスでの十二年間、気苦労

の多い仕事を遂行することができたのかと質問すると、には決まって椅子か長椅子に腰を下ろして、目を閉じたまま二十分間の休息をとっていたという答えが返ってきた。

最近、ロデオにかけては世界一の腕前を誇るジーン・オートリーと、マディソン・スクウェア・ガーデンの楽屋で会見したが、そこには簡易ベッドが置いてあった。ここに横になって、休憩時間中に一時間ぐらい眠るようにしています。そしてそのあとは映画をつくる時には、よく大きな安楽椅子で二、三十分間休息します。ハリウッドですっかり元気になります」と彼は話していた。

エジソンによれば、彼の驚くべきエネルギーと耐久力は、寝たい時に眠る習慣のおかげだったという。

私がヘンリー・フォードと会見したのは、彼が八十歳の誕生日を迎える直前だったが、彼が若々しくて元気なのには驚かされた。私がその秘訣を聞いたところ、「腰を下ろせる時には決して立っていない。横になれる時には決して腰を下ろしていない」と言っていた。

「近代教育の父」ホレス・マンも年をとるにつれて、これと同じことをした。彼はアンティオック・カレッジの学長時代、いつも長椅子に寝そべったまま学生に面接した。

私はハリウッドの一映画監督にも、同じことを実行してみるようにすすめた。彼は奇跡が起こったと告白した。その男とは、名監督のジャック・チャートックなのだ。数年前私に会いにきた時の彼はMGM映画社の短編部長だったが、くたくたに疲れ切っており、あ

313 23 活動時間を一時間増やすには

らゆる対策を試みていた。強壮剤、ビタミン剤をはじめ種々の薬を服用したが、何の効果もなかった。私は彼に、毎日休息をとってみるように提案した。というと？ つまり事務所で原作者たちと会議を行なう時でも、長椅子に寝そべって、せいぜい体を楽にしてみることを勧告したのだ。

二年後に再会した際に、彼はこう言った。「奇跡が起こった。主治医がそう言うのだ。前には短編の構想を相談したりする時、体を固くして椅子に腰かけていたものだが、今は横になったままでやっている。ここ二十年来、こんなにいい気持ちになったことはない。昨今は以前より二時間も多く働いているが、疲れるなんてことはない」

どうしたら皆さんに応用していただけるだろう？ あなたが速記者なら、エジソンやサム・ゴールドウィンのように事務所で昼寝をするわけにはいかない。会計係なら、寝そべったままで部長に会計報告をするわけにはいかない。だが、あなたが小都会の住人で、昼食のために家へ帰れるのだったら、昼食後に十分ぐらいの昼寝はできるだろう。ジョージ・C・マーシャル将軍もその手を使っていた。彼は、戦時には、軍の指揮に忙殺されているのだから、正午には必ず休養をとらねばならないと考えていた。もしあなたが五十歳をすぎていて、それどころではないというのだったら、早速掛けられるだけの生命保険を掛けることだ。当節は葬式の費用も安くないし、突然死も多い。あなたの連れ合いは、あなたの保険金を受け取って、もっと若い男と結婚することを望んでいるかもしれない！

もし昼食後に仮眠できなくても、夕食前に一時間、横になるように心がけるくらいはで

きるだろう。カクテル一杯より安上がりだし、長い目で見れば五千四百六十七倍もの効果がある。もし五時とか六時とか七時に一時間の睡眠がとれれば、あなたは起きている人生に一時間をつけ加えたことになる。なぜ？　どうして？　なぜなら、夕食前の一時間の睡眠プラス夜間六時間の睡眠——合計七時間は、連続八時間の睡眠よりもはるかに利益をもたらしてくれるからだ。

肉体労働者は休息時間を増やすことができたら、もっと多くの仕事をすることができる。フレデリック・テイラーは科学的管理の専門家としてベスレヘム・スチール・カンパニーで研究を行なった時に、この事実を実証してみせた。彼は、銑鉄を貨車に積み込む作業で労働者が一人につき十二トン半を割り当てられた場合、正午には疲れ切ってしまうことを知った。彼はあらゆる疲労の要素を科学的に研究した結果、労働者には一日十二トン半ではなく、四十七トンの銑鉄積み込み作業を課すべきだと断言した。彼によれば、これまでの約四倍の作業を課しても疲れるようなことはないというのである。ではその証明は？

テイラーはシュミットという男を選んで、ストップ・ウォッチに合わせて働くようにさせた。シュミットはストップ・ウォッチを手にしている男の命令どおりに働いた。「それ、銑鉄を持ち上げて歩け……それ、腰を下ろして休め……それ、歩け……それ、休め」といった具合である。

どんな結果が得られたのか？　他の連中が一日十二トン半しか運ばないのに、シュミットは毎日四十七トンの銑鉄を運んだ。そして彼は、フレデリック・テイラーがベスレヘム

社にいた三年間、ずっとこのペースで仕事をし続けた。シュミットがこうできたのは、疲れる前に休んだからである。彼は一時間のうち、およそ二十六分働き、三十四分休息した。彼は働く時間よりも休む時間のほうが多かったが、それでいて他の連中のおよそ四倍の仕事をしたのだ！　これは単なる風説だろうか？　そうではない。疑う人はフレデリック・ウィンスロー・テイラーの『科学的管理法』を読んでほしい。

●軍隊でやっていることを見習って、時々休息しよう。皆さんの心臓と同じように働こう――疲れる前に休むのだ。そうすれば、あなたは起きているうちの人生に一日一時間をつけ加えることができるだろう。

24 疲れの原因とその対策

ここに驚異的かつ意義深い事実がある。

精神的作業だけでは人間は疲れないというのだ。馬鹿馬鹿しいと思われるかもしれない。しかし、数年前に科学者たちは、人間の頭が疲労せずにどれだけ長時間働くことができるか、それを発見しようと試みた。驚いたことに、脳を通過する血液は活動中は全然疲れを見せないということを彼らは発見した。作業中の日雇労働者の血液から採取した血には、疲労毒素や疲労生成物が満ちているが、アルバート・アインシュタインの脳から一滴の血を取り出したとすると、それが一日の終わりであっても疲労毒素は見られないというのだ。

脳に関する限り、八時間あるいは十二時間の活動後でも、最初と同じくらい活発に働くことができるのである。脳は全然疲れを知らない……では、何が人間を疲れさせるのか？　イ精神分析医の断言によれば、疲労の大部分は精神的そして情緒的態度に起因している。イ

ギリスの有名な精神分析医Ｊ・Ａ・ハドフィールドは『力の心理学』という著書の中で「我々を悩ます疲労の大部分は精神的原因からきている。純粋に肉体的原因で消耗する例は実にまれである」と述べている。

アメリカで最も優れた精神分析医の一人であるＡ・Ａ・ブリル博士はこれを一歩進めて、「健康な座業労働者の疲労の原因は、百パーセントが心理的要素すなわち情緒的要素である」と断言している。

どんな種類の情緒的要素が座業労働者を疲れさせるのであろうか？　喜び？　満足？　決してそうではない。退屈、恨み、正当に評価されていないという気持ち、無力感、焦燥、不安、悩み——これらの情緒的要素が座業労働者を疲れさせ、かぜの原因となり、生産を低下させ、神経性の頭痛とともに家に送り返す結果になるのである。私たちは、自分の感情が体の中で生み出した精神的緊張のために疲労するのだ。

メトロポリタン生命保険会社は、疲労に関する小冊子の中で、この事実を指摘している。

「激しい仕事そのものからの疲労は、たいていの場合、十分な睡眠や休息によって回復します……悩み、緊張、感情の混乱こそ疲労の三大原因です。しばしば肉体的あるいは精神的労働に起因しているように思われる場合でも、それらが原因となっていることが少なくありません……筋肉が緊張すれば、筋肉が働いているということを忘れてはいけません。大切な責務のために自分自身でエネルギーを蓄積しましょう」

ここでちょっと本書を離れて、くつろぐことです！　こうして本書を読ん

でいく時、あなたは顔をしかめていないだろうか？　目と目の間に、ある種の緊張を感じないか？　ゆったりと椅子に腰を下ろしているか？　肩をいからせてはいないか？　顔をこわばらせてはいないか？　もし全身が布製の古い人形のように柔軟な状態でなかったら、あなたはこの瞬間に、神経性の緊張と筋肉の緊張とを生み出している性の緊張と神経性の疲労とを生み出しているのだ！

　精神的労働をすることによって、こんな不要な緊張が生じるのは、なぜだろうか？　ダニエル・W・ジョスリンは「ほとんどの人は、困難な仕事は努力する気持ちがなければうまくいかないと信じ込んでおり、このことが大きな障害となっている」と述べている。そこで、私たちは精神を集中する時に顔をしかめ、肩をいからせ、努力という動作をするために筋肉に力を入れるが、それは全然私たちの脳の働きを助けてはいない。

　驚くほど痛ましい真実がある。それは、金銭を浪費しようなどとは夢にも考えない多数の人々が、酔っ払い水夫のようにめちゃくちゃに自分たちのエネルギーを浪費しているということだ。

　この神経性の疲労に対する対策は何か？　休息、休息、休息！　仕事をしながら休息する術を覚えることだ！

　簡単なことだろうか？　いや、たぶん一生の習慣を転換しなくてはなるまい。しかし、努力する価値はある。それによって、あなたの人生に一大革命がもたらされるかもしれないのだから。ウィリアム・ジェイムズは『休養の福音』と題するエッセイの中で次のよう

に述べている。「アメリカ人の緊張過多、気まぐれ、息切れ、強烈さ、苦しそうな表情……これらは実に悪い習慣であって、まったく意味のないことだ」。緊張は習慣である。休息も習慣である。悪い習慣は打破することができるし、良い習慣は身につけることができる。

どのようにしてリラックスするか？　心からはじめるのか、それとも神経からはじめるのか？　どちらからでもない。どんな時でも、まず最初に筋肉をリラックスさせることだ！

では、試してみよう。やり方をわかってもらうために、まず目からはじめることにしよう。この一節を読み終える。お終いまで読んだら、目を閉じる。そして静かに目に言ってやるのだ。「休め、休め。緊張をほぐせ。しかめっ面はやめろ。休め、休め」。一分間、静かに何回もこう言い続けることだ。

二、三秒後には、目の筋肉がそれに従いはじめたのに気づかなかったか？　誰かの手で緊張がぬぐい去られたように感じなかったか？　信じられないかもしれないが、あなたはこの一分間に、リラックスする技術のあらゆる鍵と秘訣とを会得したのだ。あご、顔の筋肉、首、肩、全身についても同じことが当てはまる。しかし、最も重要な器官は目である。シカゴ大学のエドマンド・ジェイコブソン博士は、もし目の筋肉を完全にリラックスさせることができたら、人間はあらゆる悩みを忘れるだろうとまで言っている。なぜ目の神経の緊張を取り除くことがそれほどまでに大切かというと、全身で消費している神経エネルギーの四分の一は、目が消費しているからだ。視力の完全な多くの人々が「眼精疲労」に悩まされる理由もここにある。彼らは目を緊張させているからだ。

有名な小説家ヴィッキー・ボームは、子供の時に一人の老人から実に貴重な教訓を受けたと話している。彼女は転んでひざと手首に怪我をした。彼女を助け起こし、泥を払い落としてくれたその老人は、体を楽にする方法を知らんからだよ。古いよれよれの靴下のようにやわらかにしていなくてはいけないんだ。おいで、おじさんがやり方を見せてあげよう」

その老人は彼女や他の子供たちの前で、倒れ方や、とんぼ返りのやり方、逆立ちなどをして見せた。そして「自分をよれよれの古い靴下だと考えるんだよ。そうすれば、いつも楽にしていられるよ」と言い聞かせた。

あなたは、いつ何時でも、どこにいても、リラックスすることができる。しかし、リラックスしようと努力してはならない。くつろぎの状態とは、あらゆる緊張や努力が消え去ることである。気持ちを楽にして、くつろぐことを考えてほしい。まず目と顔の筋肉を休めることからはじめ、「休め……休め……くつろぐのだ」と繰り返そう。そうすれば、エネルギーが顔面の筋肉から体の中心部へと流れていくのがわかるだろう。そして赤ん坊のように、緊張から解放されている状態を思い浮かべてほしい。

大ソプラノ歌手ガリ・クルチも、これと同じことを実行していた。ヘレン・ジェプソンは、開演前によくガリ・クルチと会ったが、彼女は椅子にぐったりと腰を下ろし、下あごをだらりとたるませていたという。素晴らしい習慣！ これが舞台に上がる前の彼女の神経をほぐしていた、つまり疲れを防いでいたのだ。

321　24　疲れの原因とその対策

次にリラックスする方法を学ぶ際に役立つ四つの提案を紹介しよう。

一、いつでもリラックスしていること。体を古い靴下のように、しなやかにしておこう。私は古ぼけた栗色の靴下の片方を机の上に置いておく——常にしなやかにしていることを忘れないためだ。靴下がなければ猫でもよかろう。日なたで眠っている子猫をつまみ上げたことがあるだろう。そうすると前後の足はまるで濡れた新聞紙のようにだらりと垂れ下がる。インドのヨガの行者も、くつろぐ技術を修得するには猫を見習えと言っている。今までに私は、疲れた猫、神経衰弱にかかった猫、不眠症・悩み・胃潰瘍にかかっている猫を見たことがない。あなたが猫のようにリラックスする方法を知ったら、きっとこれらの災難を免れることができよう。

二、できるだけ楽な姿勢で働くこと。体の緊張は肩のこりと神経疲労を引き起こすという点を忘れないこと。

三、一日に四、五回は自分を点検してみること。「私は実際以上に余計な労働をしてはいないだろうか? 私はこの仕事と関係のない筋肉を使っていないだろうか?」と自問するのだ。これは、くつろぐ習慣を身につけるのに役立つに違いない。デイヴィッド・ハロルド・フィンク博士は「心理学を会得している人々のうち、二人に一人は習慣として身につけている」と述べている。

四、一日の終わりに再び自問してみる。「私はどれだけ疲れているのか? もし疲れてい

るのなら、それは精神的労働に従事したためではなく、そのやり方のためだ」。ダニエル・W・ジョスリンは言っている。「私は仕事の成果をはかるのに、一日の終わりにどれだけ疲れているかではなく、どれだけ疲れていないかを基準にする。一日の終わりにひどく疲れを感じたり、いらいらして神経が疲れているなと感じる時は、量的にも質的にも仕事の効果の上がらなかった日であったことを知る」。もしアメリカの全実業家が同じ教訓を学ぶなら、高血圧症による死亡率は一夜にして激減するだろう。また疲労や悩みに打ちひしがれた人々で、療養所や精神科病院が満員になることもなくなるだろう。

25 疲労を忘れ、若さを保つ方法

昨年のある日、私の知人は世界で最も珍しい医療教室の一つに出席するためにボストンへ飛んだ。医療教室？ そのとおり。ボストン診療所で週に一回開かれるもので、それに出席する患者たちは、あらかじめ定期的かつ徹底的な健康診断を受けていなくてはならない。しかしこの教室では、実際には心理療法が行なわれるのである。正式には応用心理学クラス（以前、創設メンバーが考えていた名前は、思考コントロール・クラスだったが）と呼ばれている。けれども、その本当の目的は「悩みから病気になった人々」を処置することにある。そして患者の多くは、情緒的障害を抱えた一家の主婦たちである。

どのようにして、このクラスは発足したのだろうか？ サー・ウィリアム・オスラーの教えを受けたジョセフ・プラット博士が一九三〇年に気づいたことは、ボストン診療所を訪れる患者の多くが、見たところ肉体的には何ら異常がないのに、実際には、あらゆる疾

病の症状を呈していたことだった。ある婦人の手は関節炎でひどく曲がっていく、全然自由が利かなかった。また別の婦人は「胃がんの徴候」があって苦しんでいた。他の人々も背中の痛み、頭痛、慢性疲労、あるいは漠然とした痛みを感じていた。彼女らは実際にこれらの苦痛を感じていた。ところが、徹底的に健康診断をしてみても、肉体的には何らの異常も発見できないのである。昔気質の医師たちだったら、気のせいだ、想像にすぎないと片づけてしまったに違いない。

しかしプラット博士は、これらの患者たちに「家へ帰って病気を忘れてしまいなさい」と言っても無駄であることを知っていた。これらの人々のほとんどは、病気になりたくなったわけではなかった。簡単に病気を忘れられるくらいだったら、すでに自分でそうしたはずである。では、どうしたらよいのか？

そこで彼は一部の医師や関係者の反対を押し切って、この教室を開設した。開設以来十八年間に何千という患者がここに通って「全治」した。患者の中には教会へ通うのにも似た敬虔な気持ちで、毎年のように顔を見せる人もいた。私の助手は、九年間も休まずに出席した一人の婦人と話し合った。彼女ははじめて診療所を訪ねた時、自分では遊走腎と心臓病をわずらっていると信じ込んでいた。彼女は心痛と緊張のあまり、時々目の前が暗くなったり、一時的に視力を失った時さえあった。彼女は四十歳を少し出たくらいにしか見えなかったが、孫を抱いていた。彼女は言った。「私は家庭のいざこざに悩んでいっそ死にたい

325　25　疲労を忘れ、若さを保つ方法

と思ったほどでした。けれども、ここの診療所で悩むことの無益さを悟りました。悩みを断ち切ることを学びました。今の私の生活は平穏そのものです」

この教室の医学顧問ローズ・ヒルファーディング博士の考えによれば、悩みを軽減するための最良の方法は、「誰か信頼できる人に悩みを打ち明けること」だという。「私たちはこれをカタルシスと呼んでいます。ここへ来た患者たちは詳しく自分たちの悩みを打ち明けてはじめて、それを心の中から追い出すことができるのです。一人で思いわずらい、自分だけの胸に抱き締めている限り、神経の緊張は増すばかりです。私たちは皆、自分たちの悩みを分かち合わねばなりません。苦労を分け合わねばなりません。この世の中の誰かが自分の悩みを聞いてくれ、理解してくれると感じることが必要なのです」

私の助手は、一人の女性が自分の悩みを打ち明けたことによって晴れ晴れとした気持ちになったさまを目の当たりにした。彼女の苦労は家庭問題であった。最初彼女が話し出した時には興奮で沸き返っていたが、話が進むにつれて落ち着いてきた。面談の終わりには微笑みさえ浮かべていた。問題は解決されたのか。否、そう簡単なものではなかった。変化が生じたのは誰かに打ち明けたこと、わずかな忠告と同情とを与えられたことによるものだ。実際に彼女の心境の変化をもたらしたものは、言葉の持つ治療的効果であった！

精神分析は、ある程度までこの言葉の治癒力を土台としている。フロイト以来、精神分析医が知ったことといえば、患者が打ち明けさえすれば、内心の不安からは解放されるという点だった。なぜか？

おそらく打ち明けることによって、私たちは自分の悩みをいく

らか洞察することができ、状況を判断しやすくなるのであろう。本当の答えは誰にもわからない。しかし、私たちは誰でも「打ち明け話」や「胸のつかえを吐き出すこと」によって、たちまち解放感を味わえることを知っている。

 だから、この次に何か心配事ができた場合には、それを打ち明ける人を探すべきではあるまいか？ もちろん、手当たり次第に人をつかまえて泣き言を並べたり、愚痴をこぼしたりして皆の鼻つまみ者になれと言っているのではない。信頼できる人を選んで相談に乗ってもらうのである。親戚、医師、弁護士、牧師、神父などであろう。そして、その人に言うのだ。「私はあなたの助言がいただきたいのです。実はある問題について、私の話を聞いてください。何かの助言をいただけるかもしれません。あなたは、私が気のつかない別の角度からこの問題をごらんになれるかもしれません。たとえ、そこまで望めないにしても、話の一部始終を聞いてくださるだけでも、実にありがたいのです」と。

 悩みをすっかり話してしまうこと。これがボストン診療所の教室で用いられている主な方法である。他にいくつかの方法がある。これは誰でも自宅で実行できる方法である。

一、感銘を受けた作品のために、ノートか切り抜き帳を用意すること。
 その中に、あなたを感動させ向上させる詩、短い祈りの言葉、引用文などを貼っておくことにする。そうすれば陰気な雨の午後など、何となく気分がくさくさしてきた時に、このノートの中から気分を晴らしてくれるような詩や祈りの言葉が見つ

かるだろう。例の診療所の患者の中には、長年こういうノートをつくっている人が多数いる。彼らはそれを精神的な「静脈注射」と呼んでいる。

二、他人の欠点にいつまでもこだわらないこと。
　ある女性は自分がだんだんと口やかましくて愚痴っぽい、やつれ顔の女房になりかけたのに気づいたが、「ご主人が亡くなったらどうします?」と聞かれて、はっとした。彼女はびっくりし、その場に座り込んで夫の長所を書き上げてみたら、ずいぶんとたくさん出てきた。専制的な暴君と結婚したと悔やみはじめたら、あなたも同じことをやってみてはどうだろう?　相手の良いところを全部書き出してみたら、今の相手こそ理想の配偶者だったと気がつくであろう。

三、近所の人々に関心を持つこと。
　あなたの生活に関わりのある人々に対して、友好的で健全な興味を深めていこう。ひどく排他的で、自分には一人の友人もないと思い込んでいたある婦人が、次に出会った人について何か話をこしらえてみるように命じられた。彼女はバスの中で目についた人たちの背景、環境、生活を組み立てはじめた。そして肝心な点は、いたるところで他人なものだったかを思いめぐらそうとした。その結果、今の彼女は悩みもなく、幸福で、はきはに話しかけてみたことだった。

きして、好感を持たれる人間である。

四、今晩ベッドに入る前に明日のスケジュールをつくること。
教室で判明したことといえば、多くの人々は、自分たちが手抜きのできない仕事に絶えず追いかけられ、苦しんでいると思い込んでいるのだ。一仕事終わったのだと感じる時がないのである。時計に追いまくられているのだ。この追われている気持ちと悩みを癒すために、毎晩翌日のスケジュールをつくるように示唆された。その結果はどうなったか？　多くの仕事がきちんと片づき、疲労は減り、誇りと達成感が生まれ、そのうえ休息時間も楽しみの時間も残っていた。

五、最後に、緊張と疲労を避けること。リラックスすること！　くつろぐこと！
緊張と疲労ほどあなたを早く老けさせるものはない。これほどあなたの若さと顔のつやを損なうものはない。私の助手は、ボストンの思考コントロール・クラスで座って一時間、ポール・E・ジョンソン博士が、本書で紹介したような種々の原理——くつろぐための原則について講義するのを聴いていたが、体をほぐす柔軟体操を十分間も続けているうちに、彼女は眠りかけていたそうだ——きちんと椅子に腰かけたままで！　体をほぐすことをどうしてそんなに強調するのか？　それは、悩みを追い出すためには、くつろぐことが何よりも大切だということをボストンの診

療所は——他の医者もだが——よく知っているからだ。

そうだ、あなたは、リラックスしなくてはならない。不思議なことだが、堅い床はバネの利いたベッドよりもくつろぐのに適している。抵抗が強いので背骨のためによいのだ。よろしい。ではいくつかの運動法を挙げておこう。一週間続けてみて、あなたの顔つきや気持ちにどんな効果が表われたかを調べていただきたい。

a 疲れたと感じた時には床に横たわって、全身をできるだけ伸ばす。転がってもよい。一日に二回行なう。

b 目を閉じる。そして、次のようなことを言ってみるのもよいだろう。「太陽が頭上で輝いている。空は青く澄んでいる。自然は穏やかで世界を支配している。私は自然の子として宇宙と調和している」。あるいは、もっといいことは、祈ることだ！

c もし時間の余裕がなくて横になれないなら、椅子に腰をかけていても、ほとんど同じ効果を上げることができる。くつろぐには堅くて背のまっすぐな椅子が最適である。エジプトの座像のようにまっすぐに腰をかけ、手のひらを下にして、ももの上におく。

PART 7 ✤ 疲労と悩みを予防し心身を充実させる方法　330

d さて、ゆっくりと爪先を緊張させ、それからゆるめる。足の筋肉を緊張させる。そしてゆるめる。全身のあらゆる筋肉を下から上へ同じ運動をさせる、そして首に及ぶ。頭をフットボールのように力強く回転させる。その間、筋肉に対して「休め……休め」と言い続ける。

e ゆっくりと安定した呼吸で神経を鎮める。深呼吸をする。インドのヨガの行者は間違っていない——リズミカルな呼吸は、神経を鎮めるには何よりもよい方法の一つである。

f 顔のしわやとげとげしさに気をつけて、それをなくそう。額の八の字や口元のしわを伸ばすこと。日に二回そうすれば、エステティック・サロンへ行ってマッリージをしてもらう必要はなくなるだろう。しわはすっかり消えてしまうだろうから！

26 疲労と悩みを予防する四つの習慣

勤務中の習慣その一——当面の問題に関係ある書類以外は全部机上から片づけよう。

シカゴ・ノースウェスタン鉄道会社社長ローランド・L・ウィリアムズは言っている。「いろいろな書類を、机上に山のように積み上げている人間がいるが、今すぐ必要としないものを全部片づけてしまったら、もっと容易に、正確に仕事ができることがわかるだろう。私はこれを上手な家政と呼んでいる。これこそ能率向上の第一歩だ」

ワシントンの国会図書館の天井には、詩人ポープの「秩序は天の第一の法則である」という句が記されている。

秩序は仕事の第一の法則でもあるべきだ。実際はどうか？　たいていのビジネスマンの

PART 7 ✣ 疲労と悩みを予防し心身を充実させる方法　332

机上には何週間も見ていないと思われる書類が散らかっている。ニューオーリンズのある新聞発行人から聞いた話だが、秘書が彼の机の一つを片づけたところ、二年前に紛失したタイプライターが出てきたという。

返事を出していない手紙、報告、メモが散らかっている机は、一見しただけでも混乱・緊張・悩みを引き起こすに十分である。もっと始末の悪いことがある。それは「処理すべきことは無数にあるのに、それを処理する時間がない」という思いに絶えず駆り立てられて、あなたを緊張と疲労に追いやるだけでなく、高血圧・心臓病・胃潰瘍の不安まで与えるのだ。

ペンシルバニア大学医学部大学院教授ジョン・H・ストークス博士は、かつてアメリカ医学協会で「臓器の疾患に併発する機能的ノイローゼ」と題する研究報告をしたが、その中の「患者の精神状態のどんな点を調べるべきか」という項で十一の条件を挙げている。その第一項目は次のとおりである。

「しなければならぬという観念または義務感。処理しなければならない仕事がいつまでたっても目前に山積しているという緊張感」

しかし、机上を整理したり、決断を下したりというような初歩的な方法で、高血圧や義務感、「処理しなければならない仕事がいつまでも目前に山積している緊張感」などを防止

できるのだろうか？　有名な精神分析医ウィリアム・サドラー博士は、こんな簡単なやり方で神経衰弱を防止できた一患者の話を聞かせてくれた。その男はシカゴの大会社の重役だったが、サドラー博士のところに来た時には、緊張のあまり神経を高ぶらせており、思い悩んでいた。彼自身も自分が空中分解する寸前にあることを知っていたが、仕事を離れるわけにはいかなかった。それで医師の助けを求めたのだ。

サドラー博士はこう述べた。「この男が話をしている時に、電話のベルが鳴りました。病院からの電話でした。私はその用事について即座に決断しました。できるだけその場で処理すること、これが私の方針でした。それが終わると、すぐまた電話がかかってきました。緊急を要する問題だったので、しばらく電話口で話しました。三度目の中断が生じたのは、私の同僚がやってきて、重体の患者の処置について私の意見を求めた時でした。ところが、彼が済んで客のところに戻り、お待たせして済みませんでしたと謝りました。それまでの顔つきとは雲泥の差がありますの顔は晴れ晴れとしているではありませんか。

「いや、どういたしまして、先生！」。この男はサドラー博士に言った。「この十分間に、私は自分の誤っていた点がわかったような気がします。事務所へ戻ったら、仕事の習慣を変えます……その前に先生、失礼ですが、机の中を見せていただけませんか？」

サドラー博士は机の引き出しを開けた。事務用品を除けば、まったく空っぽだった。「未処理の仕事はどこにしまっておられますか？」と患者は聞いた。

「全部処理済みです」とサドラー博士は答えた。
「返事を出していない手紙などは？」
「一通もありません。私は手紙の返事をすぐ出すように心がけています。その場で口述したものを秘書に処理させるのです」

六週間後、この重役はサドラー博士を彼の事務所に招待した。彼は変わっていた——そして彼の机も同様だった。彼は机の引き出しを開けて、そこに未処理の仕事が何もないことを示した。重役は言った。

「六週間前、私は二つの事務室に三つの机を持っていました。そこには未処理の仕事が詰まっていました。仕事が片づいたためしはありませんでした。あなたとお話ししてから、ここへ戻ってきて、報告書や書類を残らず処分してしまいました。今の私は一つの机で仕事し、仕事がくればすぐに処理してしまいますので、滞った未処理の仕事を気にして、緊張したり、悩んだりすることはまったくありません。しかし、最大の驚きは私が完全に回復したことです。今はどこも悪いところはありません！」

アメリカ最高裁判所長官だったチャールズ・エヴァンズ・ヒューズは言った。「人間は過労が原因で死にはしない。浪費と悩みが原因で死ぬのだ」。そのとおり、エネルギーの浪費と、仕事が思うようにはかどらないための悩みが原因なのだ。

勤務中の習慣その二――重要性に応じて物事を処理すること。

シティー・サービス・カンパニーの創立者ヘンリー・L・ドハーティーに言わせると、いくら多額の給料をはずんだとしても、ほとんど見つけることのできない才能が二つある。このきわめて貴重な能力とは、一つは考える能力、もう一つは重要性に応じて物事を処理していく能力である。

チャールズ・ラックマンといえば、一文なしから十二年間でペプソデント社の社長に出世した男で、年俸は数千万ドル、他に数百万ドルの収入があるが、彼の言うところによれば、彼が成功したのはヘンリー・L・ドハーティーがほとんど発見できないと述べた二つの才能を伸ばしたためであるという。チャールズ・ラックマンはこう言っている。「いつ頃からか知らないが、私は朝五時に起きることにしている。なぜなら、早朝のほうがよく考えられるからだ。慎重に一日の計画を練り、重要性に応じて物事を処理する予定を立てるには早朝に限る」

アメリカで最も成功した保険外交員の一人フランクリン・ベトガーは、一日の計画を立てるのに朝の五時まで待たない。彼は前の晩にそれをつくるのである。つまり、翌日獲得すべき保険の目標額を決めるのだ。もし目標を達成できなければ、その分だけさらに翌日の目標額が加算されることになる。

私は長い間の経験から、人間は必ずしも物事をその重要性に応じて処理し得ないことを

PART 7 ✤ 疲労と悩みを予防し心身を充実させる方法　336

知っている。しかし、また一番重要な事柄を最初に処理するように計画するほうが、行き当たりばったりのやり方よりも、はるかに良いことも知っている。

もしジョージ・バーナード・ショーが、一番重要な事柄を最初に処理するという厳しい原則を守っていなかったら、おそらく彼は作家として失敗していたであろうし、一生を通じて銀行員で終わったかもしれない。彼の日課は必ず五ページ書くことであった。この計画に従って、彼は失意の九年間も——その九年間の所得は全部でたった三十ドル、一日当たり一ペニーにすぎなかったのだが——ひたすら五ページずつ書き続けた。ロビンソン・クルーソーでさえ、毎日のスケジュールを一時間刻みでつくったではないか。

勤務中の習慣その三——問題に直面した時、決断に必要な事実を握っているのだったら、即刻その場で解決すること。決断を延期してはならない。

私のクラスの受講生であったH・P・ハウエルはこんな話をしてくれた。彼がUSスチールの取締役だった時、取締役会はいつも長時間にわたり、多数の議案が審議されたが、大部分は未解決のまま持ち越しとなった。その結果、各取締役はたくさんの報告書を家へ持ち帰らなくてはならなかった。

ついにハウエル氏は各取締役を説得して、一度に一議案を取り上げて結論を得ることにした。延期、持ち越しを許さないのである。補足説明を求めるにしても、何らかの手を打

つにしても打たないにしても、とにかくそれを決定してからでなくては、次の議案に移らないことにしたのだ。その結果は実に素晴らしいものだった。予定表はきちんと処理され、行事日程表はきれいになり、報告書を家に持ち帰る必要もなくなった。もはや未解決の問題で頭を悩まさなくてもよくなったのである。
結構なルールだ。USスチールの取締役会にとってばかりでなく、誰にとっても。

勤務中の習慣その四——組織化、代理化、管理化することを学ぼう。

多くの実業家は責務を他人に代行させることを知らず、すべてを自分自身でやろうとして、まだそれほどの年でもないのに自分を死に追いつめている。些細なことと混乱に圧倒され、焦燥・悩み・不安・緊張に追いつめられた結果なのだ。責任を委任することを学ぶ難しさについては、私も知っている。経験上、不適格な人に権限を委譲したことから起こる弊害についても知っている。確かに権限の委譲は難しいけれども、取締役たちが悩み・緊張・疲労を免れたいのだったら、それを実行しなくてはならない。

組織化、代理化、管理化することを学ばぬ人は、五十歳か六十歳の初期に心臓病でぽっくり死ぬであろう。実例を示せ？　毎日の新聞の死亡記事を見ればよかろう。

27 疲労や悩みの原因となる倦怠を追い払うには

　疲労の主な原因の一つは倦怠である。それを説明するために、アリスというULの例を取り上げてみよう。ある晩、アリスは疲れ切って帰宅した。彼女は疲れているように見えた。彼女は本当に疲れていた。頭痛がしたし、背中も痛かった。彼女は夕飯を抜きにして、すぐベッドにもぐり込みたかったが、母親の言葉に負けて食卓についた。電話のベルが鳴った。彼女のボーイフレンドからだった！　ダンスへの招待だった！　彼女の目は輝き、たちまち元気になった。彼女は二階へ駆け上がって服を着替え、明け方の三時頃まで踊った。そして家へ帰ってきた時、少しも疲れてはいなかった。事実彼女は、あまりにもうきうきして眠れなかったほどである。
　アリスは、八時間前には疲れ果てているように見えたが、いったい本当に疲れていたのだろうか？
　確かに疲れていた。彼女は自分の仕事にくさくさしていた。おそらく人生に

飽きていた。アリスのような人が何百万人もいるはずだ。あなたもその一人かもしれない。

疲労感が生じる場合には、肉体の消耗よりも、人間の心理状態に密接な関係があるというのは周知の事実である。数年前にジョセフ・E・バーマックは『心理学の記録』という著書で、倦怠が疲労の原因となることを実証する報告を発表した。彼は一群の学生に、およそ興味を呼ばないようなテストをやらせた。結果は？　学生たちは疲労し、眠気を催し、頭痛・眼精疲労などを訴え、いら立たしい気持ちになった。なかには胃に変調を来した者さえあった。これらは皆「仮病」だったのだろうか？　そうではない。これらの学生に対して新陳代謝テストを行なった結果、倦怠を感じると人体の血圧と酸素の消費量が実際に減少し、仕事に興味と喜びを感じはじめると新陳代謝がたちまち促進されることがわかった。

人間は心をはずませながら何か興味深いことをしていると、めったに疲れない。たとえば、私は最近ルイーズ湖畔のカナディアン・ロッキーで休暇を過ごした。私は数日、コラル・クリークに沿ってマス釣りをしながら、身の丈よりも高い藪を押し分けたり、木の根につまずいたり、倒木の下をくぐり抜けたりしたが、これを八時間続けたあとでもへとへとにはならなかった。なぜだろう？　興奮し、心が躍っていたからだ。大きなマスを六尾も釣り上げたからだ。しかし仮に私が魚釣りに退屈したとしたら、どんな気持ちになっただろう？　海抜二千百メートルの高地での激しい作業に疲れ切ってしまったに違いない。

登山のように激しい活動においてさえも、肉体の酷使よりも退屈のほうが人間を疲労させる。たとえば、ミネアポリスの銀行家S・H・キングマン氏は、この事実を完全に裏づける話をしてくれた。一九五三年七月、カナダ政府はカナダ山岳会に対して「プリンス・オブ・ウェールズ・レンジャー部隊」の山岳訓練に必要なガイドを集めてほしいと要請した。キングマン氏はこのガイドの一人に選ばれた。かくて四十二歳から五十九歳までのガイドたちは、若い軍人を引率して氷河を渡り、雪原を横切り、ロープと小さな足場や手がかりを頼りに十二メートルもある断崖を登った。彼らは小ヨホ渓谷にあるいくつかのピークにもよじ登った。こうして（その前に六週間の特別訓練を終えたばかりで）元気はつらつとしていた若者たちも、十五時間に及ぶ登山のあとでは、へとへとに疲れてしまった。

彼らの疲労は、特別訓練で十分に筋肉を鍛えておかなかったために生じたのであろうか？ 特別訓練を経てきた若者たちは、こんな愚問を嘲笑するに違いない！ 彼らは登山に退屈したから疲労したのだ。彼らは疲労の極に達していて、食事もせずに寝てしまった者も少なくなかった。しかし隊員たちより二倍も三倍も年長のガイドたちは？ 彼らも疲れはしたが、疲労困憊とまではいかなかった。ガイドたちは夕食をとり、何時間か起きていて、その日の経験について語り合った。彼らがのびてしまわなかったのは、登山に興味を持っていたからである。

コロンビア大学のエドワード・ソーンダイク博士は、疲労に関する実験を行なっていた時、何人かの青年に絶えず興味を抱かせるようにしながら約一週間も眠らせないでおいた。

その結果、博士は「倦怠こそ能率低下の唯一の原因である」と報告したという。
あなたが頭脳労働者であるなら、仕事の量で疲れるということはないはずだ。むしろ、自分が処理し切れない仕事の量で疲れるかもしれない。たとえば先週の一日、ひっきりなしに仕事の邪魔をされたことを思い出してみるがいい。返事の手紙は出していない。約束は破られた。問題があちこちに起こって、あの日は何もかもうまくいかなかった。何一つ片づいたわけではない。それなのにへとへとに疲れて帰宅した——割れそうな頭を抱えて。次の日は、あらゆることが都合よく運んだ。前日の四十倍もいろいろなことが片づいた。しかもあなたは、純白のクチナシのように新鮮な気持ちで帰宅した。そんな経験があるはずだ。私にもある。

学ぶべき教訓は? 次のようなことだ。私たちの疲労は仕事によって生じたのではなく、悩み・挫折・後悔が原因となっていることが多い。

本章を執筆中に、私はジェローム・カーンの楽しいミュージカル・コメディー『ショウ・ボート』の再演を見にいった。「コットン・ブロッサム」号のアンディー船長は、彼の哲学的幕間劇の中で「好きな仕事をやれる人間が幸せな人間さ」と言っている。彼らが幸せだという理由は、やる気と楽しさがますます湧いてきて、その分だけ悩みや疲労が少ないからである。興味の湧くところにやる気も生じる。口やかましい女房とか亭主と一緒に一キロ歩くのは、愛しい恋人と十キロ歩く以上にくたびれる。

それでは、どうしたらよいか? ある速記者の実例を紹介しよう。オクラホマ州タルサ

にある石油会社に勤めていた速記者だ。彼女には毎月決まって、想像もできないほど単調な仕事をする日があった。印刷された貸借契約書に、数字や統計を書き込むのである。その仕事があまりにも退屈だったので、彼女は自己防衛上、それを興味の湧く仕事に変えようと決心した。どのようにして？ 毎日、自分自身と競争するのである。彼女はいつも午前中に自分が作成した契約書の数を数えた。そして午後には、その数を上まわろうと努力した。それから一日の合計を数えて、翌日はそれ以上仕上げるように努力したのだ。その結果は？ 彼女は、この退屈な契約書を、彼女の所属している課のどの速記者よりも多く作成できるようになった。それが彼女に何をもたらしたか？ 賞賛？ 感謝？ 昇進？ 昇給？ 否、否、否。──しかし、退屈から生じる疲労を防止することには役立った。それは彼女に精神的な刺激を与えた。そして、退屈な仕事をできる限り興味あるものにしようと努力したために、エネルギーと熱意がますます湧いてきて、今まで以上に余暇を楽しむことができたのだった。

私はこの話が事実であることを知っている。なぜなら、私はこの娘と結婚したからだ。

次に自分の仕事に興味を持つふりをして得をした秘書の話をしよう。彼女はいつも仕事に対してファイトを燃やしていた。彼女はイリノイ州エルムハーストに住むヴァリー・G・ゴールデンで、自ら次のように書き送ってきた。

「私の事務所には秘書が四人いて、それぞれ四、五人の人たちの手紙を口述するように命じられています。時には私たちの手元へ仕事が一時に殺到して、てんてこ舞いさせられる

ことがあります。ある日、一人の副部長が、長文の手紙を打ち直せと言ってきたので、私は断りました。そして、この手紙なら全部を打ち直さずに訂正するだけでよいと言ったのです。すると副部長は、君が嫌だと言うのなら、誰か他の者にやらせると言うのです。私はもうかんかんになりました。しかし打ち直しに取りかかった時、ふと、私に代わってこの仕事をしようと狙っている連中が大勢いることに気がつきました。それに、私はそういう仕事をするために給料をもらっているのです。そう思うと、気分が落ち着いてきて、いっさいに、本当は嫌な仕事なのだけど、楽しんでいるふりをしようと決心したのでした。そして、大きな発見をしました。私がいかにも仕事を楽しんでいるふりをすると、実際にある程度は楽しくなってくるのです。また仕事が楽しくなると、能率が上がることもわかりました。だから今では、時間外勤務の必要はなくなりました。私はこの新しい心構えのせいで、よく働くという評判をとりました。そして部長の一人が専属の秘書を必要とした時に、彼は私に白羽の矢を立てました。君は時間外勤務でも嫌な顔をしないで働くからというのが、その理由でした。心構えを変えることから生じるこの種の効果を知ったことは、私にとっては本当に貴重な発見で、素晴らしく役に立ちました!」

　ゴールデン・ハンス・バイヒンガー教授の哲学に基づいて、奇跡をもたらす「芝居」をしたのだ。彼は私たちに、「あたかも」幸福であるようにふるまえと説いている。もしあなたが、「あたかも」自分の仕事に興味を持っているようにふるまえば、そのちょっとした仕草によって、あなたの興味には真実味が加わるであろう。そのおかげで、疲労・緊張・

悩みは軽減するであろう。

数年前、ハーラン・A・ハワードは人生を一新しようと決意した。彼は単調な仕事を楽しいものにしようと決心したのだ。他の少年たちが野球をしたり、女の子をからかったりしている時、彼は高校の食堂で皿を洗ったり、カウンターを磨いたり、アイスクリームを配ったりしていたのである。ハーラン・ハワードは自分の仕事を軽蔑していた。けれども、仕事を続けなくてはならなかったので、アイスクリームについて研究してみようと決心した。製造工程はどうか、どんな材料が使われているのか、おいしい、まずいの差はなぜ生じるか？　彼は次第に栄養化学に興味を持つようになり、マサチューセッツ州立大学の化学課程の優等生となった。ニューヨークのココア取引所が、賞金百ドルで、ココアとチョコレートの利用に関する懸賞論文を全国の学生から募集した時、ハーラン・ハワードが入賞し賞金を獲得した。

適当な就職口が見つからなかったので、彼はマサチューセッツ州アマーストの自宅の地下室に個人の研究所をつくった。その後間もなく新しい法律ができて、牛乳中の細菌数を表示することになった。ハワードはアマーストにある十四の牛乳会社のために細菌数の計算を引き受け、二人の助手を雇わねばならないほどだった。

これから二十五年もすると、彼はどうなっているだろう？　現在栄養化学の仕事に従事している人々は、その頃になれば勇退するか、死んでしまっているだろう。そしてその地

位は、現在創意と熱意を燃やしている若者たちによって引き継がれるであろう。二十五年後には、ハーラン・ハワードはおそらく業界の指導者の一人となっているに違いない。彼の手からカウンター越しにアイスクリームを買っていた彼の級友たちの多くは失業し、落胆して政府を呪い、俺たちは運がなかったなどと不平を言っていることだろう。ハワードにしても、もし退屈な仕事を楽しくしようと決意しなかったら、チャンスは訪れなかったはずである。

　久しい以前、単調な仕事に飽き飽きしながら工場内の旋盤の横に立ち、ボルトをつくっているもう一人の若者がいた。彼の名はサムといった。サムは仕事をやめたかったが、次の仕事が見つかりそうになかった。そこで彼は、自分のそばにいる機械工と競争することにした。一人は粗い表面を研磨しており、もう一人はボルトを適当な直径に仕上げていた。彼らは合図とともに機械にスイッチを入れ、誰が最も多く仕上げられるかを競争してみた。現場主任はサムの仕事が速くて正確なのに感心して、間もなく彼をもっといい仕事につかせた。それが昇進への糸口だった。三十年後、サムことサミュエル・ヴォークレーンはボールドウィン機関車製造工場の社長になった。もし彼が退屈な仕事を楽しくしようと決意しなかったら、彼は一生、機械工として暮らさなければならなかったであろう。

　有名なラジオ・ニュース解説者H・V・カルテンボーンは、どのようにして退屈な仕事を興味あるものに変えたかについて話してくれた。彼は二十二歳の時、家畜輸送船の上で

牛に飼料を与えたり、水を飲ませたりしながら大西洋を渡った。イギリスでの自転車旅行を終えてのち、彼は空腹と中身のない財布を抱えてパリに着いた。彼はカメラを五ドルで質に入れ、ニューヨーク・ヘラルド紙のパリ版に求職広告を出して、立体幻灯機のセールスという仕事を得た。まったく同じ二つの絵を並べて見る、旧式な立体双眼鏡である。それを見ると奇跡が起こる。立体双眼鏡の二枚のレンズは、立体的な効果で二つの映像から一つのシーンをつくり出す。距離感が生じて、驚くほどの遠近感があった。

さて、カルテンボーンはこの機械を一軒一軒売り歩くことになったが、フランス語は話せない。それでも最初の一年に手数料五千ドルを稼ぎ、フランスのセールスマンとしては最高給の一人となった。彼の語るところによれば、あの時の経験は、成功するための条件を身につけるという意味では、ハーバード大学で一年間学ぶ以上に有益だった。自信があったかって？ 彼は、この調子なら、フランスの主婦を相手に『国会議事録』だって売ってみせるという気になったと語っていた。

この経験によって彼はフランス人の生活に対する理解を深め、それが後年、ヨーロッパの出来事について解説する際にはかり知れないほど役立った。

フランス語が話せないのに、どのようにして一流のセールスマンになれたのだろう？ 彼はまず雇い主に頼んで、売り込みに必要な言葉を完全なフランス語で書いてもらい、それを暗記した。ドアのベルを鳴らし、主婦が出てくると、カルテンボーンは奇妙なアクセントで暗記した文句を繰り返す。それから写真を見せる。相手が何か質問すると、肩をす

ぽめて「アメリカ人……アメリカ人」と言う。そしててっぺんに貼りつけてある完全なフランス語で書かれた宣伝文句を指し示す。主婦が笑い出す。彼も笑う。もっと写真を見せる。こういった調子である。カルテンボーンはこの話をしながら、仕事は決して楽ではなかったと述懐した。彼に言わせると、この仕事を面白いものにしようとの一念が唯一の原動力となったという。彼は毎朝出かける前に鏡をのぞいて、ぱをかけた。「カルテンボーン、こいつをやらなくては食っていけないのだぞ。やらなくてはならない以上、一つ愉快にやろうではないか。戸口でベルを鳴らしたら、自分が役者になってフットライトを浴びているさまを想像し、観客がじっと見守っている光景を思い浮かべるのだ。つまり、お前のしている仕事は舞台の芝居と同様、滑稽千万なのだ。なぜもっと情熱と興味とを投入しないのだ?」

カルテンボーンの話によると、このような言葉で毎日自分を励ましのうちは好きになれなかった仕事がいつの間にか好きになり、高収入が得られたのである。

成功を渇望しているアメリカの青年たちに何か忠告してほしいと頼むと、彼はこう言った。「まず毎朝、自分にぴしゃりとひと鞭くれることだ。半分眠っているようなばやっとした状態からはっきり目の覚めた状態にするには、肉体を動かすことが重要であるとよく言われる。けれども、それ以上に必要なことは、精神や頭脳を毎朝運動させ、行動へと駆り立てることだ。毎日、自分自身に励ましの言葉をかけるなんて、馬鹿馬鹿しい子供じみたことであろうか?

毎朝自分自身に励ましの言葉をかけるのは、馬鹿馬鹿しい子供じみたことであろうか?

そうではない。これこそ健全な心理学の真髄とも言うべきものだ。「我々の人生とは、我々の思考がつくり上げるものにほかならない」。この言葉は十八世紀も前にマルクス・アウレリウスが『自省録』に書いた時と同様、今日でも真理なのである。

一日中、自分自身に話しかけることによって、勇気と幸福について、権力と平和について考えるように自分を導くことができる。感謝すべき事柄について自分自身と対話していると、心躍るような考え方が胸一杯にみなぎり、歌い出したくなるであろう。

正しい考え方をすることによって、どんな仕事についても嫌悪感を減らすことができる。上役はあなたが仕事に興味を持ってほしいと願っているから、収入も増えるはずだ。しかし上役の希望などはどうでもよい。仕事に興味を持つことがあなたのためになるということだけを考えてほしい。あなたは人生から得る幸福を倍増させることができるかもしれない。なぜなら、あなたは起きている時間の半分近くを仕事に費やしており、その仕事の中に幸福を発見できないのなら、幸福などどこにも見出すことはできないであろう。仕事に興味を持てば悩みからも解放されるし、長い目で見れば昇進や昇給にもつながるであろう。仮にそんな効果がなくても、疲労は最小限に軽くなり、余暇を楽しむことができるようになるだろう。

349 　27　疲労や悩みの原因となる倦怠を追い払うには

28 不眠症で悩まないために

皆さんは熟睡できないと不安を感じるだろうか? そうだったら、国際的に有名な法律学者サミュエル・アンタマイヤーは生涯を通じて、いわゆる熟睡したことがなかったという話に興味を覚えるに違いない。

サム・アンタマイヤーは、カレッジへ通っている時、喘息と不眠症という二重の悩みに苦しんでいた。どちらも治りそうにないので、次善の策を決心した——眠れない時間を利用するのである。朝まで寝返りを打ったり悩んだりしないで、起きて勉強した。結果はどうだったか? 彼はどのクラスでも優等賞をかっさらい、ニューヨーク市立大学の天才児と言われた。

弁護士を開業したあとも不眠症は続いたが、アンタマイヤーは悩まなかった。「自然が私を守ってくれる」というのが彼の口癖だった。そのとおりであった。睡眠時間はわずかだ

ったが、彼は健康そのもので、ニューヨーク法曹界のどの青年弁護士よりももっと多く働いた。何しろ、皆が眠っている間に働いたのだから。

サム・アンタマイヤーは二十一歳で年間七万五千ドルも稼いだ。一九三一年、彼はある事件を扱って、おそらく当時としては史上最高の、弁護料百万ドルを現金で受け取った。青年弁護士たちは彼のやり方を学ぼうと、法廷へ殺到した。

彼の不眠症はなおも続いた。夜間半分は読書に費やし、朝は五時に起床して手紙を口述した。たいていの人が仕事にかかろうとする時分には、彼の仕事はもう半分ぐらい片づいていた。彼は一生熟睡の味を知らなかったけれども、八十一歳という長寿を保った。しかし、もし不眠症を気に病んでいたら、おそらく彼は身を滅ぼしていたに違いない。

人間は人生の三分の一を睡眠に費やしていながら、何が本当の睡眠であるかを知らない。私たちはそれが習慣であり、休息の状態であって、自然の複雑な配慮の一環として与えられるものであることは知っている。けれども、各個人が何時間の睡眠を必要としているか、果たして睡眠が絶対に必要なものかどうかについては知らない。

突飛すぎるだろうか？　第一次世界大戦中、ポール・ケルンというハンガリーの兵士が、大脳前頭葉を射抜かれた。負傷は治ったが、不思議なことに不眠症になった。医師はあらゆる種類の鎮静剤や催眠剤をはじめ、催眠術も試みたが、効果はなかった。ケルンを眠らせることも、眠気を起こさせることもできなかった。

医師たちは、彼はとうてい長くは生きられまいと言った。だが、彼は医師たちの鼻を明

かすことになった。彼は就職して何年も健やかに生きていた。彼は横になり、目を閉じて休息したが、眠りはしなかった。彼の例は、睡眠についての常識を覆す医学上の謎である。ある人々は他の人々よりも多くの睡眠を必要とする。トスカニーニは一夜に五時間眠ればよかったが、カルヴィン・クーリッジ大統領はその倍以上を必要とした。彼は一日に十一時間以上も眠った。つまりトスカニーニは一生のほぼ五分の一を、クーリッジは半分近くを睡眠に費やしたことになる。

不眠症について悩むことは、不眠症そのもの以上に害がある。たとえば、私のクラスの受講生だったニュージャージー州リッジフィールド・パークのアイラ・サンドナーは、慢性不眠症のために自殺寸前にまで追いつめられた。

彼は私にこう語った。「実のところ、気が狂ってしまうのではないかと思いました。問題は以前の私が熟睡していたことでした。私は目覚まし時計が鳴っても目が覚めず、朝はよく遅刻していました。私はそれを苦にしました。事実、上役から就業時間を厳守するように注意されたこともありました。こういう状態が続いたら、解雇されるかもしれないと思い込みました。

私は友人に相談しました。すると一人が、眠る前に目覚まし時計に注意を集中してみろと教えてくれました。それが不眠症のはじまりでした！ その呪われた目覚まし時計のかちかちという音に取りつかれてしまったのです。一晩中、まんじりともせず、寝返りばかり打っていました！ 夜が明けた時、私は疲労と不安のために半病人になっていました。

この状態は八週間続きました。その時の苦しみは、とても口では言えません。今にも気が狂うのではないかと思いました。時々、私は何時間も部屋の中を歩きまわりました。窓から飛び降りて、すべてを清算してしまおうと考えたこともしばしばでした。

ついに私は、昔からよく知っていた医師を訪れました。すると、医師はこう言うのです。

『アイラ、私にはどうにもできない。誰にも不可能だ。これは君の自業自得なのだから。夜ベッドに入って眠れなかったら、それを忘れてしまうんだ。そして、眠れなくたって平気だぞ、朝まで起きていたって何でもないんだぞと自分に言い聞かせるのだ。目を閉じたまま言ってみよう——くよくよさえしなければ、横になっているだけで休息できるのだ』と。

私はそのとおりにしました。そして、二週間ほどで眠れるようになり、一カ月もしないうちに八時間の睡眠がとれるようになり、神経は正常に復しました」

アイラ・サンドナーを自殺寸前にまで追いつめたのは不眠症ではない、それについて悩むことだった。

シカゴ大学の教授ナサニエル・クリトマン博士は睡眠の研究にかけては世界の最高権威であるが、不眠症が原因で死んだという例は聞いたことがないと断言している。確かに人間は不眠症について悩み、次第に生命力が衰えて、病菌のために命を失う。しかし、それは悩みが原因であって、不眠症そのものが原因ではない。

クリトマン博士はまた、不眠症について悩んでいる人々は、彼らが通常考えているよりも、はるかに多く眠っているとも述べている。「昨夜は一睡もしなかった」と言う人も、気

がつかないうちに何時間か眠ったかもしれないのだ。たとえば、十九世紀の最も優れた思想家の一人であるハーバート・スペンサーは、老独身者として下宿住まいをしていたが、いつも不眠症の話をして同宿の人々を退屈させていた。彼は騒音を嫌い、神経を鎮めるために「耳栓」をしていた。また、時には眠気を誘うために阿片を飲んだ。ある夜、彼はオックスフォード大学のセイス教授と、あるホテルの一室に同宿した。翌朝スペンサーは、一晩中眠れなかったと言ったが、実際に一睡もしなかったのはセイス教授のほうだった。スペンサーのいびきで、一晩中眠れなかったのである。

熟睡するための第一要件は安心感である。自分自身よりも偉大な力が自分を朝まで守ってくれると感じることが必要である。トーマス・ヒズロップ博士は、イギリス医学会での講演で、次の点を強調した。

「私の長年の経験によると、眠りを促進してくれる最良の力は祈りである。私は医師としての立場からこう言っている。祈りが習慣となっている人々にとっては、祈ること自体が精神と神経に対する鎮静剤として最も適切かつ正常なものであると認めなくてはならない」

ジャネット・マクドナルドは、眠れない時はいつも詩篇第二十三の「主は我が牧者(ぼくしゃ)なり、我、乏しきことあらじ。主は我を緑の野に伏させ、いこいのみぎわに伴いたもう……」という一節を繰り返すことによって安心感を得ていたと語っている。

「神にまかせて──成り行きのままに」

しかし、あなたが信仰心のない人で、困難な方法に頼らざるをえないとしたら、物理的

な方法でリラックスすることを学ぶほかはあるまい。『神経の緊張を解くには』の著者ディヴィッド・ハロルド・フィンク博士に言わせると、これを行なう最良の方法は自分の体に話しかけることである。フィンク博士によれば、言葉はあらゆる種類の催眠状態への鍵である。あなたがどうしても眠れない時、あなたが自分自身に話しかけるから不眠状態に追い込まれるのである。これを治すには自己催眠から覚まさなくてはならない。そして「くつろげ、くつろげ、ゆっくり休め」と体の筋肉に言い聞かせてやるとよい。すでに知っているように、筋肉が緊張している間は、心も神経もくつろぐことはできない。だから眠りたいのだったら、まず筋肉からはじめるのだ。フィンク博士は次のような方法をすすめている。まず足の緊張をゆるめるために、ひざの下に枕を置く。同じ理由で腕の下にも小さな枕を置く。それから、あご・目・腕・足の順にくつろぐように言い聞かせると、いつの間にか寝入ってしまうのである。私はやってみたことがあるから知っている。

不眠症を治す最良の方法の一つは、庭いじり・水泳・テニス・ゴルフ・スキー、その他の肉体的な活動によって体を疲労させることだ。セオドア・ドライサーもこれを実行した。まだ無名の青年作家だった時代に、彼は不眠症に苦しんだ。そこで彼はニューヨーク・セントラル鉄道の保線工夫になった。そして、犬釘を打ち込んだり、砂利をすくったりして一日働いたところ、すっかり疲れ切ってしまって、食事もせずに眠りこけたのだった。

本当に疲れ切ってしまうと、歩きながらでも自然に眠ってしまう。その実例を話そう。私が十三歳の時、父は太った豚を貨車積みにしてミズーリ州のセント・ジョーへ出荷した。

父は鉄道の無料乗車券を二枚持っていたので、私を連れていった。私はそれまで人口四千人以上の町へ行ったことはなかった。人口六万の都会である）に着いた時、私は興奮に胸を躍らせた。高さ六階の高層ビル（？）も見た。生まれてはじめて電車も見た。今でも目をつぶると、その時の電車が見え、その音が聞こえるような気がする。私の一生で最もスリルに富んだ愉快な一日を過ごしたあと、父と私はミズーリ州レイブンウッドへ帰る汽車に乗り込んだ。汽車は朝の二時にレイブンウッドへ到着したが、私たちは農場へ帰り着くまでに六・四キロ歩かねばならなかった。私は馬を走らせながら眠ったこともある。その私が今も生きていて、その話をしているとは！

完全に疲れ切っていると、人間は戦争の爆音・恐怖・危険の中でさえ眠る。有名な神経科医フォスター・ケネディ博士から聞いたことだが、一九一八年イギリス第五軍団の退却に際して、彼は兵士たちが疲労困憊のあまり地上に倒れて、ぐっすり寝込んださまを目撃した。彼は指で彼らのまぶたを開けてみたが、目を覚まさなかった。そして、彼らの瞳は一様に眼窩の上方へまわっているのに気づいた。ケネディー博士は言う。「それ以後私は、眠れない時は眼球をくるっと上方へ回転させる運動をすることにした。すると、すぐあくびが出て眠気を催してくる。これは反射作用で、自分でも制御できないものである」

眠るのを拒否して自殺した例はないし、おそらく今後もあるまい。自然は人間のあらゆる意志力にもかかわらず人間に眠ることを強制する。自然は私たちに長い間、食物や水を

与えないで放置することはあっても、睡眠なしで長い間、放置することはないのである。

自殺といえば、私はヘンリー・C・リンク博士が『人間の再発見』という著書の中で述べている事例を思い出す。リンク博士は心理学協会の副会長で、悩んだり落ち込んだりしている多くの人たちに面接したが、「恐怖と悩みの克服について」と題する一章で、自殺を企てた患者について語っている。リンク博士は、いくら議論したところで事態は悪化するばかりであることを知っていた。そこで、博士はその患者に言った。「もし君がどうしても自殺するというのなら、少なくとも男らしく勇壮な方法でやるんだな、たとえば、街の一角をぐるぐる走りまわって最後にばったり倒れて死ぬなんてのはどうだろう？」

その患者は言われたとおりにやってみた。一度ならず二度も三度もやった。そのたびごとに、筋肉のほうはともかく、気分的には愉快になるような気がした。三日目の夜になると、彼は肉体的に疲れ切って、そして、肉体的に緊張がほぐれて、丸太棒のように眠ってしまった。リンク博士は最初からこれを狙っていたのだ。その後、彼は体育クラブに加入して競技に出場するようになり、すっかり回復して永久に生きていたいと思うようになった。

不眠について悩まないようにするには、次の五つのルールを守ることだ。

● 一、眠れない時には、サミュエル・アンタマイヤーを見習うこと。眠くなるまで起きて仕事をするか、読書をしよう。

- 二、睡眠不足で死んだ者はいないことを思い出そう。不眠症について悩むことが、睡眠不足以上に有害なのだ。
- 三、祈るか、ジャネット・マクドナルドのように詩篇第二十三を繰り返し読むこと。
- 四、体の力を抜くこと。
- 五、運動をしよう。起きていられないほど肉体を物理的に疲れさせること。

PART
8
私はいかにして悩みを克服したか

HOW TO
STOP
WORRYING
AND
START
LIVING

突然私を打ちのめした六つの苦悩

C・I・ブラックウッド

　一九四三年の夏、全世界の悩みの半分が私の肩に落ちかかってきたような気がした。四十年以上も私は、ごく普通の楽しい人生を過ごしており、夫として父として事業家として、いわば日常的な苦労以外は知らずにいた。それらの苦労なら簡単に処理することができた。ところが突然、がらがらっという轟音とともに、六つの大難が一度に来襲したのだ。私は一晩中ベッドの中でしきりに寝返りを繰り返し、夜の明けるのが半ば恐ろしかった。それというのも、六つの苦悩に直面していたからだ。

一、私の経営するビジネス・スクールは、男子学生が次々に出征するので経済的な危機に直面していた。そして女の子は、何らの訓練も受けずに軍需工場で働いて、訓練を受けた私の学校の卒業生よりも高い給料をもらっていた。

二、私の長男は入隊していた。息子を戦争にとられた両親に共通した苦悩もあったわけである。

三、オクラホマ・シティーでは広大な土地を飛行場用地として収用することを決定していたが、父から譲られた私の家は、その中心に位置していた。収用された土地に対しては時価の十分の一しか支払われないことは承知していたが、さらに困るのは家がなくなることだった。住宅不足のおりから、私たち家族六人の住む家が果たして見つかるかどうか、すこぶる疑問だった。テント住まいをしなくてはならないかもしれず、そのテントさえ手に入るかどうか心配だった。

四、宅地内の井戸が干上がってしまった。近くに放水路が掘られたからだ。私のガソリン・カードはR級だったから、新しいタイヤは買えない。だから、もし旧式のフォードの老朽タイヤが駄目になったら、どうして学校へ行こうかと心配した。

五、私は自分の学校から十六キロも離れた場所に住んでいた。土地の収用が決まっていたからである。私は一カ月間、毎日バケツで家畜に飲ませる水を運ばなくてはならなかったが、戦争の済むまで続ける自信がなかった。

六、私の長女は予定より一年早く高校を卒業した。彼女はカレッジへ行きたがったが、私にはその学費がなかった。私は娘を失望させるのが実につらかった。

ある午後、事務室の椅子に腰を下ろして、いろいろと思い悩んでいた私は、これらの問題を全部紙に書いてみることにした。世の中に私ほどたくさんの心配事を背負っている人間はいないような気がしたからである。私は解決できそうな問題と取り組むだけの勇気は持っていたが、現在の悩みはとうてい私の手に負えないように思えた。まったく万事休したという状態だった。そこで、私はこの悩みを書き出して、それをファイルに保管したが、月日がたつにつれてすっかり忘れてしまった。一年半後に、私はふとその紙を見つけた。私は、・時は健康まで損ないそうになった心配事の一覧表に非常に興味深く見入った。それらの悩みは一つとして現実とはならなかったのである。事の成り行きは次のとおりである。

一、学校を閉鎖しなくてはなるまいとの心配は不必要になった。政府が退役軍人の再教育のために学校に補助金を出すことになり、私の学校も彼らで満員になった。

361　突然私を打ちのめした六つの苦悩

二、入隊している息子についても心配無用だった。彼はかすり傷一つ負わないで元気にやっていた。

三、飛行場として土地を収用される件も、中止となった。私の農場から二キロ以内の地点で石油が発見されて地価が暴騰したため、予算の関係上、買収が不可能となったのだ。

四、家畜用の井戸についても、心配が取り除かれた。土地の収用が中止になるとすぐに、費用を惜しまず深い井戸を掘らせたため、水がれの恐れはなくなったのである。

五、タイヤも、よく補修して注意深く運転することにより、どうにか長持ちさせることができた。

六、娘の教育についての悩みも無用だった。カレッジの新学期がはじまる二カ月前になって、奇跡のように、学校の時間外にやれる会計検査の仕事を頼まれたのだ。それで娘をカレッジへ入学させることができた。

よくよしたり、いらいらしたりして思い悩む事柄の九十パーセントは決して起こらないと多くの人は言うが、私の場合、一年半前に心配事の一覧表をつくるまでは、そんな話を聞き流していた。

私は以上の六つの苦悩と取り組んで、結果的に徒労に終わったことを感謝している。この経験は私に忘れることのできない教訓を与えてくれた。まだ起こっていないこと——自分の力ではどうにもならないこと、まして起こらないかもしれないこと——についてくよくよと悩むのは愚の骨頂だということを教えてくれたのだ。

PART 8 ✤ 私はいかにして悩みを克服したか　　362

覚えておいてほしい。今日は、昨日のあなたが思いわずらっていた明日なのだ。今悩んでいることが間違いなく起こるという保証はどこにあるのか？　と。自問してみよう。

私は一時間以内で楽天家に変身できる

有名な経済学者　ロジャー・W・バブソン

私は現状について意気消沈している時でも、一時間以内にその悩みを追い払って、自分を素晴らしい楽天家に変身させることができる。

私の方法を紹介しよう。私は自分の書斎へ入って、歴史関係の書籍だけを並べてある書棚のほうへ歩いていく。そして、目を閉じて、一冊の本を抜き出す。それがプレスコットの『メキシコ征服』であるか、スエトニウスの『十二皇帝伝』かはわからない。次に、なおも目を閉じたままで、行き当たりばったりにページをめくる。それから目を開けて、そこを一時間読み続ける。読めば読むほど、世界は常に苦悶の渦中にあり、文明は常に危機に直面していたことが理解できる。歴史書の各ページは戦争、飢餓、貧困、疫病、同胞に対する非人間的な行為など悲惨な物語に満ちている。一時間ほど歴史をひもといていると、現状は決して良くないけれども、過去にくらべるとはるかに良くなっているという事実をはっきりと認識できる。これによって私は、世界が少しずつ良い方向に動いているのを知ると同時に、私の現在の悩みについても大局に立って考える

ことができるようになる。

この方法は一章を埋めるほどの価値がある。歴史を読もう！　一万年の尺度でもって物事を判断しよう——少々の悩みなど、永遠という観点からはまったく取るに足りぬものであることがわかる。

私はどのようにして劣等感から抜け出したか

元オクラホマ州選出上院議員　エルマー・トーマス

十五歳の時、私は絶えず悩みと恐怖と自意識過剰とに苦しめられていた。私は年の割りに背が高くて、柵の横木のように細かった。身長は百八十八センチもあったが、体重はわずか五十三キロしかなかった。そんなにのっぽのくせに虚弱で、野球やかけっこでは他の少年たちに負けてばかりいた。皆は私を馬鹿にして、私に「とんがり頭」というあだ名をつけた。私は悩みと自意識のため、人に会うのが嫌だった。それに、そんな機会もめったになかった。なぜなら、私たちの農場は街道から離れていて、大昔から斧の入ったことのない原始林で取り囲まれていたからだ。私の家は道路から一キロほど入った場所にあって、両親や兄弟姉妹を除けば、一週間も他人の顔を見ないで暮らすこともあった。

もし私がこれらの悩みや恐怖で打ちのめされていたならば、人生の落伍者となっていたであろう。私は日夜、並み外れたノッポでありながら虚弱な自分の体を気に病んだ。そのこと以外には何も考えられなかった。私の困惑、苦悩は筆舌に尽くしがたいほど激しいものだった。私の母は元教師だっただけに、私の気持ちをよく察していた。そこで私に、「あなたはしっかり勉強するのよ。あなたの体格は一生ハンディキャップになるから、頭脳で生活を立てなくてはいけないわ」と言ったのだった。

両親は私をカレッジへやるだけの余裕がなかったので、私は自分で道を開く必要があることを知っていた。そこで私は冬の間に、フクロネズミ、スカンク、ミンク、アライグマなどを罠で捕らえ、春になるとその毛皮を四ドルで売り、その金で子豚を二頭買った。私はその豚を台所の残り物やトウモロコシで育て、翌年の秋、四十ドルで売った。そして、その金を懐にして、私はインディアナ州ダンビルにある中央師範学校に入学した。毎週一ドル四十セントを食費に、五十セントを部屋代に払った。私は母がこしらえてくれた茶色のシャツを着ていた（母はなるべく体によく合わなかったし、履き古しのゴムの半長靴も合わなかった。その靴は横側が伸び縮みするようになっていたが、ゴムが古くて伸び切っていたので、歩くたびに脱げそうであった。私は他の学生たちとつきあうのが決まり悪いので、自分の部屋に閉じこもって、勉強した。その時分の最大の望みは、自分の体に合った、他人に見られても恥ずかしくない服が買えるようになりたいということだった。

ところが、その後間もなく四つの出来事が起こり、それによって私は悩みや劣等感を克服することができた。そのうちの一つは、私に勇気と希望と自信を抱かせ、私の一生を一変させてくれ

た。以下に、これらの出来事を簡単に述べよう。

第一——この師範学校に入学してからわずか八週間後、私は試験を受けて三級の免状を与えられたため、田舎の小学校で教えることができるようになった。もっとも、この免状は六カ月という期限つきではあったが、これまで母の他に誰も信用してくれなかった私という人間を、誰かが信用してくれたという証拠であった。

第二——ハッピー・ホロウという土地の教育委員会が、日給二ドルかまたは月給四十ドルで私を採用してくれた。これも、誰かが私を信用している証拠であった。

第三——私は最初の給料を手にするとすぐ、着ていても恥ずかしくない既製服を買った。今誰かが私に百万ドルくれたとしても、わずか数ドルの既製服を買った時の半分もうれしくはないだろう。

第四——私の人生における真の分岐点、つまり困惑と劣等感を克服するための輝かしい初勝利は、インディアナ州ベインブリッジで毎年開催されるプットナム郡産業祭で起こった。母は私に、そこで行なわれる弁論大会に出るようにすすめた。私には、とんでもないことのように思えた。しかし母の私に対する信頼は痛ましいほどだった。彼女は私の未来に対しておろおろしていたのである。自分の一生を息子にかけて生きていた。私は母の信頼によって勇気づけられ、大会に出場した。私の選んだ演題は、およそ私とは一番縁がなさそうなもので、「アメリカ美術と学芸について」というものだった。正直なところ私はこの演説の準備に着手した時、「学芸とは何か少しも知らなかったのだが、そんなことは問題ではなかった。聴衆も知らなかったからだ。私は美辞麗句を継ぎ合わせて演説の草

稿をつくり、樹木や牛馬を相手に何十回も稽古を重ねた。私はただ母に対していいところを見せたい一心だったから、話に感情がこもっていたに違いない。とにかく私は一等賞を得た。これには我ながら面食らった。聴衆の間からは拍手が起こった。かつては私を小馬鹿にして「とんがり頭」とあだ名をつけていた連中までが、私の背中をたたいて「エルマー、君ならやれると思っていたよ」と言うのだった。母は私を抱き締めてうれし涙を流した。今、その頃を振り返ってみると、あの弁論大会で入賞したことが、まさに私の一生の分岐点であった。地方新聞は私についての記事を第一面に掲げ、私の未来は大いに期待すべきものがあるなどと書き立てた。この一等賞のおかげで、私はその地方で一躍有名になったが、何よりも重要なことは、私の自信を百倍も大きくしてくれたことであった。もしあの大会に入賞していなかったら、おそらく私はアメリカ上院議員にはなっていなかったであろう。なぜなら、あの時の入賞によって私の視野が開け、それまで思ってもみなかった潜在能力があることに目覚めたからである。しかしながら、その当時何よりもありがたかった点といえば、弁論大会の一等賞として、中央師範学校の一年間の奨学金を与えられたことだった。

私はさらに高い教育を受けたいと渇望した。そこで、それからの数年間（一八九六年から一九〇〇年まで）は、教えるために、学ぶために自分の時間を二分した。ド・ボウ大学での学賞を稼ぎ出そうと、給仕をしたり、かまどの番をしたり、芝生を刈ったり、帳簿をつけたりした。また夏になると、畑仕事をしたり、道路工事の人夫をして砂利を運んだこともあった。

一八九六年、大統領選挙が行なわれた時、私はまだ十九歳であったが、ウィリアム・ジェニングス・ブライアンのために二十八回も応援演説をした。そしてブライアンのために演説した際の

熱狂ぶりが忘れられず、私自身も政界に入ろうと決心した。そこで、ド・ボウ大学で入ると、私は法律と弁論術とを学ぶことにした。一八九九年に私は、対バトラー・カレッジとの討論会に自校代表として出席し、「アメリカ上院議員の選出は国民投票で」という題で演説した。また、いくつかの弁論大会でも入賞し、一九〇〇年には大学年報ザ・ミラージュおよび大学新聞パレディアムの主筆にも選ばれた。

こうしてド・ボウ大学で文学士の称号を得たのち、私はホレス・グリーリーの助言に従い、西部へは行かずに西南部へと向かった。新天地オクラホマへ行ったのだ。キオワ、コマンチ、アパッチ族などインディアンのための居留地が開設された時、私は自作農地法による権利を主張して、オクラホマ州ローントンに法律事務所を開いた。私はオクラホマ州上院議員を十三年間、アメリカ下院議員を四年間務めたのち、五十歳で待望のアメリカ上院議員にオクラホマ州から選出され、一九二七年以来、引き続いて在職している。

以上は、私の成功についで述べたものではない。そんなことなど、他人には少しも面白くなかろう。私は、かつての私——父の着古した服を身につけ、履き心地の悪いゴムの古靴を履いていた頃の私——について語ることによって、自分の人生を荒廃させている悩み、臆病、劣等感などに苦しんでいる気の毒な少年たちが心に勇気と自信とを呼び起こしてくれるようにと願っている。

（註……青年時代に洋服が体に合わなくて恥ずかしい思いをしたエルマー・トーマス上院議員が、その後、現職上院議員の中のベスト・ドレッサーに選ばれたことは興味深い）

PART 8 ✣ 私はいかにして悩みを克服したか　　368

私はアラーの楽園で暮らした

オックスフォード大学ボドレアン図書館の創設者であるサー・トーマス・ボドレーの子孫。『サハラの嵐』『神の使者』などの著者 R・V・C・ボドレー

 一九一八年、私はそれまで生きてきた西洋文明の世界に背を向けて、北西アフリカに渡り、アラーの園であるサハラ砂漠で、アラビア人と一緒に生活した。私は七年間そこで暮らしたが、遊牧民の話す言葉を学び、彼らと同じ衣服をまとい、彼らと同じ食物を口にし、彼らの生活様式を取り入れた。アラビア人の生活様式は、この二千年間ほとんど変化していない。私は羊の飼い主となり、アラビア人のテントの中で眠った。また彼らの宗教を詳細に研究し、のちに『神の使者』というムハンマド伝を執筆した。
 これらの流浪の羊飼いたちと生活した七年間は、私の一生の中で最も平和で、満足感に満ちた歳月であった。
 私はそれまでにも豊かで変化に富む経験を重ねていた。私の出生地はパリで、両親ともイギリス人だった。フランスには九年間住んでいた。その後イートン校で教育を受け、サンドハーストの王立陸軍士官学校に進んだ。それからイギリス陸軍将校として、インドで六年間を過ごした。

369　私はアラーの楽園で暮らした

そこでは軍務のかたわら、ポロをやったり、狩猟をしたり、ヒマラヤ探険もした。私は第一次世界大戦に従軍し、終戦時には講和使節団付副官としてパリに派遣された。私はそこで見たものに失望し、ショックを受けた。西部戦線での血なまぐさい死闘の四年間、私は文明を救うのだと信じていた。けれどもパリの講和会議で、利己的な政治家どもが第二次世界大戦の種をまいていたのを目撃したのだ。各国は自国のために、できるだけ多くのものを奪取しようとし、国家的な敵意を醸成し、秘密外交による陰謀を復活させようとしていた。

私は戦争、軍隊、社会に対してまったく愛想を尽かしていた。生まれてはじめて私は今後の生き方について悩み苦しんでは、眠れぬ夜がたび重なった。ロイド・ジョージは私に政界入りをすすめた。私が彼の忠告に従おうと考えていた時、不思議な事件が起こった。それが私のその後の七年間の運命を決めた。すべての発端は、第一次世界大戦が生んだ最も多彩でロマンチックな人物といわれる「アラビアのロレンス」ことテッド・ロレンスとのわずか二百秒足らずの会話であった。彼はアラビア人とともに砂漠で生活していたが、私にも同じようにすることをすすめたのである。

最初のうちは、まったく奇想天外なことに思えた。

しかしながら、私はすでに軍隊を去る決心をしていたので、何かしなくてはならなかった。労働市場には失業者が充満していた間の事業家たちは、私のような軍人上がりの者を敬遠した。民から、なおさらである。

そこで私はロレンスのすすめに従い、アラビア人とともに住むことにした。今の私は、そうして良かったと思っている。彼らアラビア人は、悩みを克服する方法を私に教えてくれた。敬虔な回教徒が皆そうであるように、彼らも宿命論者であった。彼らは、ムハンマドがコーランに書い

PART 8 ✤ 私はいかにして悩みを克服したか　　370

たすべての言葉こそアラーの神の神聖な啓示であると信じていた。だから、コーランに「神は汝と汝の行動のすべてを創りたまえり」とあれば、彼らはそれを文字どおりに受け入れた。彼らの生活がいかにも平和であって、物事がうまくいかない時でもせかせかしたり、不必要に怒ったりしない理由はここにある。神の定めは神の定めであり、神以外には誰にもそれを変えられないことを知っている。だからといって、不幸に直面したら、手をこまねいて何もしないわけではない。

それを説明するために、私がサハラ砂漠に住んでいた時に経験したシロッコという猛烈な熱風の話をしよう。この熱風は三日三晩ものすごい勢いで吹き荒れた。あまりに強烈をきわめたので、サハラ砂漠の砂塵は遠く地中海を隔てて数百キロの彼方にあるフランスのローヌ川流域を真っ白に染めたほどだった。風の熱気も強烈をきわめ、頭髪が焼け落ちるのではないかと思った。のどは焼けつき、目は燃えた。歯の間には砂がいっぱいたまった。まるでガラス工場の炉の前に立っているような感じであった。私はもう少しで気が狂うところであった。しかし、アラビア人は決して不平を言わなかった。彼らは肩をすくめて言った、「メクトゥブ！」……「すでに書かれている」と。けれども嵐が収まると、彼らはすぐに活動を開始した。まず小羊をすべて殺した。いずれにしても死ぬことを知っていたからだ。即刻小羊を殺すことによって、母羊を救おうと考えたのだ。そして小羊を殺し終わると、羊の群れを南の水場へと誘導していった。彼らは自分たちの受けた被害を悔やむでもなく、何の不平も悩みもない様子で、静かにこれを実行したのであった。アラビア人の族長は言った。「まあまあだね。一切合切を失うところだったのに神のおかげで、四割の羊が残ったのだから・また新しく出直しさ」

また、こんな出来事もあった。自動車でサハラ砂漠を横断中、タイヤがパンクしてしまった。

運転手はスペア・タイヤの修理を忘れていた。それで、我々は三つのタイヤしか使えないことになった。私はジリジリし、興奮して、いったいどうするつもりかとアラビア人に尋ねた。すると彼らは、興奮したところで何にもならない、いっそう暑くなるばかりだ、タイヤがパンクしたのはアラーの神の思し召しであるから、どうにもならないと言うのだ。そこで、我々はタイヤを外し、リムのまま地を這うようにして進みはじめた。やがて車が動かなくなった。ガソリンが切れたのだ。族長は「メクトゥブ！」と言っただけだった。そして、またしても皆は、十分にガソリンを入れてこなかった運転手を非難せずに、相変わらず静かな態度で、歌を歌いながら目的地へと歩いていったのだ。

アラビア人とともに七年間暮らしたことによって、欧米の神経症患者、狂人、酔っ払いなどは性急で緊迫した生活から生まれる、いわば文明の落とし子であるとの確信を私は得た。サハラ砂漠に住んでいた間、私には何の悩みもなかった。私はあのアラーの楽園で、我々の多くが必死になって探し求めている爽やかな満足感と肉体的な幸福とを発見したのであった。

多くの人々は宿命論を軽蔑する。それで正しいのかもしれないが、誰にもわからない。しかし、我々は皆、自分たちがしばしば運命に左右されるということを知っているはずだ。たとえば、私が一九一九年八月のある暑い日の午後零時三分にアラビアのロレンスに話しかけなかったとしたら、その後の私の生活は、まったく変わったものになっていたはずである。自分の生涯を振り返ってみる時、私の生涯は私の力ではどうにもならないような出来事によってたびたび形成されきたことに気づく。アラビア人はそれをメクトゥブまたはキスメットと呼んでいる。アラーの思し召しの意味である。名称はどうでもよいが、とにかく人間に対して不可思議な働きをするもの

PART 8 ✤ 私はいかにして悩みを克服したか

のことだ。私はサハラを去って十七年後の今日でもなお、アラビア人たちから学んだ「避けようのない事態に対して愉快に服従する」態度を保持している。この哲学は、百千の催眠剤よりも私の神経を鎮静させるのに役立つのである。

猛烈な熱風が私たちの上に襲来したならば、そして、それを阻止できないのならば、私たちも避けようのない事態を受け入れるべきだ（第三部第九章〈PART3の9〉を見よ）。そのあとで活動を開始して、残ったものを寄せ集めるべきなのだ。

私が悩みを克服した五つの方法

大学教授　ウィリアム・ライアン・フェルプス

（私はエール大学のビリー・フェルプス教授が亡くなる少し前に、彼と一緒に午後を過ごすことができた。以下は、その時の談話をノートに書きとめたものである――デール・カーネギー）

一、私は二十四歳の時、突如として両目の調子がおかしくなった。三、四分読書すると、目にたくさんの針をつき刺されているような感じがした。読書していない時でも、非常に過敏になっていて、窓のほうをまともに見ることができないくらいだった。私はニューヘブンやニューヨークの著名な眼科医の診察を受けたが、何の役にも立たなかった。午後四時をすぎると、私は部屋

の中で一番暗い隅にある椅子に腰かけて、寝る時刻になるのを待つだけだった。私は怖くなった。教職を捨て、西部へ行って、木こり仕事でもしなければならないのではないかと心配した。その時、精神が肉体的苦痛に対して不思議な影響を及ぼすことを証明する奇妙な事件が起きた。私の目が最悪の状態にあったその不幸な冬に、私は学部在学生に対する講演を依頼された。講堂は天井から下がったガス灯で煌々と照らされていた。その光があまりに強すぎたので、壇上で座っている間、私は床ばかり見ていた。しかし三十分の講演中には少しも目に苦痛を感じなかったし、少しもまばたきせずにその光を見つめることができた。そして講演が終わると、私の目は再び痛み出した。

その時私は、何かに精神を強く集中させれば、しかも三十分間ではなく、一週間それを続ければ、私の目は治るに違いないと考えた。これは明らかに、精神的高揚によって肉体的疾患に打ち勝つ一例だったのである。

私はのちに大西洋を船で横断中にも同じ経験をした。私は激しい腰痛に悩まされて歩くこともままならなかった。まっすぐに立とうとすると、激痛を感じた。こんな状態にある時、船客に対して何か話をしてほしいと頼まれた。話しはじめると、私の体からは痛みも硬直もたちまち消え去った。私はまっすぐに立ち、演壇をあちこちと動きまわり、一時間も話した。そして講演が終わると、楽々と自分の部屋に戻ることができた。その瞬間、私は治ったと思った。だが、それは一時的なものだった。そのうちに再び腰痛が起こりはじめた。

これらの経験は、人間の精神状態がいかに重要であるかを私に教えてくれた。可能なうちに人生をできる限り楽しむことが大切であることを私に示してくれた。だから私は、今日という日が

人生の第一日であり、最後の一日であるかのように毎日を生きている。私は人生の毎日の出来事に興味をそそられる。興奮状態にある人は、むやみに悩みで苦しめられることはないだろう。私は教師としての毎日の仕事を愛している。『教えることの喜び』と題する本も書いた。教えるということは、私にとって常に芸術あるいは職業以上のものであった。それは情熱である。朝ベッドを離れる前に、私はいつも燃えるような喜びをもって学生たちのことを考える。人生における成功の大きな原因は情熱であると私は信じている。

二、私は興味深い本を読むことによって、心の悩みを追い出すことができるのを知った。私は五十九歳の時、慢性の神経衰弱にかかった。その間に、私はデイヴィッド・アレク・ウィルソンの名著『カーライル伝』を読みふけった。これは私を回復させるのに大いに役立った。読書に気をとられて、憂うつな気分を忘れてしまったからである。

三、ある時、ひどく意気消沈してしまったことがあったが、その時、私は一日中、体を動かしているように努めた。私は毎朝五セットも六セットもテニスをしてから風呂に入り、昼食後は毎日十八ホールのゴルフをした。金曜の夜には、夜中の一時頃までダンスに興じた。私は大いに汗をかく主義に賛成である。大いに汗をかく主義を実行すれば、憂うつや悩みが消え失せてしまうことを知ったからだ。

四、私はだいぶ前から、あせったり、せかせかしたり、緊張した状態で働くなどという愚を避けようとしてきた。私はいつもウィルバー・クロスの哲学を応用するように心がけてきた。彼はコネティカット州知事だった当時、私にこう言った。「しなくてはならない仕事が一時に殺到した

場合には、私はゆったりと椅子に腰を下ろして、一時間パイプを口にくわえたまま何もしないでいる」

「五、私はまた、忍耐と時間も、ある意味で我々の悩みを解消してくれることを知った。何かで悩んでいる時、私はそれを適切な視野から観察して、自分にこう言い聞かせる。『二カ月もすれば、この悩みは解消しているだろう。それなのに、なぜ今それを苦にするのだ？　二カ月後に予想される態度を今すぐにとろうではないか」

以上を要約すると、フェルプス教授が悩みを克服した方法は次の五つである。

一、歓喜と情熱を持って生活する。「今日という日が人生の第一日であり、最後の一日でもあるかのように毎日を生きている」

二、興味をそそられる本を読む。「慢性の神経衰弱にかかった時、『カーライル伝』を読みふけったおかげで、病苦を忘れることができた」

三、運動をする。「ひどく意気消沈してしまった時、一日中、体を動かしているように努めた」

四、仕事をしながら、くつろぐ。「だいぶ前から、あせったり、せかせかしたり、緊張した状態で働くなどという愚を避けようとしてきた」

五、適切な視野から悩みを観察する。「二カ月もすれば、この悩みは解消しているだろう。それなのに、なぜ今それを苦にするのだ？　二カ月後に予想される態度を今すぐにとろうではないか」

PART 8 ✣ 私はいかにして悩みを克服したか　　376

昨日も耐えた、今日も耐える

ドロシー・ディックス

私は貧乏と病気のどん底で生き抜いてきた。私がどのようにしてその悩みを切り抜けてきたのかと質問されれば、私はこう答える。

「私は昨日も耐えた、今日も耐えよう。明日どんなことが起きるのか？ そんなことは決して気にしてはならない」

私は窮乏、苦闘、不安、失望を知り尽くしてきた。自分の力の限界以上に働き続けねばならなかった。私の人生を振り返ると、それは死んだ夢、破れた希望、砕けた幻影の残骸が散乱している戦場だったことに気がつく——ここで私は、いつも不利を承知で戦い、傷ついて血を流し、自分の年よりも早く老けてしまった。

しかし私は、自分を少しもかわいそうだとは思わない。過ぎ去った悲しみを嘆きもしないし、私のような苦しい目にあわなかった女性たちをうらやむ気持ちもない。あの人たちは単に存在しているだけだが、私は生きてきたからである。私は人生という杯を最後の一滴まで飲み干したが、あの人たちはその表面に浮いている泡をすすったにすぎない。私はあの人たちの知り得ないことまで知っている。広い視野を持ち、全世界の人々の同

胞姉妹となることができるのは、その目を涙で洗い清めてきた女性たちだけなのだ。

私は「厳しい試練」という偉大な大学で、安易な生活を送っている女性には決して体得できない哲学を学んだ。私は一日一日をあるがままに生活し、明日への心配から生じる悩まない方法を学んだ。我々を臆病にするのは想像上の陰惨な脅迫感である。私はそんな恐怖を追い出してしまう。なぜなら、そんなに恐れている事柄が実際に起こったとすれば、その時には、それに必要な力と知恵が、必ず私に与えられることを、経験によって知ったからだ。少しぐらい悩んだところで、私はそんなものに影響を受けない。幸福という宮殿がすっかり崩壊したのを見届けたあとでは、使用人がフィンガー・ボールの下に敷く布を忘れようと、コックがスープをこぼそうと、まったく問題ではない。

私は他人に対して多くを期待しないことを学んだので、あまり信頼のおけない友人や、醜聞を流す知人とも、かなり仲よくつきあっていける。とりわけ私はユーモアを忘れないようにしている。なぜなら、世の中の多くの事柄は、泣くか笑うかしかないからだ。自分の労苦についてヒステリーを起こす代わりに、冗談が言えるような女性なら、二度とくよくよするようなことはない。私は自分の経験した困難を後悔してはいない。私はそれらを通じて人生の隅々まで味わってきたからだ。それは、払っただけのものは十分に償ってくれた。

ドロシー・ディックスは、いわば「今日一日の区切りで」生きることによって悩みを克服した。

翌朝まで生き延びられるとは思わなかった

J・C・ペニー

（一九二〇年四月十四日、一人の青年がワイオミング州チマラーで衣料品店を開業したが、彼は現金四百ドルを元手にして百万ドルを手にする決心だった。そこは人口一千の鉱山町で、ルイス・クラーク急行が敷設した古い有蓋貨物線が通っている。彼と彼の妻は天井裏で寝起きし、大きな空箱をテーブル代わりに、小さな空箱を椅子代わりにした。妻は赤ん坊を毛布に包んでカウンターの下に寝かせておいて、夫がお客に応対するのを手伝った。今日、全国に千六百の支店を持つ世界最大の衣料品チェーン・ストア、J・C・ペニー社は、この男の名前に由来する。私は最近彼と夕食をともにしたが、彼は私に生涯で最も劇的と言える一瞬について話してくれた）

だいぶ前に、私は実につらい経験をした。私は苦悩のあまり絶望的になっていた。悩みの多くはJ・C・ペニー社とはまったく関係がなかった。会社は堅実で繁栄していたが、私個人は一九二九年の大不況の直前に、はなはだ厄介なことに関わりを持ってしまった。それで私は他の多くの人々と同様、自分の責任でもない経済情勢のことで非難を浴びたのである。私は悩み苦しんで不眠症にかかった。そして帯状庖疹という激痛を伴う皮膚病に冒された。私はある医者に——彼はミズーリ州ハミルトンで一緒に高校へ通った友人で、今はミシガン州バトル・クリークのケロッグ療養所の勤務医エルマー・エグルストン博士である——診察してもらったところ、彼は私を

床につかせ、なかなかの重症であると警告した。それから厳重な治療が施されたが、何の効果もなかった。私は日に日に衰弱していき、精神的にも肉体的にも打ちのめされ、絶望感に満たされて、一縷の望みも失ってしまった。生きる目的もなくなった。自分には一人の友人もない、家族さえ私を見放してしまっていると感じた。ある晩、エグルストン博士は私に催眠剤を飲ませたが、薬はあまり効果がなく、私はすぐに目を覚ますと、これが自分にとって最後の夜だと感じた。私は起きて妻子に別れの手紙をしたため、明日の夜明けを見ることはないだろうと書いた。

次の朝、目を覚ましました時、私は自分がまだ生きているのを知って驚いた。私は階下へ降りながら、毎朝礼拝の行なわれている近所の小さな教会から歌声が流れてくるのを聞いた。私は今でもその時に聞いた「神は汝を守りたまわん」という賛美歌をはっきりと覚えている。私はその教会へ入っていって、捨てばちな気持ちで賛美歌や聖書の朗読を聞いていた。突然、何かが起こった。私はそれを説明することはできない。まったく奇跡というほかはない。私はふいに暗黒の土牢から、暖かい明るい陽光のもとへ引き上げられたように感じた。私は地獄から天国へと引き上げられたように感じた。以前には感じたことのない神の力を感じた。私はその時、悩みはことごとく自分の責任であることを悟った。私は、神が愛の手を私に向かって差し出していられることを知った。その日以来、私は悩みから解放された。私は七十一歳である。あの朝、あの教会で過ごした二十分間は、私の生涯で最も輝かしい劇的な二十分間であった。「神は汝を守りたまわん」

J・C・ペニーは一瞬にして悩みに打ち勝つ方法を悟った。彼は完全無欠な治療法を発見したのである。

体育館で、パンチング・バッグを打つかハイキングに出かける

ニューヨークの弁護士、ローズ奨学金受領者。ニューヨーク州運動委員会元委員長。元オリンピック選手でボクシング・ライト級優勝者

陸軍大佐　エディー・イーガン

何かで悩みはじめ、頭の中が水車を動かしているエジプトのラクダのように回転しはじめると、私は体を十分に運動させて、こうした「憂うつな気持ち」を追い払うことにしている。走ることでもいい。田舎へハイキングに出かけてもいい。あるいはパンチング・バッグを三十分ほど打ち続けるとか、スカッシュ・テニスをするのもよかろう。何であろうと、運動が私の精神的な悩みを片づけてくれる。週末には私は盛りだくさんの運動をする。ゴルフ場を駆けまわったり、テニスをしたり、アディロンダックスへ行ってスキーをやることもある。肉体を疲労させることによって、私の心は法律問題から休息を得るのである。そして再び法律問題と取り組む時、新しい意欲と活力が湧いてくる。

ニューヨークで仕事をしている時でも、私はよくエール大学クラブの体育館で一時間ほど過ごすことがある。スカッシュ・テニスやスキーをしている間は、誰も悩んではいられない。忙しすぎて、それどころではないからだ。悩みから生じた心の大山塊も小さなモグラ塚と化し、新しい

考えや行動がすぐに平らにしてくれる。

悩みに対する最良の解毒剤は運動である。悩みのある時は、できるだけ頭脳を使わずに筋肉を使うことだ。そうすれば、その効果にびっくりするに違いない。私はいつもこの手を使う。運動をはじめると、悩みはすぐに消えてしまう。

私は「バージニア工大出身の悩める男」であった

ジム・バードソル

　十七年前、ブラックスバーグの軍事大学に在学中、私は「バージニア工大出身の悩める男」として知られていた。私の悩みは激烈をきわめたので、よく病気になり、それがたび重なって、学校付属の診療所には私の専用ベッドが設けられていた。看護師は私の姿を見ると、すぐに駆けよってきて注射をしてくれた。時には自分が何で悩んでいるのか、それを忘れることさえあった。私はあらゆることで悩んでいた。私は成績不良で退学を命じられるのではないかと心配した。私は物理やその他の試験に落ちた。平均七十五点から八十四点ぐらいを維持しなければならないことも知っていた。私は自分の健康が気になり、痛みを伴う激しい消化不良について、あるいは不眠症について悩んだ。また経済的な悩みもあった。そのため、彼女が誰か他の士官候補生とキャンデーを買ってやれなかったし、ダンスに連れていくこともできなかった。そのため、彼女が誰か他の士官候補生と結婚

するのではないかと不安になった。こうして種々の下らない悩みで日夜心を痛めていたのだった。私は絶望のあまり、私の悩みをデューク・ベアード教授に打ち明けた。教授と過ごした十五分間は、四年間のカレッジ生活全体にまさる健康と幸福を与えてくれた。教授は言った。「ジム、君は落ち着いて、事実をはっきりと直視しなくてはいけない。君がいたずらに悩んでいる時間の半分だけでも問題の解決に振り向けたら、おそらく悩みは解消できるだろう。悩みなんて、身につけてしまった一種の悪習にすぎないよ」

そして教授は、悩みの悪習を打破するために三つのルールを示してくれた。

ルール一 自分が悩んでいる問題は何か、それをはっきりさせること。
ルール二 問題の原因を見つけること。
ルール三 問題解決について、直ちに建設的な努力をすること。

この面接のあと、私は建設的な計画を立てた。まず物理で落第点をとったことを苦にする代わりに、なぜ失敗したかを自問してみた。私が愚鈍だったからではない。私はバージニア工大に在学中、学校新聞の主筆を務めたことだってあるのだ。

私が物理で失敗したのは、物理に興味を持たなかったためだ。私は将来、工業技師になるつもりだったので、役に立つかどうかわからない物理には力を入れなかったのだ。しかし、私は態度を変え、自分に言って聞かせた。「学校当局が物理の試験にパスしなければ資格を与えないと言っているのに、それをとやかく言うとは、お前はいったい何様だ？」。私は物理の再試験を受ける手

私はこの一節によって生きてきた

続きをし、そして、今度はパスした。物理は難しいなどと悩むことをやめて、真面目に勉強したからである。

私はまた、アルバイトをすることによって経済的な悩みを解決した。学校のダンス・パーティーなどで飲み物を売ったり、父から金を借りたりしたが、借金は卒業後すぐに返済してしまった。また、他の士官候補生と結婚するのではないかと気をもんだ女の子にもプロポーズして、この恋愛問題もめでたく解決した。彼女こそ現在のミセス・ジム・バードソルにほかならない。

今その当時を振り返ってみると、私の悩みは一種の混乱、つまり原因をつきとめることを忘れ、事実に向き合うことを回避したことから生じた無気力状態にすぎなかったことがわかる。

ジム・バードソルは悩みを分析することによって悩みを解決した。彼は「悩みの分析と解消法」という章で述べた原理を応用したのである。

一七八四年に創立されたアメリカ最古の神学校
ニュージャージー・ニューブランズウィック神学校長
ジョセフ・R・サイズー博士

私は底まで落ちて生き残った

テッド・エリクセン

ずいぶん前のことだが、ある日私は不安と幻滅をおぼえ、私の一生は自分ではどうにもならない力で操られているように思われた。ある朝ふと新約聖書を開いてみると、次の一節が目に止まった。「我を地上に送りたまいし者、常に我とともにあり——父なる神は我を見捨てたまわず」。私の人生はその瞬間から一変した。それ以来、私にはあらゆることが永遠に違ったものとなった。一日として、この一節を繰り返さない日はなかった。近年、多くの人々が私のもとを訪れて助言を求めるが、私はいつも別れ際にこの励ましの言葉を伝えている。この一節に目を止めて以来、私はこの言葉とともに生きてきた。私はこの一節とともに歩み、この中に平和と力とを見出している。私にとっては、これこそ宗教の真髄である。この言葉は、人生を価値あるものにするすべてのものの基盤となっている。何物にも代えがたい私の人生の教科書である。

　　　　＊

私は以前、桁外れの「ふさぎの虫」だったが、現在はそうではない。一九四二年の夏、ある経験をしたため、私の悩みは消え去った——そして、今後も悩みと縁のない人生を送れるように願っている。その経験のおかげで、種々の苦労もすべて、それほど深刻なものではないように思えるようになったのだ。

私はずっと前から、アラスカの漁船の乗組員として一夏を送ってみたいと考えていたので、一九四二年にアラスカのコディアクを出航する十メートルの底引き漁船と契約した。こんな小さな船であったから、乗組員は三人しかいなかった。船を指揮する船長、それを補助する助手、雑務をする船員。この船員はたいていの場合、スカンジナビア人の役目だった。私もスカンジナビア人だったのだ。

この底引き網でサケを捕る漁法は潮次第なので、私は一日二十四時間のうち二十時間働き通すことも少なくなかった。それが一週間も続くことがあり、加えて他の人がやりたくない仕事は全部私に押しつけられた。甲板掃除、漁具の始末、モーターの臭気と熱気でむかつく狭いキャビンで、小さなコンロを使いながらの食事の支度。さらに、皿洗いや船の修理もあった。捕ったサケを船からはしけに投げ込むのも私の仕事だった。はしけはそれを缶詰め工場へ運ぶのである。私の足はいつもしけの中で濡れていた。ゴム長靴の中はいつも水でいっぱいだったが、それを出すひまもなかったからだ。しかし、以上のような仕事も「コルク線」と呼ばれていたものを引き揚げる仕事にくらべたら、まったくの遊びだった。この作業は、船尾に立って底引き網についているコルク製の浮き子や帯綱を引き揚げるだけのことであるが、実際には網が重くて、引き揚げようとしてもびくともしない。だから、実際には網を引こうとすると船のほうが引っ張られることになる。網は腕の力だけで引き揚げねばならなかった。何しろ網はもとのところにじっとして動こうとしないのだから。私はこの仕事を何週間も続けたので、体が綿のように疲れてしまった。全身がおそろしく痛んだ。数ヵ月後になっても痛みは変わらなかった。

そして、やっと休むことができると、私は食料貯蔵庫の上の湿ったマットレスで眠った。私は

私は世界一の間抜けだった

『販売のための五大原則』の著者　パーシー・H・ホワイティング

背中の痛みが一番激しい箇所の下へマットレスの固い部分をあてがうようにして、毒薬を盛られたみたいに眠った。私は極度の疲労という毒薬を盛られていたのだ。

私はこうした苦痛と重労働に耐えねばならなかったことを今では喜んでいる。おかげで、すっかり悩みを忘れてしまったからだ。今では何か厄介な問題ができると、悩む代わりにこう自問してみる。「エリクセン、こいつとコルク引き揚げ作業とどっちが厄介だ？」と。するとエリクセンはいつも「いや、あれほど厄介なものではない」と答える。こうして私は元気を回復して、問題と取り組むようになる。人間にとっては、時々、半死半生の目にあってみるのも薬だと思われる。底の底まで落ちて、それを切り抜けるのだ。そうすれば日常の問題なんか、取るに足りないことに思えるようになるのではなかろうか。

　　　　　　※

私は病気のために、どんな人間よりも数多くの生死の境をさまよってきた。私は世間でよく見られるうつ病患者ではなかった。父はドラッグストアを経営していた。私はその店内で育ったと言ってもよい。私は毎日のように医師や看護師と話をしていたので、普通の人以上に薬のことや病気についての知識を持っていた。私のはありふれたうつ病ではなかった——ある特徴を持って

いたのである！　それは、一つの病気について一、二時間も思い悩んでいると、本当の患者と同じ徴候を呈してくることだった。

私が住んでいたマサチューセッツ州グレート・バーリントンで悪性のジフテリアが流行したことがあった。父の店では患者の発生した家の人たちに薬を売る日が続いていたとおりになった。私自身がジフテリアになったのである。私はそう思い込んでしまった。心配していた病気のとおりになった。ジフテリアの徴候がいろいろと現われ、私は思い悩んだ。医師にも往診を頼んだ。医師は私を診察して「確かにジフテリアだ」と言った。それを聞いて私は安心した。どんな病気でも、かかったことがはっきりすれば、別に怖くはなかった。私は寝返りを打つと、ぐっすりと眠った。翌朝、私はまったくの健康体に戻っていた。

何年もの間、私はいろいろと珍しい病気になって、世間の同情と評判とを集めた。破傷風や狂犬病で九死に一生を得たことも、たびたびあった。のちには、すっかり落ち着いて長期の疾病にかかるようになった――その中心はがんと結核だった。

私は今でこそ笑って話せるが、その当時はまったく悲壮な気持ちだった。私は長い歳月にわたって、自分が生死の境をさまよっていると信じていたのである。春になって新しい服を買う時には、いつも自問した。「この服を着古すまでは生きていられないのがわかっているのに、無駄ではあるまいか？」と。

けれども、幸せなことに、ここ十年間、私は一度も死にかけたことはない。

どうして死ぬことを考えなくなったか？　馬鹿げた空想を笑い飛ばすことにしたのだ。「おい、ホワイティろしい前兆が現われそうになると、私は自分自身をこんなふうにからかった。「おい、ホワイティ

ング、お前はここ二十年間、病気という病気で死にかけたではないか。でも、お前はぴんぴんしている。この間も新しい保険を掛けたではないか。そろそろ傍観者の立場に立って、お前という馬鹿者を笑ってやったらどうだ？」

私は間もなく、悩みながら同時にそれを笑うことなど不可能だと悟った。それ以来私は、笑うほうを専門にしている。

この問題の焦点は、物事をつきつめて考えすぎないことだ。下らない悩みは笑いで吹き飛ばそう。笑って悩みを追い払えるかどうか、やってみよう。

私は常に兵站線を確保した

世界的に有名なカウボーイ歌手　ジーン・オートリー

たいていの悩みは家族と金銭についてだと思う。私は私と同じ環境に育ち、同じ趣味を持つオクラホマの田舎町生まれの娘と結婚したことを運が良かったと思っている。我々夫婦は黄金律を守ろうと努力しているので、家庭内のいざこざを最小限度にとどめてきている。

私はまた、二つのことを実行することによって、金銭上の悩みを最小限にとどめてきた。第一は、あらゆる場合に誠実さを百パーセント発揮するというルールを守ることである。借金をした

第二は、何か新しい計画をはじめる場合には、いつも金に困った時のために切り札を用意しておくことである。軍事専門家は、戦争で何より大切なことは兵站線の確保であると言っている。この原則は、戦争と同様、個人の戦いにも適用されると思う。たとえば、私は若い頃テキサスやオクラホマに住んでいたが、その地方が大旱魃に見舞われた時に、貧乏のどん底を経験した。我々一家は、その日その日の生活に苦労した。非常に貧乏だったので、父は馬を連れて幌馬車で近村をまわり、馬を売っては生計を立てていた。私は、それよりも何か安定した仕事を望んだ。そこで、鉄道の駅に勤めることになり、余暇に電信技術を習った。そして、その後、フリスコ鉄道の予備電信交換手に採用された。私はあちらこちらへ派遣されては、病気や休暇で休んでいる人たちや、仕事が手一杯の人たちの代わりを務めた。給料は一カ月百五十ドルだった。その後、私はもっと良い仕事につくようになったが、その時でも、この鉄道の仕事は経済的に安定していると考えていた。だから私はいつ何時でも、その仕事に戻れるように手を打っておいた。それが私の兵站線だ。そして私は、新しくもっと良い仕事を確保するまでは決してこの兵站線を放棄したことがなかった。

たとえば一九二八年、オクラホマ州チェルシーのフリスコ鉄道で予備電信交換手として働いていた時、ある晩、一人の見知らぬ男が電報を打ちにきた。彼は、私がギターを抱えてカウボーイの歌を歌っているのを聞いて、「君は実にいい声をしている。ニューヨークへ行って、舞台かラジオに出たらどうだ」と言った。私が天にも昇る心地になったのは言うまでもない。私は電報に記された名前を見て跳び上がった。あの有名な歌手ウィル・ロジャースだ！　だが、私はすぐニュ

ーヨークへ飛んでいきはしなかった。九カ月間慎重に考えた。その結果、次のような結論に達した。すなわち、ニューヨークへ行ってその古い町をひとまわりしたところで、得るものはあっても、失うものは何一つないだろう。私は鉄道の無料乗車券を持っているから、ただで旅行できる。列車内の座席で寝たらいいし、食事にはサンドウィッチや果物を持っていけばいいのだ。

そこで私は出かけた。ニューヨークに着くと、私は一週五ドルで部屋を借り、自動販売機の前で食事をし、二カ月半も市中をうろつきまわったが、何の得るところもなかった。仕事に戻れ当てがなかったら、きっと私は悩んで病気になっていただろう。私はもう五年も鉄道で働いていたので、復職優先権を持っていた。しかし、その権利の期限は三カ月となっていた。すでに二カ月半近くもニューヨークにいた。そこで私は大急ぎで無料乗車券を使ってオクラホマに戻り、鉄道に復職して、兵站線の確保に努めた。今度はチャンスがつかめた。ある日、レコード会社のスタジオで面接の順番を待ちながら、受付の女の子にギターの弾き語りで『ジャニーよ、私はライラックの咲く頃を夢見ている』を聞かせてやった。ちょうど私がその歌を歌っている時、その歌の作詞者であるナット・シルトクラウトが事務所に入ってきた。誰かが自分の歌を口ずさんでいるのを聞いて、彼が喜んだのは言うまでもない。そこで彼は、私にビクター・レコード会社宛の紹介状を書いてくれた。私はレコードに吹き込んだが、出来ばえはよくなかった。硬すぎる上に、気取りすぎているというのだ。結局、私はレコード会社の職員の忠告に従ってタルサに帰り、昼は鉄道に勤め、夜は放送局でカウボーイの歌を歌った。私にはこの生活法が気に入った。兵站線が確保されていたから、何も悩むことはなかった。

私は九カ月間、タルサの放送局に出演した。その間にジミー・ロングと共同で『銀髪の我が親父』という歌をつくった。これが評判を呼んで、アメリカン・レコーディング社社長アーサー・サッサリーから吹き込み依頼が来た。それが当たった。それからの私は、一曲五十セントでいくつかの歌を吹き込み、ついにシカゴのWLS局専属のカウボーイ歌手となった。給料は夜間、舞台に出演して週三百ドルを稼いだ。四年間そこで歌ったのちの給料は週九十ドルに上がった。その他に私は出だった。

一九三四年、私は素晴らしい幸運をつかんだ。映画の浄化を目的とする良俗連盟が結成されたのである。ハリウッドの製作者は、カウボーイ映画の製作を企画した。そして新しいカウボーイ、歌の歌えるカウボーイを求めた。アメリカン・レコーディング社の持ち主は、リパブリック映画社の共同出資者でもあった。「もし歌の歌えるカウボーイが必要なら、私のところでレコードを吹き込んでいる男がいる」。彼のこんな発言から、私は映画界へ進出した。私は週給百ドルで歌うカウボーイの映画に出演しはじめた。映画で成功するかどうか、かなり疑問だったが、別に悩みはしなかった。いつでも昔の仕事に戻ることができたからだ。

ところが、私は自分で夢想もしなかったほどの大成功を収めた。私は今、年に十万ドルの給料と映画の純益の半分とを得ている。この状態が永久に続くものとは思っていないが、決して悩みはしない。どんなことが起ころうと、たとえ所持金全部をなくしても、私はオクラホマへ帰って、フリスコ鉄道の電信技手になれる。私は兵站線を確保しているからだ。

私はインドで神の声を聞いた

アメリカの有名な宣教師で雄弁家　E・スタンレー・ジョーンズ

　私は四十年の生涯をインドにおける伝道事業に捧げてきた。最初はおそろしい暑さと、私の前に広がる偉大な仕事に対する神経質な緊張とを耐え忍ぶのに困難を感じた。八年目の終わり頃、私は激しい頭脳の消耗と神経の疲労とに悩まされて、何度も卒倒した。そのため、私は一年間アメリカで休養するよう命令された。アメリカへ戻る船中で、日曜日朝の礼拝の説教をしていた時、私は再び卒倒した。そこで、船医は残りの船旅をベッドの中で過ごすように命じた。

　アメリカで一年間休養したあと、私は再びインドへ向かったが、途中マニラに立ち寄って、現地の大学生たちと福音伝道集会を開くことになった。その集会で何かと気を遣ったためか、私はまた数回卒倒した。医師は私に、インドへ戻ったら命がないと警告した。その警告を無視してインドへ向かったものの、私の心は暗雲に覆われていた。ボンベイに到着した時、私は憔悴し切っていたので、山岳地帯へ直行して、数カ月間休養した。それから平原地帯へ戻ると、伝道を続けた。だが、無駄であった。私はまたまた卒倒したので、再び山岳地帯へ休養に行かなくてはならなかった。そして、また平原地帯へ下りてきてはもう一度倒れるという始末で、とうていその仕事に耐えられないということを思い知らされた。私は精神的にも肉体的にも疲れ切ってしまった。私はこれからの半生を廃人として送らねばならないのではないかと危惧した。

どこからか救いの手が差し伸べられない限り、私は伝道事業を断念してアメリカに帰り、畑仕事でもして健康を取り戻す以外にはあるまいと思っていた。この時は、私の一生における暗黒時代であった。その頃、私はラクノーで連続集会を開いていたが、ある晩祈りを捧げていた時、一つの事件が起こった。祈っていると「あなたは私が呼んだこの仕事を続ける気があるのか？」という声を聞いたような気がした。

私は答えた。「主よ、私はもう駄目です。私の力は尽き果てました」

その声は言った。「あなたがそれを私の手に委ねて思い悩むことをやめるなら、私が引き受けよう」

私はすかさず答えた。「主よ、確かにお約束します」

私の心には大きな安心感が生まれ、やがて全身に広がった。すでに約束されたのだ！命、豊かな命が私を占有したのだ。まさに天にも昇る心地に酔いしれて、その夜帰宅する時には、ほとんど足が地につかなかった。どこもかしこも聖域であった。その後何日間かは、朝早くから夜遅くまで働き続けた。ベッドに入っても、いったいなぜ眠らなくてはならないのかと首をかしげる始末であった。何しろ、疲労など全然感じなかったのだ。私には命と平和と安息が──キリストご自身が──乗り移ったみたいだった。

私はこのことを人に語るべきかどうか迷った。はじめはとても逡巡したが、語るべきだと思ったので、ついに語った。あれから私の生涯で最も多忙な二十年以上が経過したが、昔の悩みは二度と戻ってこなかった。しかも、それは肉体的な面ばかりではなかった。私は肉体と精神と霊魂に新しい命の泉を掘り当てたように感じた。その経験のあと、私

の人生は高いレベルに引き上げられたまま、永久に変わらないものとなった。私としては、大人しくそれに従うだけだった。

それ以来、私は世界中を旅行して、時には一日に三度も説教した。そして、余暇には『インド各地を巡るキリスト』をはじめ、十二冊の本を書いた。こうした活動に明け暮れていても、私は一度も約束を破ったことはなく、時間に遅れたこともない。かつて私を苦しめた悩みはずっと以前に消え失せ、六十三歳の今日でも私は元気旺盛で、人類に奉仕する喜びにあふれている。

私が経験した肉体と精神の変化は、心理学的に細かく分析し、説明することもできるかもしれない。だが、それは問題ではない。命は途中の過程よりも偉大であり、命が満ちあふれれば、途中の過程など影が薄くなってしまう。

しかし、一つのことだけははっきりしている。つまり三十一年前、インドのラクノーで私の人生は一夜を境にして大きく変わり、高められたことだ。私が衰弱と意気消沈のどん底にあった時、「あなたがそれを私の手に委ねて思い悩むことをやめるなら、私が引き受けよう」との声を聞いて、私は「主よ、確かにお約束します」と答えたのだ。

保安官が玄関から入ってきた時

ホーマー・クロイ

　私の人生で最も苦渋に満ちた瞬間といえば、保安官が表玄関から入ってきて、私が裏口から逃げ出した時だった。私はロング・アイランドのフォレスト・ヒルズの家を失ったのだ……私の子供たちが生まれ、私と家族が十八年も住んだ家を。こんなことが起ころうとは夢にも思わなかった。十二年前には、この世の中に私ほど幸せな人間はいないと思っていた。私の小説『給水塔の西』が映画化されて、私はハリウッドから破格の映画化権料を受け取った。私は家族とともに二年間外国で暮らした。夏はスイスで、冬はフランス領リビエラで、金持ち然として暮らしたのである。

　私はパリに六カ月いて、『彼らにはパリ見物が必要だった』という小説を書いた。そして、ウィル・ロジャースがこの映画の主役を務めた。これは彼の最初のトーキー映画だった。ハリウッドにとどまって、ウィル・ロジャースのために映画の脚本を四、五本書いてほしいと言われて私の心は動いたが、結局、それを断ってニューヨークへ帰った。それが災難のはじまりだった！　私はいつの頃からか、自分には隠れた才能があって、それはまだ十分に発揮されていないという思いに取りつかれるようになった。自分が敏腕な事業家だと錯覚するようになったのだ。私はある人から、ジョン・ジェイコブ・アスターがニューヨークで土地を買い占めて大金持ちになったという話を聞かされた。アスターとは、そもそも何者だ？　訛りのある話し方をする移民行商人ではないか。あの男にそれがやれたのなら、俺にだってできないはずはない……よし、大金持

ちになってやる！　私は早くもヨットの雑誌を読みはじめた。私には無知からくるくそ度胸があった。私の不動産売買に関する知識たるや、ちょうどエスキモーの石油炉についての知識以上のものではなかった。さて、実業家として華々しく打って出るのに必要な資金はどうして手に入れたらよかろう？　それは実に簡単だった。私は自分の家を抵当に入れ、その金でフォレスト・ヒルズにビル建築用地を買ったのである。私はこの土地を地価が法外な値上がりをするまで持っていて、いよいよ暴騰した時に手放して、贅沢な暮らしをするという腹づもりだった——人形のハンカチほどの土地も売買したことがないくせに。私は、雀の涙ほどの給料をもらって、事務所で営々と働いている連中を気の毒に思った。私は、神はすべての人間に経済的手腕を与えるのが相応しいとは思われなかったようだと、嘘ぶいていた。

突然、カンザスの旋風のように不況が襲来して、鶏小屋を揺るがす暴風のように私を揺り動かした。私は聖なる大地の巨大な口に、毎月二百二十ドルずつ注ぎ込まなくてはならなかった。月日のたつのが早いことと言ったらない、生活費も必要だった。そのうえ私は、抵当に入っている自分の家についても利息を払わねばならず、生活費も必要だった。私は雑誌にユーモア物を書こうとしたが、私のユーモア作品は「エレミヤの哀歌」のような響きを奏でた！　もちろん一編も売れなかった。小説も不成功だった。金は使い果たしてしまった。牛乳の配達は断られた。ガス会社はガスを止めた。タイプライターと金歯だけだった。だから、よく広告にある野外キャンプ用の小さなコンロを買わねばならなかった。円筒の中にガソリンを入れておいて、手で点火すると、しゅっという音とともに、腹を立てたガチョウのように炎が飛び出すやつだ。

石炭も切れた。石炭会社は支払い訴訟に訴えた。唯一の熱源は暖炉だけだった。私は夜間に出かけていって、金のある連中が建てている新築中の家屋から板や木切れを拾ってきた……彼らのように金持ちになるはずだった私が。

私は悩んだあげく、夜眠れなくなった。

私は土地を失ったばかりでなく、それに注ぎ込んだ心血まで、すっかりなくしてしまった。銀行は抵当権を行使して、私や家族を追い出した。私はやっとのことで手に入れた数ドルで、小さなアパートを借りた。私たちは一九三三年の大晦日にそこへ引っ越した。私は段ボール箱に腰を下ろして、あたりを見まわした。母がよく口にしていた「ミルクをこぼしてからでは遅すぎる」という古いことわざを思い出した。

だが、この場合はミルクではなかった。私の心血だったのだ！

しばらくしてから、私は自分に言って聞かせた。「俺は底まで落ちたが、とにかくそれに耐えてきた。これからは上へ行くだけだ」

私の手元には、抵当の対象とならなかった品物が残っていることに気がついた。健康があり、友人もある。もう一度出直すのだ。過去を悔やむのはやめよう。母がよく口にしていたあの古いことわざを毎日思い出すことにしよう。

私は悩みに費やしていたエネルギーを仕事にぶつけた。少しずつ事態は好転していった。今では、あれほどの悲惨さを経験したことに対して感謝したい気持ちにさえなっている。そのおかげで、力と忍耐と自信を得ることができたからだ。

私は今では、どん底まで落ちるとはどんなことか知っている。でも、それは死とは結びつかない。人間は自分が思っている以上に忍耐強いものである。現在でも、些細な悩みや不安や心配が私の心を乱しそうになると、段ボール箱に腰をかけて「俺は底まで落ちたが、とにかくそれに耐えてきた。これからは上へ（行くだけだ」と自分に言い聞かせた時のことを思い出して、それを追い払うことにしている。

この場合の原理は何だろうか？　おがくずを挽こうとするな！　避けようのないものは受け入れよう！　落ちるところまで落ちてしまえば、あとは上へ行く努力をすればよいはずだ。

悩みこそ最大の強敵だ

ジャック・デンプシー

長いリング生活で、私が戦った最大の強敵は「悩み」という宿敵であることを知った。悩みを阻止することを学ばなくては、精力が失せ、成功がおぼつかないことを悟った。そこで私は、徐々に自分だけのやり方を身につけた。以下で、これを説明しよう。

一、リングで勇気を持続するために、試合中は自分に向かって声援を送った。たとえば、ファーポと戦った時は「どんなことがあっても負けないぞ。やつにやられてたまるか。やつのパンチ

がどうしたというのだ？ ちっとも利かないじゃあないか。どんなことがあっても打ちまくるのだ」と言い続けたものだ。このような励ましの言葉を自分に言い聞かせながら、積極的な考え方をすることが私にとって非常に役立った。それが心の底にしみ込んでいたので、相手のパンチも感じないほどだった。長いリング生活の間には、唇が裂けたことも、目を切ったこともあった。肋骨を折ったこともある。ファーポにリング外まで吹っ飛ばされて新聞記者のタイプライターの上に転落し、それを壊してしまったこともある。しかし、私にはファーポのパンチは少しもこたえなかった。私が本当に相手の打撃を感じたのは一度だけだ。レスター・ジョンソンが私の肋骨を三本もへし折った晩のことだ。パンチはたいしてこたえなかったが、呼吸が苦しくて仕方なかった。あとにも先にも、私が相手のパンチを感じたのは、あの時だけだ。

二、第二の方法は、悩むことの馬鹿らしさを思い起こすことだった。私が思い悩むのは、たいてい大試合を前にしてトレーニングに励む時だった。私は夜眠れなくなって、しきりに寝返りを打ったり、あれこれと心配したものだ。手が砕けるかもしれない、足が折れるかもしれない、第一ラウンドで目が大きく切れてしまって、相手にパンチが当たらなくなるかもしれないなどと心配したものだ。こんな状態におちいると、私はいつもベッドを離れて鏡をのぞき込み、自分に言い聞かせました。「まだ起こってもいないことで、また決して起こらないかもしれないことででくよくよするなんて、お前は大馬鹿野郎だぞ。人生は短い。今後そう長くは生きられないかもしれないのだから、生きている間は愉快にやることだ。それには健康が第一だ。健康第一でいこう」。そして私は、睡眠不足と悩みほど健康に有害なものはないと自分に思い起こさせた。来る日も来る日もこう言い続けていると、それがすっかり私の体にしみ込んでしまい、私はあらゆる悩みを水のよ

孤児院へ入れられないようにと神に祈った

キャサリン・ハルター

私の子供時代、私の生活は恐怖で満たされていた。母は心臓病をわずらっていて、毎日のようにめまいを起こし、床に昏倒するのを見た。私たちは今に母が亡くなるのではないかと心配した。私は、母を亡くした子供はすべてミズーリ州ワレントンにあるセントラル・ウェズレー孤児院に送られるものと思い込んでいた。私はそこへ送られるのが何よりも怖かったので、六歳の頃、いつもこう祈っていた。「神様、どうぞ私が大人になって孤児院へ行かなくても済むようになるまで、お母さんを生かしてあげてください」

二十年後、弟のマイナーが大怪我をして、二年間も激痛に苦しんだあげく、死んでしまった。弟

試合前のトレーニング中も、私は一日に数回祈りを捧げた。さらに効果があったのは祈りのおかげで、私は勇気と自信を持って戦うことができた。今までに私は祈りを捧げずにベッドへ入ったことはない。また、まず神に感謝してからでないと、決して食事をしたことはない……私の祈りは受け入れられたか！ もちろん、その回数は数限りがない！

うに流してしまうことができたのである。

三、以上の二つよりも、さらに効果があったのは祈りである！ 私は一日に数回祈りを捧げた。リングの上でも、各ラウンドのゴングが鳴る前に祈りの

は自分で食事をとることもできず、寝返りを打つこともできるために、昼夜三時間ごとにモルヒネを注射してやらねばならなかった。

私はその当時、ミズーリ州のセントラル・ウェズレー・カレッジで音楽を教えていた。私は二年間それを続けた。弟が苦痛のあまり泣きわめく声を聞きつけて近所の人が電話をかけてくれると、授業を中止して駆け戻り、弟に注射をしてやるのだった。毎晩寝る前に目覚まし時計をかけておくと、凍ってアイスクリーム状になるが、私はそれが大好物だった。

寒い夜など、窓の外に牛乳を出しておくと、凍ってアイスクリーム状になるが、私はそれが大好物だった。

目覚まし時計が鳴ると、窓の外のアイスクリームを思い出して、起き上がるのだった。

こういう苦労の絶えない生活を送りながらも、私は自己憐憫におちいったり、自分の人生を暗くしてしまわないように、二つのことを実行した。その一つは、一日十二時間から十四時間音楽を教えて、忙しさで気を紛らすことだった。自分で自分の運命を呪いたくなる時は、繰り返して自分に言い聞かせた。「いいこと？　自由に歩いたり食事ができて、激痛に悩まされてもいないのだから、あなたはこの世で一番幸せな人間なのよ。どんなことが起こっても、決してそれを忘れてはいけないわ。決して！」

私は自分に与えられている数々の祝福に対して、無意識のうちに感謝する態度を絶えず養うために、できるだけ努力しようとした。毎朝目が覚めると、ベッドから起きて朝の食卓につき、自分の手で食事ができることを神に感謝した。いろいろと苦労はあったけれども、私はミズーリのワレントンで最も幸せな人間であろうと固く決心していた。たぶん、まだそこまではいっていないだろうが、少なくとも生まれ故郷で最も感謝の念に富んだ女性であることだけは確かである。世の中には私に負けないほどの悩みを背負っている人生も多いに違いない。

このミズーリ州の音楽の先生は、本書に述べた二つの原理を応用した。彼女は悩むひまがないほど忙しい思いをするとともに、自分に与えられている祝福を数えたのである。同じテクニックは誰にでも役立つであろう。

私の胃はカンザスの旋風のごとく暴れた

キャメロン・シップ

　私は数年間、カリフォルニアのワーナー・ブラザーズのスタジオで、宣伝部員として幸福に勤めていた。私はフリーな立場で、ワーナー・ブラザーズ所属のスターたちのことを種々の新聞や雑誌に書き送るのを仕事にしていた。

　ところが突然、私は宣伝部副部長に抜擢された。業務組織が改革されて、管理担当副部長という物々しい肩書きが与えられたのである。

　私は冷房装置のある広い個室をあてがわれ、二人の秘書をはじめ七十五人の部員を指揮することになった。私は有頂天になった。早速新しい服を買い、もったいぶった口を利くようになった。ファイリング・システムを定め、厳しい態度で決断を下し、昼食も急いで済ませるようにした。

　私はワーナー・ブラザーズの宣伝方針について、全責任を背負っているような気持ちになって

しまった。ベティ・デイヴィス、オリヴィア・デ・ハヴィランド、ジェイムズ・キャグニー、エドワード・ロビンソン、エロール・フリン、ハンフリー・ボガード、アン・シェリダン、アラン・ヘイルなど人気俳優の生活は、公私を問わず、完全に私の掌中にあると考えた。

一カ月たたないうちに胃潰瘍の徴候が現われた。胃がんかもしれなかった。戦時中における私の主な軍事活動といえば、映画宣伝担当者会議軍事委員会の議長を務めることだったが、私はこの仕事が好きだったし、会議で友人と一緒になれるのも愉快だった。ところが、この会合を不安に思うようになった。そういう会合のあとでは、いつも激痛に襲われた。帰宅する途中で、私はたびたび車を停めて、疲れを癒すありさまだった。私はこれらの仕事に不適任だったのだ。

時間は少ししかなかった。まったくの死活問題だった。私の臓器には硬いしこりができていた。

正直に言うと、これは私の一生で最も苦しい病気だった。痛みはとぎれることがなかった。体重も減ったし熟睡もできなかった。

そこで私は、ある有名な内臓専門医のところへ行って診察してもらった。すすめてくれたのは広告部の男で、彼の言うところによると、この医者は営業関係の患者をよく診ているとのことだった。

彼は言葉少なに私の病状と職業とを尋ねたが、病状よりはむしろ職業に関心を持っているらしかった。しかし私はすぐ彼に信頼感をもった。その後二週間、彼は毎日あらゆる検査をした。レントゲン撮影、透視検査、その他種々の精密検査をしたあと、いよいよ診断の結果を話してくれることになった。

「シップさん」彼は椅子に背をもたせながら言った。「この二週間、あらゆる検査をやってみまし

た。これは絶対に必要でした。最も最初の診断で、すぐに胃潰瘍の徴候はないことがわかっていたのですが。しかし、あなたの性格から言っても、ご職業から言っても、結果をお見せしないことには納得なさらないでしょう。では、結果をお見せしましょう」

そう言って彼は、いくつかの図表やレントゲン写真を示して詳しく説明してくれた。それによると、潰瘍などは全然見当たらないということだった。

「さて」医者は言葉を続けた。「何かと相当費用がかかりましたが、あなたにとって、それだけの効果はありました。『悩まないこと』これがあなたの処方箋です」

「まあまあ」。私が抗弁しようとするのを彼は制した。「すぐには、この処方箋どおりにいかないことはわかっています。だから、安心していただくために薬をあげましょう。これはベラドンナですから、お好きなだけ服用してください。なくなったら、また差し上げます。副作用はありません。神経が休まるはずです」

「しかし本当は、あなたには薬の必要はないのです。必要なのは悩むのをおやめになることです。また悩みはじめたら、ここへ来なくてはならないし、私はまた高い診察代をいただくことになります。いかがですな？」

その日のうちに医者の忠告を実行して悩むのをやめたと報告したいところだが、事実はそうではなかった。私はその後数週間、何か気がかりなことがあると、すぐにベラドンナを服用した。これはよく効いた。飲むとすぐ気分が爽快になった。

しかし、そのうちに丸薬を服用するのが馬鹿らしくなった。私は人並み外れて大きな体をしていた。身長はリンカーンに劣らないほどあり、体重は九十キロ近くあった。それでいながら、神

私の胃はカンザスの旋風のごとく暴れた

経を鎮めるために白い丸薬を服用していたのだ。友人に何の薬かと聞かれて、本当のことを話すのは恥ずかしかった。だんだんと私は自嘲し出した。「おい、キャメロン・シップ、お前は馬鹿な真似をしているぜ。生真面目すぎる。些細な仕事をあまりにも重大に考えすぎているのだ。ベティ・デイヴィスも、ジェイムズ・キャグニーも、エドワード・ロビンソンも、お前が宣伝を担当する以前に、すでに世界的な名声を得ていた。もし今晩お前が頓死しても、ワーナー・ブラザーズもスターたちも、万事うまくやっていけるさ。少しも困りはしないのだ。アイゼンハワー、マーシャル元帥、マッカーサー、ジミー・ドリトル、キング提督のことを考えてみろ。彼らは戦争を指揮していたのに丸薬の世話にはならなかった。だのにお前は小さな丸薬を服用しないと、すぐ胃が動転し、カンザスの旋風みたいに暴れ出して、映画宣伝担当者会議軍事委員会の議長を務めるどころではなくなってしまうのだ」

私は薬を服用しないでいることに誇りを持ちはじめた。やがて、私は薬を下水に放り込み、毎日、夕食の前に短い睡眠をとる習慣をつけながら、徐々に正常な生活を取り戻していった。私はその後、二度とあの専門医に会っていない。

しかし私は、彼に対して深い感謝の念を持っているし、これはあの時の高い診察費を償ってあまりある。彼は私に自嘲することを教えてくれた。けれども、最も敬服した点は、彼が私の愚を笑わなかったことである。別に悩む原因はないではないかと言わないで、どこまでも私を真面目に扱ってくれた。彼は私の面目を保ってくれた。小さな箱の中の私に出口を教えてくれた。しかし彼は、今の私が知っているように、病気を治すのは小さな薬ではないことを承知していた。私の治療法は心構えを変えることだったのである。

この物語の教訓は次の一言に尽きるだろう。現在、薬を常用している多くの人々は、まず本書の第七部（PART7）を一読して、気持ちを鎮めよう。

皿洗いをする妻の姿から悩みの解消法を知った

ウィリアム・ウッド

　二、三年前、私は激しい胃痛に悩まされた。激痛のため眠ることができず、毎晩のように二、三回目が覚めた。父は胃がんで亡くなったので、私も胃がんに——少なくとも胃潰瘍になるのではないかと心配した。そこで、私は診療所へ行って検査を受けることにした。高名な専門医は透視検査を行ない、胃のレントゲン写真を撮った。それから睡眠薬をくれて「胃がんや胃潰瘍の徴候は認められない。あなたの苦痛は感情的な緊張によるものだ」と言った。私が牧師だったので、彼の最初の質問は「もしやあなたの教会委員の中にわからず屋がいるのではないか？」というものだった。

　彼の言うことは、私も先刻承知していることだった。彼は、私の仕事が多すぎる点を指摘した。なるほど私には毎日曜の説教、あらゆる教会活動、赤十字の委員長、キワニス・クラブの会長、さらに週に二、三回の葬儀、その他、多くの雑務があった。

407　皿洗いをする妻の姿から悩みの解消法を知った

私は絶えず緊迫した状態で働いていた。常に緊張し、せかせかしていた。万事につけて、まず心配してかかれていた。いつも興奮のために体がぶるぶると震えていた。このような状態に苦しんでいた私は、喜んで医師の忠告に従った。

　毎週月曜日を休日と定め、同時にいろいろな責任や活動を減らすようにした。

　ある日、机を整理していた時、非常に有効な考えが胸に浮かんだ。私は山のような説教ノートや古いメモを眺めていたが、それを一つ一つ丸めて屑籠に投げ込んだ。そのうちに、ふと手を止めて、ひとりごとをつぶやいた。「おいビル、このノートやメモと同じことをお前の悩みについても、したらどうなんだ？　なぜ過去の問題についての悩みをまとめて、屑籠の中へ放り込まないんだ？」。これは、その場で思いついた霊感とも言うべきものだった。私は一度に肩の荷を下ろしたような気がした。その日以来私は、自分の力ではどうにもならないすべての問題を、屑籠の中へ放り込むことにしている。

　それからある日、妻の皿洗いを手伝いながら、それをふいていた。その時、別の考えが浮かんだ。妻は皿を洗いながら歌を歌っていた。私は自分に言った。「見ろよ、ビル、お前の奥さんは実に幸福そうではないか。二人は結婚して十八年になるが、彼女はその間ずっと皿洗いを続けてきた。我々が結婚した時、仮に彼女が未来を見通していて、これから十八年間も皿洗いをしなくてはならないと知ったとしたら、どうなっていただろう？　汚れた皿の山は、納屋以上の大きさになっていただろう。そのことを考えただけでも、うんざりするに違いないのだ」。

　そこで私は再び、自分に言った。「妻が皿洗いを気にしないのは、一度に一日分の皿を洗えばいいからだ」。私は自分の悩みの正体をつかんだ。私は今日の皿も、昨日の皿も、まだ洗われていない

私は答えを発見した

デル・ヒューズ

皿まで洗おうとしていたのだ。
私は自分の愚行に気がついた。日曜の朝、説教台に立って、会衆に向かっていかに生活すべきかを説きながら、自分は緊張と悩みに満ちた、せかせかした生活を送っていた。私は恥ずかしさでいっぱいだった。
私はもう悩んだりしない。胃も痛まず、不眠症とも縁が切れた。今では昨日の不安を一括して屑籠へ放り込んでいる。そして、明日汚れる皿を今日のうちに洗おうなどとは決して考えない。
皆さんは、本書の冒頭で述べたことを記憶しておられるだろうか?「明日の重荷に昨日の重荷を加えて、それを今日背負うとしたら、どんな強い人でもつまずいてしまう」。まさに正気の沙汰ではない。

　　　　✤

一九四三年、私はニューメキシコ州アルバカーキの退役軍人病院へ入れられた。肋骨が三本折れた上に、肺も負傷していた。この事故は、ハワイ諸島で行なわれた水陸両用艇による敵前上陸の演習中に起こった。私が艇から飛び降りようとしたとたん、大波が打ち寄せてきて艇を持ち上

げたため、私は体の均衡を失い砂の上に強く放り出された。ひどい勢いでたたきつけられたので、折れた肋骨の一本が右肺につき刺さったのだった。

病院で三カ月過ごしたあと、私は生まれてはじめてとも言うべきショックを受けた。医師は、私の病状が少しも良くなっていないと告げたのである。私はじっくりと考えてみた。そして、病状が好転しないのは悩みが原因であることに気づいた。私はそれまで絶えず活動的な生活をしていたのであるが、入院中の三カ月間は一日二十四時間、じっと仰向けに寝たまま、考えること以外は何もすることがなかった。

考えれば考えるほど、私の悩みは大きくなった。もう一度世間に出られるようになるだろうか？ これからの一生を身体障害者として送るのではあるまいか？ 結婚して正常な生活を送ることができるだろうか？ などと思いわずらったのである。

私は軍医に強くせがんで隣の病室へ移してもらった。そこはカントリー・クラブと呼ばれており、傷病兵が勝手気ままに行動することが許されていた。

このカントリー・クラブで、私はブリッジに興味を持つようになった。私は六週間かかって、このゲームを覚え込み、他の連中と勝負を争ったり、またカルバートソンのブリッジに関する著書を読んだりした。そして六週間後には毎晩このゲームに興じるようになり、退院する時まで続けた。また油絵を描くことにも興味をそそられ、毎日午後三時から五時まで先生について稽古した。私の作品中には何の絵だか他人にもわかる程度のものが数点あった！ 私はまた、石鹸や木を材料にして彫刻することも習った。それに関する本を読むことも愉快だった。私はこうして毎日をとても忙しく過ごしたので、体の状態について悩むひまなどがなくなった。私はまた、赤十字

時間が多くのことを解決してくれる

悩みは私から十年の人生を奪ってしまった。その十年間は、青年時代の最も実り豊かであるは

ルイス・T・モンタント

から寄贈された心理学の本なども読破した。三カ月後に医局の人たち全部が私のところに来て、「実に良くなった」と祝ってくれた。生まれてこのかた、この時ほど愉快だったことはない。喜びのあまり、万歳と叫びたい思いだった。

私が指摘したいのは、次の点である。すなわち、私がじっとベッドに寝て、何もしないで将来のことを思い悩んでいた時には、少しも良くならなかった。折れた骨も良くならなかった。ところが、ブリッジにこり出し、油絵や木彫りに夢中になりはじめると、医師たちは「実に良くなってきた」と言って喜んでくれたのである。私の肺は皆さんと同様に健全で今の私は、世間の人と同じように、健康な生活を送っている。

ジョージ・バーナード・ショーの言葉を覚えているだろうか?「みじめな気持ちになる秘訣は、自分が幸福であるか否かについて考えるひまを持つことである」。活動しよう、忙しく過ごそう。

ずの時期、つまり十八歳から二十八歳にかけてであった。今にして悟ったのであるが、この時期を無駄に過ごしたのは、誰の過ちでもない、私自身の過ちなのである。

私は自分の仕事、健康、家族、劣等感など、あらゆるものについて思い悩んだ。私は一種の恐怖感から、道を横断する時でも、知っている人に会いはしまいかと、びくびくした。往来で友人に会っても、知らないふりをすることが多かった。相手に知らん顔をされたくなかったからである。

私はまったく知らない人に会うのが怖かった。彼らが目の前にいると恐ろしくて、二週間の間に三つも就職に失敗した。それというのが、私を雇ってくれそうな三人の人に対して、いずれも自分の能力について話すだけの勇気がなかったからである。

ところが八年前のある日の午後、私は悩みを克服することに成功した。それ以来、悩んだことはない。その午後、私は、自分が経験した悩みよりもはるかに深刻な苦悩に直面している男の事務所にいたが、彼は実に快活であった。その男は一九二九年に一財産築いたけれども、すぐまた無一文になった。一九三三年にはまた金持ちになったが、すぐに没落してしまった。一九三七年にも、同じことを繰り返した。彼は破産の宣告を受け、彼を憎む人や債権者に追いまわされた。たいていの人を打ちのめして自殺に追いやるような苦難も、彼にとっては蛙の面に水だった。

八年前のその日、私は彼の事務所にいて、彼をうらやましく思うと同時に、何とかして彼のようになりたいと願った。雑談中、彼はその日の朝受け取った一通の手紙を私に差し出して、「読んでみたまえ」と言った。

その手紙は怒りの手紙で、いくつかの厄介な問題を持ち込んでいた。私がこんな手紙を受け取ったら、周章狼狽したに違いない。「ビル、どう返事するつもりなんだい?」と私は聞いた。

ビルは答えた。「一つ君に秘訣を教えよう。今度何か困ったことが起こったら、鉛筆と紙を用意して、腰を下ろすのだ。そして、いったい何で困っているのかを詳しく紙に書いてみるのだ。それから、その紙片を机の右袖の一番下の引き出しにしまっておく。二週間たったら、それを出して読んでみるといい。それでもまだ困難に変わりがないようなら、また引き出しに戻す。二、三週間そうしておいたって、その紙切れ自体には何も起こらないだろう。ところが君を悩ませている問題のほうには、さまざまなことが起こるだろう。根気よく待っていれば、たいていの悩みは穴のあいた風船玉みたいにしぼんでしまうものだよ」

私はこの忠告にまったく感服した。それ以来、私はビルの忠告に従っている。その結果、悩むことなどなくなった。

時間が多くのことを解決してくれる。あなたの今日の悩みも解決してくれるに違いない。

私は口を利くことも指一本動かすことも禁止された

ヨーゼフ・L・ライアン

　数年前、私はある訴訟事件の証人として法廷に出頭したが、そこで極度の精神的な緊張と不安とに襲われた。裁判が終了して汽車で帰る途中、私は突然発作を起こして卒倒した。心臓病であった。私は呼吸が止まるのではないかとさえ感じた。
　やっとのことで家へ帰ると、医者は私に注射をした。ベッドではなく、居間の長椅子までたどり着くだけで精一杯であったが、意識を回復してみると、枕元では近所の牧師が私の臨終式を執り行なおうとしていた。
　私の家族たちは、何とも言えないほど悲痛な面持ちであった。私は、これはもう助からないなと思った。あとで妻に聞いた話では、医者はもう三十分とは持つまいと言ったそうである。心臓が極度に衰弱していたので、私は口を利くことも指一本動かすことも禁止された。
　私は元来、信心深いほうではなかったが、一つのことは心得ていた——神と争わないということである。そこで私は目を閉じ、「御心のままになさってください。……もし、避けられないものならば、御心のままになさってください」と心で祈った。
　私の心がこう決まると、たちまち全身がくつろいだようになって、恐怖は消え失せた。私は、これ以上どんなことが起こるのだろうと、静かに自分に尋ねてみた。最悪のことは、おそらく発作の再発、激痛、それで万事休するわけである。私は主の御前に召されて、間もなく平和になるだろう。

我こそは偉大な追放者である

悩みは習慣である──私はこの習慣をとっくの昔に打破している。私が悩みを遠ざけていられ

オードウェイ・ティード

私は長椅子に横たわったまま一時間じっとしていた。けれども痛みは再発しなかった。その うちに私は、今もし死ななかったら、いったいどうなるのだろうと自問しはじめた。私は全力を 挙げて健康回復に努力しようと決心した。緊張や悩みで自分を苦しめないで、活力を取り戻そう と。

これは四年前のことであったが、医師が心電図を見て驚くほど、私はめきめきと活力を取り戻 した。私はもはや悩まない。人生に対して新しい情熱を抱いている。正直に告白するが、もし私 が最悪の事態、死の一歩手前に直面しなかったら、そしてそこから前進しようと努力しなかっ たら、今こうやって生きてはいないだろう。もし私が最悪の事態を受け入れなかったら、自分自 身の恐怖と狼狽で死んでいたに違いないのだ。

ライアン氏が生き延びた理由は、本書で述べた魔術的公式、すなわち「起こり得る最悪の事態 を直視せよ」を適用したからにほかならない。

るのは、主として次の理由からであろう。

第一――私は実に多忙で、自分を破壊するような不安感にふけるわけにはいかない。私には大切な事業が三つあり、どの一つをとっても、それだけで一日全部を使わねばならない。私はコロンビア大学で講義をしているし、ニューヨーク市の高等教育委員会議長でもある。さらにハーパー＆ブラザーズ出版社の経済・社会部門の責任者でもある。この三つの仕事に忙殺されているので、あれこれと悩んだりするひまなんかないわけだ。

第二――私は偉大な追放者である。一つの仕事から他の仕事へ移る時、それ以前まで考えていたことは全部追放してしまう。一つの活動から他の活動へ移るのは、なかなか刺激的で爽快なものである。それは私を休息させてくれる。私の心を洗い清めてくれるのだ。

第三――一日の仕事を終えて事務机を片づける時、私はあらゆる仕事の問題を心から一掃するように自分を訓練してきた。仕事には終わりというものがない。それぞれの仕事は常に未解決の問題を持っており、私に注意を促している。もし私が毎晩のようにこれらの問題について悩んだりしようものなら、私の健康は損なわれてしまうだろう。そして、それと取り組むために必要な能力は破壊されてしまうであろう。

オードウェイ・ティードは四つの効果的な作業習慣の達人である。それがどんなことであったか、皆さんは記憶しておられるだろうか？（第七部第二六章〈PART7の26〉を見よ）

悩み続けていたら、とっくに墓場へ行っていた

野球界の元老　コニー・マック

　私は六十三年間、プロ野球界にいた。一八八〇年代、はじめて野球界に身を投じた頃、私は給料など少しももらわなかった。我々は空き地で試合をした。そして、空き缶や古い馬具につまずいて転んだりした。試合が終わると、見物人に帽子をまわした。こうして得た分け前は、未亡人である母や弟妹を養わねばならぬ私にとっては、まったく不十分なものであった。時にはチームメートとともに、野イチゴや焼き貝で腹を満たすこともあった。
　私には苦労の種がたくさんあった。連続七年間、最下位のチームのマネジャーを続けたのは私一人であった。また私は八年間に八百試合を失ったただ一人のマネジャーであった。あまり負けが続くと、私は飯も食えなくなり、睡眠もとれなくなるほど悩んだ。しかし、私は二十五年前に悩むのをやめにした。まったくのところ、その時に悩むのをやめていなかったら、私はとっくの昔に墓場に行っていたに違いない。
　私の長い一生を振り返ってみて（私はリンカーンが大統領だった時に生まれた）、私が悩みを征服した方法について述べることにしよう。
　一、私は、悩んで何の益もないことを悟った。悩んだところで何の役にも立たぬばかりか、一生を台なしにすることに気がついたのだ。
　二、悩みが私の健康を損なうことを知った。

三、私は今後の試合に勝つことを研究するだけで精一杯で、過去の敗戦などを苦にしているひまはなかった。

四、私は、エラーをした選手に対して、試合の二十四時間後にはじめて注意することにしていた。最初のうち、私は彼らと一緒に着替えをしていたが、負けた時には、どうしても選手を非難し、敗因について激論せざるをえなかった。私は、これでは悩みを増加させる結果にしかならないことに気がついた。他人の前で選手を批判することは、協力心を失わせることになる。私は痛烈に言いたいことを言った。そこで、試合に負けた時には、言いたいことも極力抑えて、なるべく選手の顔を見ないようにした。そして、翌日になってはじめて敗因を話し合うことにした。翌日になると私も落ち着いて、エラー自体をあまり気にしなかったし、穏やかに話し合うことができたからだ。一方、選手たちも腹を立てたり、抗弁しようとはしなかった。

五、私はできるだけ選手たちをほめて励ますことにした。一人一人に、何かと賞賛の言葉をかけるように気をつけた。

六、疲れた時には、悩みが増すことを知った。それで私は、毎晩十時間眠ることにした。また午後は、毎日のように昼寝をした。わずか五分間の昼寝でも、なかなか効果があった。

七、私は絶えず活動することで悩みを防ぎ、長寿を保つと信じている。私は八十五歳である。しかし私は、一つのことをくどくど並べ立てるようになるまでは絶対に引退するつもりはない。もしそういう状態になったら、俺も老いぼれたなあと思うことであろう。

コニー・マックは『悩みの解消法』のたぐいの本を読んだことがないので、自分で法則をつく

った。皆さんも過去において役立った法則の一覧表をつくったらいかがであろう。

胃潰瘍や悩みと縁を切るのに職業と心構えを改めた

ウィスコンシン州グリーン・ベイ　アーデン・W・シャープ

　五年前の私は悩みに打ちひしがれ、健康を損なっていた。医者は胃潰瘍だと言って、食事療法を命じた。ミルクを飲まされ、卵を食べさせられたが、しまいには飽き飽きして見るのも嫌になった。それでも私は良くならなかった。
　ある日、私はがんに関する記事を読んだ。そして、自分にもその徴候があると思い込んだ。それ以後、悩みは恐怖心に変わった。おかげで胃潰瘍のほうも猛然として勢いを盛り返した。そこへ最後の打撃がきた。二十四歳の私が、肉体的不適格者として入隊を拒否された！　肉体的にも最も強壮であるべき時期に、肉体的廃人と宣告されたのだ。
　私は絶望した。前途に何の希望も持てなかった。絶望の果てに私は、いったいどうしてこの恐ろしい状態に落ち込んだのかを分析しようとした。一歩一歩、事実が明白になってきた。二年前、私はセールスマンとして幸福かつ元気であった。しかし戦争による商品不足のため、私はセールスマンをやめて工場へ入らざるをえなくなった。私はこの仕事を軽蔑した。さらに悪いことには、実に虚無的な思想を抱いていた連中の仲間になった。彼らはあらゆる事物が気に入らなかった。

私は緑の信号灯を求めている

ジョセフ・M・コッター

正しいものは何一つなかった。彼らはいつも仕事をくさし、賃金、労働時間、上司など、あらゆるものを罵倒した。私はいつとはなしに、彼らの被害妄想的な感情に原因に感染したのだった。

私は、自分の胃潰瘍が自分自身の否定的な思想や厭世的な感情に原因しているらしいと徐々に気がついた。そこで私は、自分が好きだったセールスの仕事に戻ろうと決意した。そして、建設的かつ積極的な思想を持つ連中とつきあっていこうと心に決めた。この決意が、おそらく私の命を救ったのだ。私は努めて前向きの思想の持ち主──幸福かつ楽天的で、悩みや胃潰瘍とは無縁の人々と交際することにした。気持ちを一変させると同時に、胃の状態も一変した。

しばらくするうちに、胃の悪かったことなど忘れてしまった。健康、幸福、成功なども、悩みや厭世、失敗と同様、他人から簡単に伝染することを知った。これは私が学んだ最も大切な教訓である。これをずっと前に悟るべきだった。この事実を何度も聞かされ、本でも読んでいたのだが、私は苦い経験からそれを学ばなくてはならなかった。

私は今、キリストが「心に思うこと、これが彼自身である」と説かれた言葉が何を意味しているかが理解できる。

幼い子供の時分から青壮年期を通じて、私は悩みの常習者であった。私の悩みは実に多種多様だった。なかには現実的なものもあったが、大部分は想像であった。たまに悩んでいない時があると、何か悩むべきものを見落としているのではないかと心配して悩んだ。二年前、私は新しい生活に入った。このためには自分の欠点——さらには、ごくわずかな長所——についての自己分析、つまり私自身に対する「精密かつ率直な性格診断」をしなければならなかった。これによって私は、自分がどんな原因によって悩んでいるのかを悟った。

問題は、今日だけに徹して生きようとしないことだった。「今日という日は、昨日思い悩んでいた明日である」という言葉を何度も耳にしたが、私には何の役にも立たなかった。今日一日だけが、私の自由に支配できる唯一の日であるから、一日一日を最大限に利用すべきだとも言われた。そうすれば多忙になって、過去や未来について悩んだりするひまはなくなるとも教えられた。その忠告はいかにも論理的であったが、そんなとてつもない考えを実行することは私には困難だった。

その私が突如として、ちょうど暗闇における銃声のように、その解答を発見した。どんな場所で？ 一九四五年五月三十一日午後七時、ノースウェスタン鉄道の駅のプラットホームにおいてである。私にとっては実に貴重な時間だったから、はっきりと記憶しているのだ。

我々は数人の友人を列車まで送っていった。彼らは休暇を終えて「ロサンゼルス号」で帰ろうとしていた。戦争はなお続いており、その年も混雑はひどかった。私は妻と一緒に、乗車せずに列車の前のほうへと歩いていった。そして、しばらく大きなぴかぴかの機関車を見ながら立って

421　私は緑の信号灯を求めている

いた。その時、私が線路に目をやると、大きな信号機が目に映った。黄色の光が輝いていた。やがて、この光がまばゆい緑に変わった。その瞬間、機関手がベルを鳴らした。「ご乗車願います!」という聞き慣れた言葉が響いた。間もなく大きな流線型の列車は駅を離れて、三千七百キロの旅に向かった。

私の心は回転し出した。何かが私に自覚を促そうとしていた。それが突然、私にはわかった。あの機関手が私の求めていた解答を与えてくれたのだ。彼は、緑の信号だけを頼りに長い旅に向かって出発したのだ。もし私が彼の立場にいたとしたら、旅行中はずっと緑の信号だけであってほしいと思うに違いない。それが不可能なのはわかっているが、私はそれを人生に望もうとしていたのだ——駅に座って、どこへも行かないでいながら、ずっと向こうにあるものを見たがっていたのだから。

私はなおも考え続けた。あの機関手は、何キロ先で出会うかもしれない困難について悩んだりはしない。いくらかの遅延や減速はあるかもしれない。そのために信号組織が設けられているのだ。黄色の信号——速度を落として徐行すること。赤信号——前方に危険あり、停止。それで列車の運行は安全なのだ。実に立派な信号組織ではないか。

私は自分の人生に、なぜこういう立派な信号組織を持たなかったのかと自問した。私の答えは——私も持っていた。神は私にそれを与えてくださった。それは神の支配のもとにあるので、故障するはずがない。私は緑の信号灯を探しはじめた。どこにあるのだろう? もし神が緑の信号灯をおつくりになったのだったら、まず神にお尋ねすべきではないか? 私はそうした。

私は毎朝、神に祈ることによって、その日のための緑の信号灯を得ている。時には黄色の信号

を目にして減速することもある。赤信号の時には、停止して事故を起こさないようにしている。この発見をした二年前以来、私には悩みがなくなった。この二年間に七百回以上もの緑の信号が示された。そして私の人生行路は、次の信号が何色かを心配しなくても、すこぶる平穏なものとなっている。信号が何色であろうと、私には対処の仕方がわかっているのだ。

ロックフェラーはいかにして寿命を四十五年も延ばしたか

ジョン・D・ロックフェラーは三十三歳の時、すでに最初の百万ドルを蓄積していた。四十三歳の時には世界最大の独占企業スタンダード石油会社を築き上げた。けれども五十三歳の時には、どうであったか？　五十三歳の彼は、悩みのとりこになってしまった。悩みと緊張に満ちた生活が、すでに彼の健康を損なっていた。五十三歳当時の彼は「ミイラにそっくりであった」と、一人の伝記作家ジョン・ウィンクラーは書いている。

五十三歳の時、ロックフェラーは不思議な消化不良性疾患に冒され、頭髪は言うに及ばず、まつ毛まで抜け落ちてしまい、眉毛が少し残っただけだった。ウィンクラーはこう書いている。「彼の病状は悪化する一方で、一時は人間の乳を飲んで生活するように命じられた」。医師の説によると、彼は脱毛症にかかっていたのだという。これは神経性禿頭症の一種である。完全に禿げ上がってしまったので、彼はしばらく頭巾をかぶっていたが、のちには一つ五百ドルもする銀髪のか

つらをつくらせ、死ぬまでそれをつけていた。

ロックフェラーは元来、実に頑丈に生まれついていた。農家育ちの彼はたくましい肩を持ち、まっすぐな姿勢で、力強く歩を運んだ。ところが五十三歳という働き盛りに彼の肩は落ち、足元がふらつくようになった。「鏡に映る彼の顔は、まるで老人のそれであった」と、もう一人の伝記作家ジョン・フリンは記している。「不断の仕事、果てしのない気苦労、数々の非難攻撃、不眠の夜、運動と休養の不足」が代償を要求し、彼をひざまずかせたのである。彼は今や世界一の富豪であったが、極貧者も口にしないであろう食物をとらねばならなかった。その当時、彼の収入は週に百万ドルはあったが、一週間の食費は二ドルもかからなかった。少量の酸味を加えたミルクと二、三個のクラッカーとが医師の許可した食物のすべてであった。皮膚は光沢を失い、まるで骨を羊皮紙できつくつつく包んでいるようだった。彼が五十三歳で死ななかったのは、まったく金に糸目をつけない治療によるものであった。

どうしてこんな事態になったのだろう？　苦悩、高血圧、高度の緊張生活。彼は文字どおり、自分で自分を墓場の一歩手前まで追いつめたのである。二十三歳の時、すでに彼は目的に向かって猛進していた。彼を知る人々によると、「彼はうまい儲け話以外には決して笑顔を見せなかった」そうである。大儲けをした時には戦勝の踊りを踊った――帽子を床に放り出して跳ねまわったが、損をしたとなると、すぐ病気になるのだった。ある時、彼は価格四万ドルの穀物を五大湖経由で積み出したことがあった。保険は掛けていなかった。保険料百五十ドルは高すぎると思ったのだ。ところがその夜、猛烈な嵐がエリー湖上を荒れ狂った。共同経営者のジョージ・ガードナーが翌朝事務所へ顔をのではないかと心配でたまらなかった。

出した時には、ロックフェラーはすでに部屋の中を歩きまわっていた。「早く早く」。彼はあえぐように言った。「今からでも保険が掛けられるか、大急ぎで行ってみてくれないか！」。ガードナーは早速山の手へ急いで保険を掛けたが、事務所へ戻ってみると、ロックフェラーは前よりもいっそう神経を高ぶらせていた。ガードナーの留守中に、積荷が何も被害を受けず無事に目的地へ着いたとの電報が届いたのであった。ロックフェラーは今度は百五十ドルを無駄にしてしまったと言って、前よりもむしゃくしゃしていた。そして気分が悪くなったと言って、家へ帰って床についてしまった。

彼の会社はその当時、年間五十万ドル以上の大きな取引をしていた。それでいて、わずか百五十ドルの損を気に病んで床につくとは！

彼には運動や娯楽に費やす時間はなかった。ただ金儲けと、日曜学校で教える時間があっただけである。共同経営者のジョージ・ガードナーが友人三人と一緒に中古のヨットを二千ドルで買った時、ロックフェラーは実に機嫌が悪く、ヨットに乗ることを拒んだ。ガードナーは、ある土曜日にロックフェラーが事務所で働いているのを見て、「おい、ジョン、ヨットで少し走ろう。きっと気が晴れるぜ。仕事のことは忘れろ、少しは楽しむことだ」と言うと、ロックフェラーは目をいからせて、「おい、ジョージ・ガードナー、君ほど金遣いの荒い人間ははじめてだ。銀行の信用がゼロになってしまうぞ。僕の信用も同じだ。君は我々の事業を台なしにする気か？ 嫌だ。僕はヨットなんかまっぴらだ。見るのもごめんだ！」と答えた。そして彼は、土曜の午後ずっと事務所で働き続けたのだった。

こうしたユーモアの欠乏、将来の見通しの欠乏こそ、彼のビジネスの全生涯を通じての特徴だった。晩年、彼は「私は、毎晩床につく時、自分の成功はほんの一時的なものではあるまいかと

思わぬ日とてなかった」と述懐している。

数百万の巨富を擁しながら、日夜それを失いはしないかと不安を感じていたのであるから、健康を損ねたのも、決して不思議ではない。彼は運動にも娯楽にも縁がなかった。観劇にも行かず、トランプもやらず、パーティーへ行ったこともなかった。彼はマーク・ハンナが言ったように、金にかけては狂人であった。「他の点では正気だったが、金にかけては狂気だった」

ロックフェラーはかつて、オハイオ州クリーブランドの隣人に、「私は他人から好かれたい」と告白したことがあるが、あまりにも冷酷で猜疑心が強かったので、誰からも好感を持たれなかった。例のモルガンも彼と取引することは避けた。「俺はあの男は虫が好かん」とモルガンは吐き捨てるように言った。「あの男とはどんな取引も他へ移したい」と述べたほどである。ロックフェラーの使用人や同僚たちは、絶えず子供の遺骨をロックフェラー家の納骨所から他へ移し、「ロックフェラーの支配下にある土地では、子供も安らかに眠れまい」と述べたほどである。ロックフェラーはロックフェラーで、彼らを恐れてびくびくしていた。そして皮肉なことには、ロックフェラーはロックフェラーで、彼らを恐れていた──彼らが外部の者に商売上の機密を漏らしはしないかと不安だったのである。彼は人間というものを頭から信用しなかった。ある時、独立系の石油精製業者と十年契約を結んだことがあったが、その際に彼は、この契約を誰にも、彼の妻にも口外しないと約束させたのだった。「口を閉じて商売せよ」というのが彼のモットーであった。

ベスビオ火山の噴火口から流れ出る熔岩のように黄金が彼の金庫へ流れ込んでいた時に、彼の王国が崩壊した。書籍、新聞、雑誌が口を揃えてスタンダード石油会社の略奪商法を弾劾したのである。鉄道会社との秘密契約、競争相手に対する苛酷きわまるやり口が槍玉に挙げられた。

PART 8 ✤ 私はいかにして悩みを克服したか

ペンシルバニア地方の油田地帯では、ロックフェラーほど憎まれた人間はいなかった。彼の人形は、彼のために破滅させられた人の手で絞首刑に処せられた。ロックフェラーの細首に綱をつけて青リンゴの木に吊り下げたいと思っていた。彼らの多くは、本物のロックフェラーを殺さないように身辺に護衛をつけた。彼の事務所には、天罰をわめき散らす無数の脅迫状が降り注いだ。彼はこの憎悪の旋風に対して平静を装っていた。彼は皮肉な静かな調子で、「私を蹴飛ばそうが、悪口を言おうが勝手だが、仕事の邪魔だけはしないでほしい」と放言した。しかし彼も、ついには自分が人間であることを悟った。憎悪に耐えられなくなり、それを気に病んだ。健康は次第に衰えていった。

彼にはこの新しい敵、内部から彼を襲う敵、つまり病気がいかにも合点のいかぬ不思議なものに思われた。当初、彼は「時々起こる体の変調を他人に隠し」ながら、努めて忘れようとした。けれども、不眠症、消化不良、脱毛——悩みと衰弱を示すあらゆる肉体的徴候——は否定することができなかった。ついに医師たちは、彼に恐ろしい真実を告げた。金と悩みの二つに一つしかないと警告した。彼は引退するか、死ぬかの二つに一つしかないと警告した。彼は引退した。

アメリカの最も有名な女流伝記作家アイダ・ターベルは彼に会って、びっくりした。「彼の顔には恐ろしい老年が宿っていた。彼は私の会った人の中でも最も老いた人だった」と書いている。ロックフェラーはその当時、フィリピンを奪還した時のマッカーサー元帥よりは四つか五つ若かったのだ。ところが彼はアイダ・ターベルに哀れみを催させるほど肉体を損なっていた。その時の彼女は、スタンダード石油会社とそれが代表する独占企業を弾劾する著作の材料を集めていたのであるから、この巨大で「タコのように多くの足を持つ」企業を

427　ロックフェラーはいかにして寿命を四十五年も延ばしたか

築いた男に好意を持つわけはなかった。しかし彼女は、ロックフェラーが周囲の人々の顔色をうかがいながら日曜学校で教えている姿を眺めた時、「私は思いがけない感情を抱くようになり、それがだんだんと深くなっていった。私には彼が哀れに思えたのである。この世に恐怖ほど恐ろしい伴侶はないからだ」と述べている。

医師たちがロックフェラーの命を救う仕事に着手した時、彼に三つの規則を課した。彼はこの三つの規則を残る人生で文字どおり厳守した。それは、次のようなものだった。

一、悩みを避けること。いかなる場合にも、どんな事柄に対しても決して悩まないこと。
二、くつろぐこと。そして、戸外で軽い運動をすること。
三、食事に気をつけること。もう少し食べたいという程度でやめること。

ジョン・D・ロックフェラーはこれらの規則を守った。おそらく、そのために彼は命を取りとめることができたのだ。彼は引退した。ゴルフを習った。園芸をはじめた。隣人たちと雑談した。トランプもやれば、歌も歌った。

だが、彼が実行したのはそれだけではなかった。ウィンクラーによると、「昼の苦しみと、夜の不眠との間でロックフェラーは反省の時間を持った」他人について考えるようになったのである。彼ははじめて、どれだけ金を儲けることができるかと考えることをやめて、金が人間の幸福にどれだけ役立つかを考えはじめた。

つまりロックフェラーは、その莫大な富を他人に与えはじめたのである。最初のうちは、それ

は容易なことではなかった。彼が教会に寄付を申し込むと、全国の聖職者たちから「不浄な金」に手を触れるなという叫びが上がった！　しかし、彼は寄付し続けた。ミシガン湖畔の小さなカレッジが借金で行きづまり、差し押さえによって閉鎖寸前にあることを聞いた。その救済に乗り出した彼が、数百万ドルを注ぎ込んだために、今や世界的な名声を持つシカゴ大学が誕生したのであった。彼は黒人たちにも援助の手を差し伸べた。ジョージ・ワシントン・カーヴァーの事業を継続するために、タスクギー・カレッジなどの黒人大学へ基金を寄付した。彼は十二指腸虫撲滅のためにも尽力した。十二指腸虫病の権威チャールズ・W・スタイル博士が「南部諸州に蔓延している十二指腸虫病は一人当たり五十セントの薬があれば治療できる。どなたかこの五十セントを出してくださるお方はいませんか？」と述べたのに対して、ロックフェラーは応じた。数百万ドルを投げ出して、南部諸州の足かせとなっていた風土病を撲滅させ、さらに進んで、ロックフェラー財団を設立して、全世界の疫病と無知とに闘いを挑んだのであった。

私はこの財団について語る時、ある感動を覚えざるをえない。なぜなら、私の命もこの財団に負うところがあるからだ。忘れもしない一九三二年、私が中国にいた時、北京中にコレラが流行した。中国の農民たちはハエのように死んでいった。しかし、その恐怖の真っただ中にありながら、ロックフェラー医科大学ではコレラの予防注射を実施していた。中国人も外国人も、それを受けることができた。私はこの時、ロックフェラーの巨富がどんなに全世界に寄与しているかをはじめて知ったのである。

有史以来、ロックフェラー財団に比肩し得るものは存在したことはない。これは、まさに唯一無二のものである。ロックフェラーは、世界のいたるところに理想家によってはじめられた数々

の運動があることを熟知していた。研究が進められ、大学が建てられる。医師は疫病の撲滅に努力している。ところが、これらの有望な事業が資金不足のために挫折してしまう例はあまりにも多かった。そこでロックフェラーは、これら博愛心を持つ開拓者たちを助けようと決意したのであった。

彼らの事業を「横取り」するのではない。資金を与えて自立させようというのである。今日我々は、彼の富の援護によって発見されたペニシリンをはじめ、多くの奇跡的発見に対して感謝すべきである。かつては子供が罹病したら最後、五人のうち四人までの命が奪われた恐るべき疾病——脊髄炎——でも助かるようになった事実に対して、世の親たちは彼に感謝すべきである。その他、マラリア、結核、流行性感冒、ジフテリアなど、依然として世界を悩ませている多くの病気に対する治療法の進歩についても、彼に負うところは実に多いのである。

では、ロックフェラー自身はどうなったか? 財産を寄付することによって、心の平和を得たであろうか? いかにも、彼はついに満足感を得た。「一九〇〇年以降もスタンダード石油会社に対する非難攻撃を彼が気に病んでいたと思うのは、大きな誤りである」と、アラン・ネヴィンズは語っている。

ロックフェラーは幸福だった。まったく生まれ変わり、決して悩んだりしなかった。生涯における最大の敗北を認めざるをえない時ですら、決して眠りを妨げられるようなことはなかった。

この敗北というのは、彼が育て上げた巨大なスタンダード石油会社に対して、史上最大の罰金刑が科せられたことをいう。アメリカ政府の見解によると、スタンダード石油会社は独占禁止法に抵触する独占事業であるとみなされた。法廷闘争は五年間も続いた。全国の最も優れた法律家

たちが死力を尽くして争ったこの闘争は、かつてないほど長期にわたるものだった。だが、スタンダード石油会社はついに敗訴した。

判事ケンソー・マウンテン・ランディスが判決を言い渡した時、被告側の弁護人たちは、ロックフェラーがショックを受けるに違いないと心配した。しかし彼らは、彼がどんなに変わっていたかを知らなかったのだ。

その晩、弁護士の一人がロックフェラーに電話をかけた。彼はできるだけ穏やかに事件の結果を報告したあとで、心配そうな口調で「あまりお気になさらないほうがよろしいですよ、ロックフェラーさん。よくお休みになれますように祈ります」と伝えた。

「では、ロックフェラーはどうしたか？ 彼は「ハハハ」と笑って、「心配ご無用、ジョンソン君、私はよく眠るつもりだ。君のほうこそ、心配しないで、よくお休み！」

これが、かつてわずか百五十ドルを損したと言って床についた人間の返答だった！ ロックフェラーが悩みを克服するためには、長い歳月を要した。彼は五十三歳の時、死にかけていたが、それから九十八歳まで生きたのだ！

431　ロックフェラーはいかにして寿命を四十五年も延ばしたか

くつろぐことを知らない人は自殺に向かっている

ポール・サムソン

　六カ月前まで、私は人生を馬車馬のように走り続けていた。絶えず緊張しており、全然くつろぐことがなかった。私は毎晩のように仕事で神経をすり減らし、へとへとになって帰宅した。なぜか？「おいポール、君は自分を殺そうとしているぜ。なぜ仕事を減らしての？」と私に声をかけてくれる人がいなかったからである。

　私は毎朝大急ぎで起き、大急ぎで朝食をとり、大急ぎでひげを剃り、大急ぎで着替えをして、職場へ出かけた。車のハンドルが車から飛び出すのを恐れるかのように力一杯それを握り締めて、車を飛ばした。せかせかと働き、せかせかと家に帰り、夜の睡眠までせかせかと片づけようとした。

　こんな状態であったので、デトロイトの神経科専門医のところで診察してもらった。医師は私にくつろぐようにと言った。働いている時も、車を運転中も、食事の途中でも、眠ろうとしている時も、くつろぐことを忘れないようにと言った。くつろぐことを知らない私は、自分をくつろりと自殺へ駆り立てているのだとも言った。

　それ以来、私はくつろぐ稽古をした。夜ベッドに入っても、体をゆっくりと伸ばし、呼吸をすっかり整えてからでなくては寝入ろうとしないことにした。そして今では、朝の目覚めがとても爽やかだ。以前の私は、朝起きた時でも、体がだるくて緊張していたのだから大きな進歩である。けれど今では食事中も、運転中も、くつろいでいる。むろん、運転中は気を許すわけではない。

本当の奇跡が私に起こった

ミセス・ジョン・バージャー

　私は苦悩に打ちのめされた状態だった。心は千々に乱れ悩み、生活に何の喜びも見出すこともできなかった。私の神経は緊張の極に達し、夜は眠ることができず、昼はくつろぐことができなかった。三人の子供は、遠くに住む親類の家に預けられた。私の夫は最近軍隊から戻ったばかりで、他の町で弁護士を開業しようとしていた。私は戦後の再出発をする時期にあって、不安やいら立ちをひしひしと感じていた。
　私は夫の将来や子供たちに当然与えられるべき正常な家庭生活を危険にさらそうとしていたば
も、神経の代わりに意思で運転している。それから、私がくつろぐ最も重要な場所は職場である。私は一日に数回あらゆる仕事を中止して、自分が完全にくつろいだかどうか反省してみる。今では電話のベルが鳴っても、以前のように他人に横取りされはしないかという勢いで、受話器に飛びつきはしない。誰かが私に話しかけている時でも、私はすやすや眠っている赤ん坊のように打ちくつろいで聞いている。
　その結果は？　人生がはるかに愉快で楽しいものになっている。そして私は、神経の疲労や悩みから完全に解放されたのである。

かりでなく、自分自身の人生をも危険におとしいれようとしていた。夫は家を見つけることができず、新築する以外に方法がなかった。あらゆることが私の健康回復にかかっていた。私はそのことを痛切に感じて一生懸命頑張ろうとしたが、それはかえって失敗をしはしないかという恐怖感を増すだけだった。何か責任のある仕事について考えるといっそう不安が募った。私は自分というものが信用できなくなった。自分が完全な敗残者であると思えた。

目の前が真っ暗で、どうにもならないと感じていた時、母があることをしてくれた。私はその言葉に励まされた私は、その日から闘いはじめた。そしてその週末には、これからは自分の手で何もかもするから家へ帰ってくださいと両親に告げたのであった。私は一人で幼い子供二人を世話しなくてはならなかったが、夜はよく眠り、食事も進み、だんだんと元気も回復してきた。一週間後に両親が様子を見にきた時、私は生活と闘い、その闘いに勝利を収めつつあった……ある事態が私の手に負えないと思っても、ともかくそれを直視すべきだ！　闘うべきだ！　決して負けてはいけない！

その時以来、私は努めて働くようにし、仕事に没頭した。ついに私は子供たち全部を呼び戻し、

ことを一生覚えているだろうし、感動し続けるであろう。母は私にファイトをよみがえらせてくれたのである。私が負けてしまって、自分の神経や精神を乱してしまったことを意気地なしだと母は責めた。母は私に、なぜベッドを離れて、夫のため子供のために闘わないのかと叱った。現状を直視しようとせずに、それに打ちひしがれて人生から逃避しようとしているのではないかと。

私はアイロンをかけながら歌を歌っていた。私はこの教訓を決して忘れないであろう……ある事態が自分の手に負えないと思っても、幸福感に包まれていたのである。

PART 8 ✤ 私はいかにして悩みを克服したか　　434

フランクリンはいかにして悩みを克服したか

夫と一緒に新しい家庭生活をはじめることにした。私は完全な健康を取り戻して、愛する家族の丈夫で幸福な母親になろうと決心した。こうして私は我々の家庭についての計画、子供についての計画、夫についての計画、自分以外のあらゆる計画づくりに忙殺された。自分のことを考える余裕はなかった。するとその時、真の奇跡が起こったのである。

私は日一日と丈夫になっていって、朝起きると、幸福であることの喜び、新しい一日の計画を立てる喜び、生きる喜びで満ちあふれていた。時々疲れたおりには陰気な気分に襲われることもあったが、その原因を考えたりしないように自分で戒めた。そうすると、そういう気分はだんだん薄れていって、やがて消えてしまった。

それから一年後の今、私は順調に成功した夫と、一日十六時間働いても働きがいのある家庭と、三人の丈夫で幸福な子供とを持っている。そのうえ、私には心の平和がある！

（これはベンジャミン・フランクリンからジョセフ・プリーストリーに宛てた手紙である。プリーストリーはシェルバン伯爵の司書として招かれた時に、フランクリンの意見を求めた。それに対する返信として、フランクリンは、悩まずに問題を解決する方法を述べた）

一七七二年九月十九日、ロンドンにて。君から意見を求められたこのように重大な事件に対し

て、小生としては十分な予備知識を持っているわけではなく、どのように決心すべきかを進言することは不可能ですが、どういう態度で処理すべきかについてなら進言しましょう。この種の厄介な事件が起こった場合、厄介だと感じる主な理由は、あれこれと考えをめぐらす時に、賛否の理由すべてが同時に心に浮かばずに、ある瞬間には一方だけが現われ、別の瞬間には別の理由だけが現われて、もう一方は念頭になくなってしまうからなのです。つまり、種々の目的や意向が交互に有力になることから不安が増し、当惑することになるのです。

これを克服するために、小生は一枚の紙を二分し、その一方に賛成意見を、他方に反対意見を書き出してみることにしています。こうして三日か四日考え続けている間に、おりにふれて心に思い浮かべた種々の動機を賛否の項目別に簡単に付記しておきます。このようにして賛否の意見について、その軽重を検討するように努力するのです。そして、一方の一つと他方の一つとが同等と思われる際には、その二つを抹消します。また一つの賛成が二つの反対に相当すると考えられる場合には、この三つを除去するのです。二つの反対が三つの賛成と同等であることを知ることができます。最終的なバランス・シートにこのように消すわけです。このようにすれば、最終的なバランス・シートに何ら重大な変化が起こらない限り、ここで決定を下します。さらに、理由の大小軽重を数学的な正確さで計算することは不可能であるにしても、個々について比較検討することができ、かつすべてが一目瞭然ですから、それだけ妥当な判断を下せるでしょうし、性急な結論を出す恐れも少ないでしょう。事実、小生はいわば道徳数学あるいは分別代数とも称すべきこの方程式により、多大の利益を得ています。

小生は、君が最良の決定を下されることを心から祈ってやみません……。

悩みのために十八日間も固形物を口にしなかった

ベン・フランクリン

キャサリン・H・ファーマー

三カ月前に私は非常に悩んで、四日四晩、眠ることができなかった。また、十八日間というもの固形物は何も口にしなかった。食物の臭いをかいだだけでも胸が悪くなった。その時の精神的苦悩は、とうてい筆舌に尽くしがたい。いわゆる地獄の苦しみも、あれほどひどくはあるまいとさえ思っている。私は気が狂うか、死ぬしかないと感じたくらいである。まったくあんな状態が続いたら、生きていくことはできなかったに違いない。

私の人生の転換点となったのは、本書の新刊見本をもらった時である。過去三カ月、私は日夜、本書とともに生活した。一ページ一ページを熱心に研究した。必死になって新しい生き方を発見しようとした。その結果、精神的視野と情緒の安定という面で、信じられないほどの変化が起きた。今では日々の闘いに耐えていくことができる。今にして思えば、過去の私は、今日の問題によって半狂乱になっていたのではなく、昨日起こった事柄、また明日起こるのではないかと恐れた事柄について、悩んだり不安を感じていたのである。

しかし、今の私は、自分が何かについて悩みはじめていると感じた時には、すぐに踏みとどま

って、本書で学んだ原理のいくつかを応用する。今日中に処理しなければならないことのために緊張しそうになると、私は早速活動を開始し、その仕事を片づけて、緊張を心から追い出してしまう。

かつて私を半狂乱に追いやったような問題と直面する際には、気持ちを落ち着けてから、本書の第一部第二章（PART1の2）に述べられている三つの段階を適用してみる。まず、起こり得る最悪の事態は何かと自問する。第二に、それを精神的に受け入れようと努める。第三に、その問題に精神を集中して、やむをえない場合には受け入れようとすでに覚悟した最悪の事態を、少しでも改善するにはどうしたらよいかを考えるのだ。

自分の力ではどうにもならないこと、あるいは、どうしても受け入れたくないことで悩んでいる時には、ちょっと手を休めて、次の祈りを捧げることにする——

「神よ、私に、自分には手を負えない事柄を受け入れるだけの冷静さと、できる範囲の事柄を変える勇気と、それらの違いを見分ける分別とを与えたまえ」

本書を読んで以来、私は本当に新しい幸福な生き方を経験している。もはや不安によって自分の健康と幸福を破壊しはしない。毎晩私は九時間眠れる。食事もおいしい。私からベールが取り除かれ、戸が開かれた。今や私は、自分の周囲にある美しい世界を見て楽しむことができる。私は神に対して、私の人生を、そして、こんなに素晴らしい世界に生きていられることを感謝している。

皆さんにも本書を熟読されることをおすすめしたい。常にベッドの脇において、各自の問題に応用できる箇所には線を引いておくとよい。その部分を研究し、利用しよう。本書はいわゆる「読む本」ではない。新生活に進むための「案内書」なのである！

DALE CARNEGIE

1888年、米国ミズーリ州の農家に生まれ州立学芸大学卒業後、雑誌記者、俳優、セールスパーソン等雑多な職業を経て、YMCA弁論術担当となり、やがてD.カーネギー研究所設立。人間関係の先覚者として名声を博す。1955年、66歳で死去。

● 本書は四六判『新装版 道は開ける』(創元社刊 ©1999)の文庫版です。

D・カーネギー 道は開ける 文庫版

一九八六年一〇月 一日　第一版第一刷発行
二〇一一年一二月二〇日　第三版第一刷発行
二〇一四年 五月 一日　第三版第七刷発行

著者　D・カーネギー
訳者　香山　晶
発行者　矢部敬一
発行所　株式会社 創元社

〈本　社〉〒541-0047
大阪市中央区淡路町四-三-六
電話(06)6231-9010(代)

〈東京支店〉〒162-0814
東京都新宿区新小川町一-二 煉瓦塔ビル
電話(03)3268-8231(代)

〈ホームページ〉http://www.sogensha.co.jp/

印刷　図書印刷

本書を無断で複写・複製することを禁じます。
乱丁・落丁本はお取り替えいたします。
定価はカバーに表示してあります。

©1986　©2011　Printed in Japan　ISBN978-4-422-10106-4　C0111

JCOPY 〈(社)出版者著作権管理機構 委託出版物〉

本書の無断複写は著作権法上での例外を除き禁じられています。
複写される場合は、そのつど事前に、(社)出版者著作権管理機構
(電話 03-3513-6969、FAX 03-3513-6979、e-mail: info@jcopy.or.jp)
の許諾を得てください。